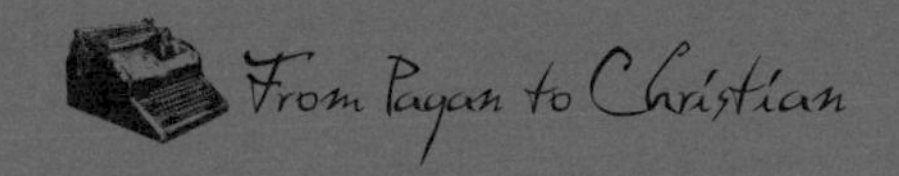
From Pagan to Christian

이교도에서 기독교인으로

이교도에서 기독교인으로

From Pagan to Christian

린위탕 | 홍종락 옮김

포이에마
POIEMA

이교도에서 기독교인으로

린위탕 지음 | 홍종락 옮김

1판 1쇄 인쇄 2014. 3. 21. | **1판 1쇄 발행** 2014. 3. 31. | **발행처** 포이에마 | **발행인** 김도완 | **등록번호** 제300-2006-190호 | **등록일자** 2006. 10. 16. | 서울특별시 종로구 북촌로 63-3 우편번호 110-260 | 마케팅부 02)3668-3246, 편집부 02)730-8648, 팩시밀리 02)745-4827

값은 뒤표지에 있습니다. ISBN 978-89-97760-75-6 03230 | 독자의견 전화 02)730-8648 | 이메일 masterpiece@poiema.co.kr | 좋은 독자가 좋은 책을 만듭니다. | 포이에마는 독자 여러분의 의견에 항상 귀를 기울이고 있습니다.

이 도서는 국립중앙도서관 출판시도서목록(CIP)은 서지정보유통지원시스템 홈페이지(http://seoji.go.kr)와 국가자료공동목록시스템(http://www.nl.go.kr/kolisnet)에서 이용하실 수 있습니다. (CIP제어번호: CIP2014008997)

이 책은 종교를 찾아 나선 한 사람의 경험이 담긴 기록이다. 그가 믿음의 모험을 펼치고, 의심과 당혹에 시달리고, 세계의 다양한 철학과 종교를 만나고, 과거의 현자들이 생각하고 말하고 가르친 최고의 내용들을 살펴본 기록이다. 이 흥미진진한 여행을 나는 분명하고 평이하게 전하고자 한다. 가장 고귀한 진리를 탐색하는 이 여정에서 모든 사람은 자기만의 길로 가야 하고 그 길은 사람마다 다르다고 나는 확신한다. 크리스토퍼 콜럼버스는 북미 대륙에 발을 디딘 적이 없지만, 그 사실이 중요한 것은 아니다. 크리스토퍼 콜럼버스의 본질은 원정에 나섰다는 것, 그래서 발견의 항해에서 누릴 수 있는 온갖 흥분과 긴장과 행복을 맛보았다는 것이다. 마젤란은 희망봉을 돌아가는 길, 더 멀리 둘러

가는 항로를 따라 인도로 향했다. 사람마다 길은 개별적일 수밖에 없으며 서로 달라야 한다. 오늘날 인도로 가는 훨씬 간단한 방법은 제트기를 타고 가는 것이다. 하지만 구원에 이르거나 더 빠르고 안전하게 신을 아는 일에서는 제트기를 타는 것이 별 유익이 없지 싶다. 아마도 구원과 신을 찾아 길을 나서본 적이 없는 기독교인들이 대부분일 것이다. 그들은 요람에 있을 때 기독교의 하나님을 알게 되어 아브라함의 아내처럼 어디를 가든 이 하나님과 함께한다. 그리고 마침내 무덤에 이르렀을 때에도 동일한 하나님이 여전히 그들과 함께하신다. 때로 종교는 너무 편안해져서 자신만만한 모습을 띨 때도 있었다. 이런 유의 종교는 우리가 어디를 여행하든 손쉽게 챙겨서 가져갈 수 있는 휴대용품이나 소지품과 같다. 현대 미국영어의 몹쓸 표현 중에 종교를 상품처럼 취급하는 'get religion(갑자기 종교에 관심을 갖다)'이나 'sell religion(종교를 팔다)' 같은 말을 빼놓을 수 없다. 내가 볼 때 많은 교회들이 종교를 '일괄 포장해서' 팔고 싶어 하는 것 같다. 그런 종교는 자리를 많이 차지하지 않으며 가지고 다니기도 훨씬 수월하다. 그런 종교를 얻기란 편안하고 어렵지 않다.

하지만 그런 종교가 무슨 가치가 있을까. 나는 종교를 어렵게 얻었다. 나는 그 길만이 종교를 얻는 유일한 방법이며, 제대로 종교를 얻고자 할 경우 다른 길을 택할 수는 없다고 생각한다. 종교란 시종일관 개인이 홀로 놀라운 하늘을 직면하는 일이며 개인과 신 사이에서 이루어지는 문제이기 때문이다. 종교는 사람의 **내면에서** 자라나야 할 무엇이지, 다른 사람에게서 '받을 수' 있는 것이 아니기 때문이다. 종교는 들판에서 가장 잘 자라나는 꽃이다. 그러기에 화분이나 온실에서 자란 꽃은 나약하고 쉬 시들 뿐 아니라 그 빛깔도 옅기 십상이다.

그러므로 이 책은 개인의 경험담일 수밖에 없다. 모든 가치 있는 종교 탐색의 기록은 개인적인 탐구로서, 의심과 깨달음의 순간과 암시를 얻는 순간으로 이루어져야 하기 때문이다. 이 책이 자서전은 아니지만, 진전되어가는 이야기를 독자에게 이해시키기 위해 몇몇 부분에서는 특정한 개인적 상황과 배경을 다뤄야 했다. 이것은 결코 순조로운 항해가 아니라 영적 충격과 조우가 가득한 여행이다. 야곱이 꿈에서 하나님과 씨름한 것과 같은 이야기도 늘 있게 마련이다. 진리의 추구가 즐거운 유람인 경우는 드물기 때문이다. 크리스토퍼 콜럼버스의 선원들을 두렵게 했던 상황, 폭풍을 만나고 난파를 당하고 나침반이 제멋대로 돌아가는 곤혹스러운 상황이 여러 번 펼쳐졌다. 의심과 주저함, 반란의 위협이 있었고 돌아가고 싶은 마음도 들었다. 한쪽에는 저주의 지옥불이라는 괴물 스킬라가, 다른 쪽에는 조직화된 신앙에 따라오는 바리새주의, 서기관주의, 가야바주의라는 소용돌이 카리브디스가 노리는 해협을 지나야 했다. 나는 마침내 그 모든 난관을 통과했다. 그럴 만한 가치가 있는 일이었다.

나는 이런 탐색에 합류하지 않는 이들, "종교에 낼 시간이 없는" 이들을 위해 이 책을 쓰는 것이 아니다. 그들은 이 책에 아무런 흥미를 느끼지 못할 테니 말이다. 자신이 가지고 있는 것에 완전히 만족하고 의기양양한 기독교인들을 위해 쓰는 것도 아니다. 그들은 소위 구원 보장을 받은 이들, 어떤 의심도 해본 적이 없는 이들일 테니 말이다. 나는 천국에 좌석이 예약되어 있다고 믿는 이들에게는 관심이 없다. 나는 "이 항해의 목적지는 어디인가?"라고 묻는 이들에게만 말하는 것이다. 대양을 항해하는 여객선의 승객 중에는 꼭 자신이 탄 선박의 항해일지를 눈으로 보고 배가 지나고 있는 정확한 경도와 위도를 확인해야만 안심이 되는 이들이 있다. 나는 그런 이들을 향해 말하려 한다.

나는 현대 세계와 현대사가 전개되는 모습이 마치 목적지를 모르는 사람들의 원정과 같다는 생각을 늘 해왔다. 이런 상황에서 구원의 첫 번째 조짐은 "지금 우리는 어디로 가고 있는가?"라고 기꺼이 묻고자 하는 마음일 것이다. 원자로에서 동력을 공급받아 조종사 없이 완전 자동으로 움직이는 잠수함, 그런 유령선이 있다고 상상해보자. 이 유령선의 승객들 사이에서 누가 배를 몰고 있는지, 배가 어디로 가고 있는지를 놓고 논쟁이 벌어졌다고 생각해보자. 눈에 보이는 조종사가 없으니 그럴 만도 하다. 어떤 이들은 배가 스스로 움직인다는 의견을 내놓을 테고, 사변적인 사람들은 어떤 엔지니어의 설계나 개입 없이 기계 부품들이 우연히 조립되어 배가 스스로 만들어졌다는 주장을 내놓을 것이다. 열띤 논쟁 속에서 우리는 좌절감과 당혹감, 불만을 감지할 수 있을 테고, 이렇게 말하는 사람들도 나올 것이다. "우리는 이 배에 태워달라고 한 적 없다. 눈을 떠보니 여기 있었다." 이것이 바로 현대 세계의 모습이다. 배를 움직이는 조종사가 있다는 증거는 보이지 않고, 배가 조종사 없이 저 혼자 달린다는 증거는 많을 것이다. 위대한 사변가들은 아마도 원자력 잠수함이 스스로 만들어진 게 아니겠느냐는 의견을 내놓을 것이다. 여기에 동의하는 사람들은 그런 사변에서 지적 만족과 긍지를 얻을 것이다. 그런 번뜩이는 사변적 이론 속에서 그들은 사건의 우연한 조합 개념에 담긴 아름다움과 장엄함, 나사가 구멍에 딱 들어맞는 행운, 그리고 바퀴축의 지름과 바퀴구멍의 조화 등을 보았을 것이다. 그들이 볼 때 지성이 모자란 이들은 이해할 수 없는 것들이다. 그러나 대다수의 선원과 승객들은 자신들이 어디서 왔고 결국 어디서 내리게 될 것인가 하는 보다 실용적인 질문에 몰두할 것이다.

나는 누군가를 기쁘게 하려고 이 책을 쓰는 것이 아니다. 오히려 이 글을 불쾌하게 여길 이들이 있을 것 같다. 내가 하려는 이야기는 순전히 개인적인 관점에서 하는 말이기 때문이다. 관용은 종교를 따르는 이들 사이에서 보기 드문 미덕이다. 세계의 종교들, 그중에서도 특히 기독교에는 그동안 굳어지고 단단하게 포장되고 방부 처리된 요소, 논의를 허용하지 않는 요소가 많다. 흥미롭게도, 종교의 문제에서는 누구나 자신이 진리를 독점하고 있다고 생각하기 때문이다. 벤저민 프랭클린은 미합중국 각 주의 대표들에게 헌법을 통과시켜줄 것을 요청하는 연설문에서 이렇게 적었다. "그러므로 저는 나이가 들수록 저 자신의 판단을 스스럼없이 의심하고 다른 이들의 판단을 더욱 존중하게 됩니다. 대부분의 교파들이 그러하듯, 대부분의 사람들도 자기만 진리를 독점하고 있다고 생각합니다. 자신과 뜻을 달리하는 사람들은 생각이 다른 부분만큼 잘못되었다고 봅니다. 개신교인이었던 스틸은 어떤 헌사에서 교황에게 이렇게 말한 바 있습니다. 자신들의 교리가 확실하다고 믿는 가톨릭교회와 영국성공회의 유일한 차이점은 가톨릭은 오류가 있을 수 없고 성공회는 **결코 틀리는 법이 없다**는 것이라고 말입니다. 많은 개인들도 자신이 믿는 교파 못지않게 자신에게 오류가 있을 수 없다고 철석같이 믿고 있습니다. 그러한 믿음을 프랑스의 어느 여인만큼 자연스럽게 표현한 사람도 없을 것입니다. 그녀는 사소한 말다툼 도중에 언니에게 이렇게 말했답니다. '하지만 언제나 옳은 사람은 나 말고 만나본 적이 없는걸.'"

우리에게 '일괄 포장된' 구원을 주고 싶어 하는 사람들, 우리를 이단으로부터 과잉보호하려는 사람들이 너무 많은 것인지도 모른다. 우리의 구원을 바라는 그들의 열망은 전적으로 칭찬할 만하다. 하지만 그처럼 '일괄 포장된' 구원을 가지고 사람들은 우리의 신앙에 지나치게 무거운 짐을 지우는 경향이 있다. 여기서 교리dogmas와 영혼의 교조주의dogmatism를 구분할 필요가 있다. 내가 반대하는 것은 구체적인 교리라기보다는 교조주의 정신이다. 과잉보호와 신앙에 지운 짐은 많은 젊은이들의 마음을 짓눌러 파탄내버릴 수 있다.

이런 맥락에서 아버지에게 들은 이야기가 떠오른다. 우리 가족은 중국 남부 해안가에 자리한 장저우에서 살았다. 거기서 8-9킬로미터 떨어진 곳에 전도자가 살고 있었는데, 그는 한 달에 두 번 정도 장저우로 들어왔다. 당시 아버지는 열두세 살 정도였다. 기독교인이었던 할머니는 아들을 시켜 아무런 보수 없이 기독교 전도자의 짐을 날라주겠다고 했다. 아버지는 당시 홀로된 어머니의 외아들이었고 두 분은 서로를 무척 아꼈다. 아버지는 설탕절임을 팔았고, 비가 오는 날에는 볶은 콩을 팔았다. 장저우 주민들은 비 오는 날이면 볶은 콩을 즐겨 먹었는데, 바삭바삭한 맛이 미국의 팝콘과 비슷했다. 아버지는 짐을 잘 졌고 전도자의 짐을 날라주라는 할머니의 지시에 따랐다. 전도자의 아내도 아버지와 동행했는데, 아버지가 어깨에 멘 장대 양쪽 끝에 매달린 바구니에 그녀는 온갖 물건을 다 담았다고 한다. 옷과 침구와 빨래만으로도 열세 살 소년에게는 충분히 무거웠는데, 그녀는 거기에 냄비와 솥도 몇 개 얹고 심지어는 거의 2킬로그램이 되는 진흙화로까지 실었다. 그러고는 아버지에게 이렇게 말했다고 한다. "넌 착하고 튼튼한 사내잖니. 이건 아무것도 아니야. 너끈히 질 수 있을 거야." 장저우에서 전도자의 거처까지 꼭 진흙화로를 가지고 다녀야 할 이유는 없었다. 나는 아버지의 어깨에 난 상처 자국을 지금도 생생히 기억한다. 물론 그 상처가 어린 시절에 나른 짐 때문에 생긴 것만은 아닐 것이다. 그러나 짐이 담긴 바구니와 솥과 단지와 불필요한 진흙화로 생각이 머리에서 떠나지 않는다. 그 짐들을 생각할 때면 여러 종교의 성직자들이 젊은이들의 어깨 위에 믿음의 짐을 지우고 이렇게 말하고 싶어 하는 모습이 떠오른다. "넌 착하고 튼튼한 아이잖니. 그러니 너끈히 질 수 있을 거다. 네가 믿기만 하면, 이것이 옳다는 걸 알게 될 거야." 그러나 짐을 진 젊은이들의 정신의 어깨에는 물집이 잡히기도 한다.

林語堂

1

From Pagan to Christian

유년기와 청소년기

From Pagan
to
Christian

나는 19세기 말엽에 태어났다. 정확히는 1895년, 중국(청나라)과 일본 간에 시모노세키조약이 체결된 해였다. 한 해 전, 일본에 굴욕적으로 패한 중국은 그 조약에서 포모사(타이완)를 할양하고 조선의 독립을 인정했다. 중국이 패배한 것은 서태후가 현대식 함대를 만들 돈을 빼돌려 이제 유명해진 베이징北京 외곽의 여름궁전(이화원)을 짓는 데 썼기 때문이다. 옛 여름궁전은 1860년에 유럽 연합군에 의해 약탈당하고 폐허가 된 상태였다. 반외세 감정이 강했던 이 무지하지만 완고한 여인은 몇 년 후 의화단운동이 일어나는 데 일조했다. 아버지는 내게 의화단이 패하고 서태후와 황제가 달아난 이야기를 들려주셨는데, 그 일이 벌어졌을 때 나는 다섯 살이었다. 연감을 확인해본 나는 시모노세키조약이 맺어진 해에 독일의 물리학자 뢴트겐이 엑스선을 발견했음을 알았다.

어린 시절 가장 이른 기억 속의 나는 교회 지붕에서 미끄럼을 타고 있었다. 교회 건물은 예배당 하나가 전부였고, 바로 옆에 이층짜리 목사관이 있었다. 두 건물이 어찌나 바짝 붙어 있었던지 목사관 발코니에 서면 교회 뒤쪽에 난 작은 창으로 교회 안이 들여다보였다. 교회 지붕 꼭대기와 목사관 위의 들보 사이로 아주 좁은 공간이 있었고, 아이라면 한쪽 지붕을 타고 올라가 그 공간으로 비집고 나가 다른 쪽 경사로 미끄러져 내려올 수 있었다. 발코니에 서서 하나님이 어디에나 계시다는 말을 생각했던 기억이 난다. 그 생각을 하니 신경이 쓰였는데, 어디에나 계신 하나님이라면 내 머리 바로 한 뼘 위에 계신 건지 궁금했기 때문이다. 일용할 양식을 두고 왜 하나님에게 감사하라는 것인지 고민하다가, 제국 백성들이 자신들이 먹고살 수 있게 평화와 질서를 유지해주는 황제에게 감사해야 하는 것처럼 삶 전반에 풍성한 것들을 허락하신 하나님에게 감사해야 마땅하다는 뜻이라고 결론을 내렸다.

유년기는 경이의 시기였으며 목사관의 발코니에 서면 경이롭게 여길 만한 것이 많았다. 정면에는 남산의 열 개 봉우리가 펼쳐져 있었고 뒤로는 높은 산의 바위 계곡이 이어져 있었다. 우리 마을은 내륙 깊숙이 들어와 있고 사방으로 높은 산들에 완전히 둘러싸여 있어서 그 지역에서는 '호수'라고 불렸다. 가장 가까운 항구인 아모이(샤먼)에서 100킬로미터 정도 떨어져 있었는데, 당시에 강을 따라 범선을 타고 그리로 가는 데 사흘 정도 걸렸다. 범선 여행은 또 다른 중요한 영적 경험으로 내 마음에 새겨져 지워지지 않았다. 우리가 사는 곳은 남부였고 우리 마을에서 장저우로 가는 서강西江의 계곡은 말로 다할 수 없이 아름다웠다. 북쪽의 황량한 황토 언덕들과는 달랐다. 하지만 마을이 너무 내륙 깊숙이 자리 잡은 터라 우리 마을에서 10킬로미터 정도 나가면 보통 범선으로는 지날 수 없는 부분이 나와서 우리는 훨씬 작은 배로 옮겨 타야 했는데, 말 그대로 배를 들고 급류를 건너가야 했다. 바지를 잔뜩 걷어 올린 여자 뱃사공들이 강물로 뛰어들어 배를 어깨에 지고 옮겼다.

높은 산으로 둘러싸인 지역에 사는 것은 특별한 일이다. 가까이 있는 높은 산은 하나님의 크심을 가까이서 보여주기 때문이다. 나는 시시각각 변화하는 흐린 자줏빛 산비탈과 산꼭대기 위로 제멋대로 하염없이 흘러가는 멋들어진 흰 구름에 매료된 채 경이감에 사로잡혀 서 있곤 했다. 그런 광경을 보고 나면 낮은 언덕이나 인간이 만든 작고 인공적인 것들은 하찮게 보인다. 그 높은 산들은 나와 내 종교의 일부가 되어버렸다. 그것들이 내게 누구도 빼앗을 수 없는 풍부함과 내면의 힘과 독립심을 주었다. 그 산들 덕분에 "산을 넘는 발이 어찌 그리 아름다운가"(이사야 52:7)라는 성경구절에 공감하게 되고 높은 산의 젖은 풀밭을 맨발로 거니는 즐거움을 모르는 사람은 하나님을 참으로 알 수 없다고 믿고 싶어지는 것이다.

우리 집에는 아들이 여섯, 딸이 둘이었고 사내아이들은 교대로 집 안의 우물에서 물을 긷는 일을 맡았다. 두레박이 우물 바닥에 닿을 때 뒤집혀 물을 담을 수 있게 잘 흔드는 요령을 배우는 것이 재미있었다. 기계장치 같은 것은 몰랐다. 그때는 호롱불을 피우던 시절이었다. 우리 집에는 호롱이 둘 있었고 땅콩기름으로 불을 피우는 백랍등도 몇 개 있었다. 비누를 쓰게 된 것은 내 나이 열 살 무렵이었다. 그 전까지 어머니는 대두 잔여물로 만든 콩깻묵을 비누 대용으로 쓰셨는데, 거품이 잘 나지 않았다. 처음 들어온 비누는 긴 막대기나 정사각형 모양이었다. 농부들은 빨래할 때 비누가 너무 빨리 닳지 않도록 비누를 햇볕에 말려 단단하게 만들곤 했다.

아버지는 당대의 선구적인 진보주의자였다. 예리하고 상상력이 풍부하고 유머감각이 있고 도무지 가만있지 못하는 몽상가였다. 아버지는 자녀들에게 새롭고 현대적인 모든 것, 서양세계의 지식, 소위 '신학문新學問'에 대한 열정을 전해주었다. 반면, 어머니는 사랑하는 자녀들에게 둘러싸인 소박하고 정직한 분이셨다. 우리 형제자매들은 작당을 해서 기분 좋게 어머니를 괴롭히곤 했다. 이야기를 지어내 어머니에게 터무니없이 과장된 이야기를 들려드렸던 것이다. 어머니는 못 믿겠다는 듯 이야기에 귀를 기울이다가 마침내 우리가 웃음을 터뜨리면 얼굴을 찌푸리면서 이렇게 말씀하시는 것이었다. "너희들, 어리숙한 엄마를 놀렸구나.” 어머니는 아이들을 기르느라 수고를 많이 하셨지만 내가 열 살 무렵에는 누님들이 집안일 중에서 요리와 빨래를 넘겨받았다. 우리 가족은 매일 저녁 잠자리에 들기 전에 기도 시간을 가졌다. 우리 형제들은 기독교적 경건과 사랑과 조화가 갖춰진 집에서 규칙적으로 일정한 노동을 하면서 자라났다. 형제끼리 싸우는 일은 있을 수 없었고 정말 우리는 한 번도 다투지 않았다.

아버지는 인습에 매이지 않는 분이었다. 우리 집 아들들은 다른 집 아이들과 달리 변발을 하지 않고 머리를 짧게 잘랐고, 누이는 아모이 반대편의 구랑위鼓浪嶼 거리에서 본 프랑스 선원들이 쓰고 다니는 빵모자를 우리에게 떠주었다. 아버지는 대단히 활동적인 분이었다. 달 밝은 여름밤이면 충동적으로 강둑으로 나가 농부들이 모여 바람도 쐬고 달구경도 하는 다리에서 설교를 했다. 어머니는 아버지가 추석 보름달이 떴을 때 밖으로 나가 설교를 하며 땀을 뻘뻘 흘리고는 제대로 닦지도 않고 들어오셨다가 폐렴으로 돌아가실 뻔했던 이야기를 해주셨다. 아버지는 샤먼의 통안同安에 계실 때 교회를 지으신 이후 줄곧 교회를 세우셨다. 나는 열 살이나 열한 살 때, 아버지가 마을에 새 교회를 세우시는 것을 보았다. 교회 건물은 햇볕에 말린 진흙벽돌로 짓고 바깥쪽에 타일을 붙였다. 지붕의 무게에 눌려 벽이 점점 벌어지자 큰 소동이 났다. 당시 10킬로미터 정도 떨어진 시오커才溪에 머물고 있던 윈스하이스(이후 1921-1943년에 런던과 뉴욕의 국제선교협의회 사무총장을 역임했다) 목사는 이 상황을 전해 듣고 미국에서 철제 들보를 몇 개 주문했다. 이 들보는 중심부에서 핀으로 연결하여 정확한 길이에 맞춰 조일 수 있었다. 철제 들보를 지붕의 나무 버팀목에 부착하고 나사를 죄자 목재들이 가운데로 잡아당겨지면서 교회 지붕의 높이가 10센티미터 가까이 눈에 띄게 올라갔다. 잊히지 않는 대단한 순간이었다.

우리 아버지가 기독교 목사였다고 해서 유학자가 아니었을 것이라고 생각하면 곤란하다. 천만의 말씀. 나는 아버지가 위대한 성리학자 주희의 붓글씨를 구하는 일을 도운 적이 있는데, 아버지는 그것을 새 교회의 벽에 대련對聯 형식으로 걸어놓을 생각이었다. 아버지는 가로세로 대략 30센티미터 정도 크기의 붓글씨를 얻기 위해 장저우까지 다녀오셨다. 주희가 장주(장저우)의 지사를 지냈기 때문이다. 주희는 12세기에 살았고 전족을 도입함으로써 장저우에 '문명'을 가져다준 사람이라고 한다. 하지만 내가 볼 때 그의 활동은 그리 성공적이지 않았다. 전족을 한 여자들의 발은 작지도 예쁘지도 않았기 때문이다.

나는 목사관을 방문해 머물다 간 한 선교사 부부를 통해 서양을 처음 접했다. 그들은 정어리 통조림과 반짝이는 금박이 박힌 셔츠장식단추를 두고 갔다. 우리는 이 빛나는 장식단추를 서랍에 넣어뒀는데, 나는 그것이 어디에 쓰는 물건인지 몰라 항상 궁금했다. 그들이 떠난 후에도 버터향이 방 안에 가득해 냄새를 빼려고 누이가 창문을 다 열어놓아야 했다. 영어 인쇄물과의 첫 접촉은 미국의 어떤 여성지였다. 〈레이디스 홈 저널〉로 추정되는 그 잡지가 어쩐 일인지 우리 집에 흘러들었던 것이다. 어머니는 그것을 반짇고리에 두시고 그 반들거리는 종이로 자수실을 싸놓으셨다. 어떤 미국 잡지도 그렇게 오랜 세월 그런 용도로 쓰인 적이 없을 것이다. 앞서 말한 교회 건축이 진행되는 동안에 원스하이스 박사는 회전드릴을 포함한 서양 목공용 공구세트도 보내주었다. 나는 그 공구들을 보고 크게 감탄했고 정말 잘 만들었다고 생각했다.

아버지와 원스하이스 목사는 죽이 잘 맞아 가까운 친구가 되었다. 우리 아버지는 서양 것과 새로운 것이라면 무엇이든 각별한 관심을 기울인다는 것을 원스하이스 목사가 발견했기 때문이다. 그는 우리에게 광택지에 번들거리는 잉크로 인쇄된 기독교 주간지 〈크리스천 인텔리전스〉를 소개해주었다. 그는 우리 집에 온갖 종류의 팸플릿과 책을 보냈다. 기독교 서적과 서양 세계 및 서양 과학 관련 책자들이었는데, 상하이의 기독교 선교단체에서 출간한 것들이었다. 서양 학문은 그렇게 우리 집으로 들어왔다. 아버지는 서양 세계에 대해 구할 수 있는 자료는 다 읽으셨던 것 같다. 어느 날 아버지는 냉소적인 웃음을 터뜨리며 이렇게 말씀하시기도 했다. “비행기에 대한 내용을 많이 읽어봤는데 실제로 본 적은 한 번도 없구나. 믿어야 할지 말아야 할지 모르겠다.” 이때가 라이트 형제가 활동하던 무렵인데, 아버지가 비행기에 대해 어떻게 알게 되었는지 모르겠다. 아버지는 눈을 반짝이며 우리 형제들에게 베를린 대학과 옥스퍼드 대학이 ‘세계 최고 대학’

이라며 우리 집안에서 누군가가 거기서 공부하면 좋겠다고 농담 반 진담 반으로 말씀하셨다. 우리는 구제불능의 몽상가 집안이었다.

나는 열 살이 되던 해에 두 형과 함께 아모이로 가서 학교에 다니게 되었다. 동네 학교는 아무래도 수준이 떨어진다는 아버지의 판단에 따른 결정이었다. 오가는 데 며칠이 걸리고 여비도 꽤 들기 때문에 우리는 겨울 방학에도 집에 올 수 없었고 일 년 내내 어머니와 떨어져 지내야 했다. 하지만 나는 아무래도 사내아이다 보니 얼마 안 가 집 생각은 다 잊어버리고 다양한 학교 활동에 푹 빠져들었다. 아령을 잘라 만든 나무 공을 맨발로 차는 놀이는 특히 학생들 사이에서 빼놓을 수 없는 놀이였다. 하지만 어머니에게 돌아가는 일만큼 짜릿한 경험은 없었다. 산으로 둘러싸인 '포아'라는 계곡에 들어선 후 집에서 1.6킬로미터 정도 떨어진 거리에 이르면 우리 세 형제는 느린 배의 속도를 참지 못하고 내려서 걷기 시작했다. 그리고 어머니에게 우리의 도착을 어떻게 알릴지 계획을 세웠다. 그냥 대문 앞에서 "돌아왔어요!"라고 소리를 칠지, 늙은 거지 목소리를 흉내 내어 물 좀 달라고 하는 식으로 어머니를 "기분 좋게 괴롭힐지", 아니면 소리 내지 않고 몰래 집 안으로 들어가 어머니의 위치를 파악하고는 어머니 앞에 갑자기 나타날지. 아이들의 마음을 담기에는 우주의 크기도 작다는 생각이 가끔 든다. 이런 모습 때문에 중국에 오래 살아본 서양인들은 중국인을 점액질이라고 부르는 것이다.

그런 방학 때는 집이 학교로 바뀌었다. 기독교 목사였던 아버지가 유학자이기도 했다는 점은 이미 밝혔다. 사내아이들이 바닥을 닦고 딸아이들이 아침식사 그릇을 설거지하고 나면, 종이 울리고 다들 식탁 주위의 자기 자리로 기어 올라가 유교의 여러 고전에 대한 아버지의 해설을 들었다. 그중에는 공자가 편집한 《시경》도 있었는데, 그 책에는 아름다운 사랑 노래들도 들어 있었다. (숫기 없는 젊은 선생님이 공자가 우리의 교화를 위해 선정하고 편집한 사랑 노래들을 학생들에게 설명하면서 얼굴이 새빨개졌던 기억이 난다.) 그렇게 공부를 계속하다 열한 시쯤 되면 둘째누나가 벽에 드리운 해 그림자를 보고 반항기 어린 체념의 얼굴로 마지못해 천천히 일어나 이렇게 말하는 것이었다. "저는 가서 점심식사를 준비해야 해요." 때로는 오후에도 같이 공부를 했는데, 그때도 시간이 되면 누이는 하던 공부를 멈추고 일어나 내키지 않는다는 투로 이렇게 말했다. "이제 전 가서 빨래를 해야 해요."

내가 둘째누나 이야기를 쓰는 것은 누나가 내 유년에서 큰 비중을 차지하기 때문이기도 하지만 우리 가족에게 대학교육이 어떤 의미가 있었는지 보여주기 위해서다. 둘째누나는 똑똑하면서도 변덕스럽고 짓궂은 나를 사랑했다(프로이트주의자들은 물러가라!). 다른 형제들이 의무감에 공부하는 시늉을 하고 있을 때에도, 나는 마당으로 달려 나가 놀았다. 내가 더 컸을 때 누나는 내가 어릴 때 정말 못되게 굴었다면서 한번은 누나와 말다툼을 하고는 분을 못 이긴 채 복수한답시고 뒷마당 흙탕물 구덩이에 드러누워 돼지처럼 몸을 구르고는 일어나서 이렇게 말했다고 했다. "자, 이제 누나가 이 옷 빨아!" 그 순간 내 모습은 정말 더러우면서도 사랑스러웠을 것이다!

누나는 월터 스콧 경, 찰스 디킨스, 코난 도일의 작품들과 라이더 해거드의 《솔로몬 왕의 동굴》, 그리고 《아라비안 나이트》를 읽었다. 모두가 우리와 동향 사람이었던 린슈林紓(1852-1924, 서양 근대문학을 청나라 말기의 중국에 소개한 번역가)가 중국어로 옮긴 것이었다. 린슈는 사실 영어를 한마디도 몰랐지만 웨이 씨라는 사람이 그 내용을 푸저우福州 방언으로 옮겨주었고 그러면 이 위대한 작가가 전체 이야기를 아름다운 고전 중국어로 옮겨놓았다. 린슈는 엄청난 인기를 끌었고 모파상의 작품과 뒤마의 《동백꽃 여인》도 번역했다. 《동백꽃 여인》은 중국 사회에 충격을 안겨주었는데 여주인공이 결핵을 앓고 있는 미인이었기 때문이다. 그 모습은 중국의 연애소설 《홍루몽》에 나오는 여주인공 대옥과 너무나 흡사하다. 중국의 이상적인 미인상은 결핵환자이거나 너무나 쇠약한 죽기 직전의 여인인 듯하다. 고전 시대에도 가장 유명한 중국의 미인은 협심증이나 신경통을 앓고 있는 여인이었기에, 극심한 고통에 사로잡혀 눈썹을 찌푸리고 있는 모습으로 가장 잘 알려졌다. 그다음으로 누나와 나는 셜록 홈스 이야기와 이름이 기억나지 않는 프랑스 탐정 이야기를 읽은 후 긴 탐정 이야기를 지어냈는데, 우리가 들려주는 머리가 쭈뼛 서는 탈출과 모험 이야기를 어머니는 좋아하셨다. 누나는 재능이 많았고 여배우 데버러 카 같은 지적 우아함이 흘렀는데, 몇 년 전 TV 화면에서 그녀의 모습을 처음 본 내가 깜짝 놀라 딸아이의 팔을 붙잡고 이렇게 외칠 정도였다. "저기, 둘째누님이 저런 모습이었어!" 누나를 알고 있던 내 아내가 그렇다고 말해주었다.

둘째누나는 아모이에서 고등학교를 졸업한 후 푸저우의 여자 대학에 가고 싶어 했다. 누나는 가족 기도회를 마친 후 아버지에게 간청했다. 하지만 소용이 없었다. 누나는 당장 결혼하고 싶지 않았고, 대학에 가고 싶어 했다. 내가 이 이야기를 하는 것도 바로 그 때문이다. 아버지는 누나를 대학에 보낼 생각이 없었다. 누나는 간청도 하고 설득도 하고 이런저런 약속도 했지만 아버지의 대답은 한결같았다. 끔찍한 광경이었다. 아버지를 탓하려는 것은 아니다. 아버지는 재능 있고 잘 배운 딸을 두는 것이 싫었던 게 아니었다. 상하이 잡지에 실린 여성 필자의 기사를 읽은 후 아버지는 이렇게 말씀하셨으니까. "이런 처자가 며느리로 들어오면 참 좋겠다!" 하지만 몽상가 아버지도 그 꿈을 이룰 방법은 찾지 못했다. 딸아이의 대학 교육은 우리 가족이 감당할 수 없는 사치였다. 더욱이 그때는 아모이에 있는 부유한 가문의 아들들도 푸저우나 상하이로 공부하러 가지 않던 시절이었다. 아버지는 주로 〈크리스천 인텔리전스〉를 통해 상하이의 세인트존스 대학이 중국에서 영어 공부를 하기에 가장 좋은 대학이라고 알고 계셨다. 나는 아버지가 둘째형을 세인트존스에 보내기 위해 장저우에 있는 하나뿐인 집을 매도하는 계약서에 서명을 하면서 눈물 한 방울을 떨어뜨렸다는 이야기를 친구에게 직접 하시는 걸 들었다. 목사 형편에서는 그것이 한계였다. 아들은 될지 몰라도 딸은 안 되는 것이었다. 당시에는 그랬다. 학비 문제가 아니었다. 누나는 그 기독교 대학에서 장학금을 받을 수 있었을 테니. 교통비와 용돈이 문제였다. 그것만으로도 일 년에 50-60달러에 이르는 중국 돈이 필요할 터였다. 그래서 누나는 아모이에서 여기저기 옮겨 다니며 가르치고 결혼을 기다렸다. 당시 처녀들은 스무 살이 넘으면 서둘러 결혼해야 했다. 누나에게는 오랫동안 청혼해온 남자가 있었지만, 밤에 어머니가 누나를 찾아가 청혼자 이야기를 꺼내기만 하면 누나는 촛불을 불어서 꺼버렸다. 그러나 누나는 대학에 갈 수 없었고 나이는 벌써 스물한 살이었다.

둘째형이 곧 졸업하여 부양할 수 있을 테니 나를 세인트존스에 보내자는 제안을 해 왔으나 아버지는 마지막 날까지 그 문제를 결정하지 않았다. 아버지가 전에 가르쳤던 제자이자 절친한 친구에게 100달러를 빌려달라는 말을 할 수 있을지 알 수 없었기 때문이다. 고대 중국의 관습에 따르면 한 번 스승은 영원한 스승이었고 '군사부君師父'라는 유교의 삼위일체 중 하나였다. 아버지의 옛 학생은 이제 부자가 되었고 아버지는 광저우를 지날 일이 있으면 항상 그의 집에 들르셨다. 두 분의 관계에는 평범한 사제지간 이상의 차원이 있었던 것이다. 이 부유한 사람은 한때 총명하지만 가난한 소년이었다. 아버지는 그를 가르칠 때 그에게 모자를 선물로 주었는데 이 사람은 그 선물을 평생 잊지 않았다. 모자가 닳아서 쓸 수 없게 되자 평생 다른 모자를 쓰지 않겠다고 맹세하고 그 맹세를 지켰던 것을 보면 알 수 있다. 고대 중국의 충절이 그와 같았다. 중국의 소설과 연극에서는 장군과 관리에게도, 평범한 집안의 일꾼에게도, 부부 간에도 그런 열렬한 충절이 있어야 한다고 가르쳤다. 아버지는 자신이 입만 열면 돈을 빌릴 수 있다는 것을 알고 있었다. 지금까지도 나는 아버지가 그 돈을 갚았는지 안 갚았는지 모르겠다.

그래서 둘째누나와 나는 나머지 가족들과 함께 같은 범선을 타고 서강을 따라 내려가게 되었다. 누나는 산촌이라 하는 작은 마을로 결혼식을 치르러 가는 길이었고, 나는 상하이의 대학에서 첫해를 보내러 가는 길이었다. 100달러의 빚이라는 문제가 '다모클레스의 칼'처럼 머리 위에 매달려 있었지만, 나는 신이 났다. 그때 나는 열여섯 살이었다. 결혼식이 끝난 후, 누나는 신부복 주머니에서 40센트를 꺼내 내게 주었다. 누나는 헤어질 때 눈에 눈물이 그렁그렁한 채로 이렇게 말했다. "넌 대학에 갈 기회가 생겼구나. 누나는 여자라서 그런 기회가 없어. 네 기회를 낭비하지 마라. 좋은 사람, 쓸모 있는 사람, 유명한 사람이 되겠다고 마음을 먹어라." 그것은 우리 가족이 생각하는 이상적인 인간상이었다.

누나는 그로부터 2년 후 선페스트에 걸려 세상을 떠났지만, 누나가 내게 해준 말이 아직도 귀에 쟁쟁하다. 누나의 말을 소개하는 이유는 그것이 나의 윤리관을 형성하는 데 많은 영향을 끼쳤기 때문이다. 기독교인이 되려는 노력과 누나가 말한 것처럼 좋은 사람, 유용한 사람이 되려는 노력은 무슨 상관이 있을까? 하나님이 보실 때, 자신에게서 최선의 모습을 발견하려고 애쓰다가 넘어지기도 하지만 다시 일어서는 겸손하고 소박한 사람에 비하면 '율법과 선지자'를 아는 모든 지식과 서기관들의 모든 학식은 아무것도 아니다. 이것이 바로 그리스도께서 간단명료하게 밝히신 가르침이다. 지금도 나는 누나에게 복수한답시고 진창에서 구르던 어릴 적 그 소년과 다를 바 없다. 나는 그런 모습에도 불구하고 하나님이 나를 사랑하셨다고 믿는다. 예수의 비범한 점, 그분의 유일무이한 점은 당대의 철학박사들과 학식 있는 서기관들보다 술집 주인들과 창녀들이 그분을 더 가깝게 느꼈다는 사실이다. 박사와 서기관들은 안식일에 쓰러진 송아지를 일으켜 세우는 것조차 허용하지 않았다.

✣✣✣

세인트존스 대학은 당시 이미 옌후이칭顔惠慶(내 고향 아모이 출신), 스자오지施肇基, 웰링턴 쿠(구웨이쥔顧維鈞) 등 여러 외교관을 배출하여 전국적으로 상당한 명성을 얻고 있었다. 그곳은 분명 영어를 배우기에 최고의 대학이었고, 학생들의 머릿속에서 세인트존스 대학의 존재 이유도 그것이었다. 성공회 계열의 학교였지만, 대다수 학생들에게 그곳의 신성한 사명은 상하이의 거물들을 보좌할 성공적인 매판買辦을 배출하는 것이었다. 실제로 보통 학생들의 영어 실력은 딱 매판에게 기대할 만한 정도의 수준이었다. 학장은 호크스 포트 박사였는데, 이 훌륭한 사람은 자기 역할이 영국의 명문 사립학교인 럭비스쿨이나 이튼스쿨의 교장 역할과 같다고 생각한 것 같다. 그는 학생들에게 아버지 같은 영향을 끼치고 있었다. 매일 아침, 오전 예배가 끝난 후 그는 한 손에는 검은 가방을 들고 중국인 화폐감정인을 대동한 채 교정을 누볐다. 아홉 시에 업무를 시작하기 전에 오전 산책을 한 것이리라. 그는 일주일에 한 시간 독서에 시간을 내어 일 년에 소설을 한 권씩 읽는 것으로 유명할 정도로 규칙적인 사람이었다. 도서관으로 말하자면 장서가 5-6천 권 정도밖에 안 되었는데, 그중 삼분의 일이 신학서적이었다. 사실 사람이 어느 대학에 가는가 하는 것은 전혀 문제가 되지 않는다. 중요한 것은 좋은 도서관이다. 하나님나라와 마찬가지로 학문의 자질도 사람 안에 있다. 그것은 사람의 정신에서 우러나와야 한다. 정신은 원숭이와 같아서, 숲속에 풀어놓기만 하면 된다. 어디 가면 견과가 있는지 알려줄 필요도 없다. 좋은 견과가 있는 곳으로 안내할 필요도 없다. 나는 그처럼 빈약한 숲속을 거닐며 다윈, 헤켈, 라마르크를 읽었고 소설가 윈스턴 처칠의 《컵의 안쪽*The Inside of the Cup*》을 읽었다. 그 외에도 테니스와 축구를 배웠고, 하와이 출신의 급우들과 야구 투구법을 배웠는데 커브 던지는 기술은 끝내 익히지 못했다. 조정부를 만들고 8킬로미터 장거리달리기 육상부도 조직했다. 내가 세인트존스 대학에서 얻은 것 중에는 떡 벌어진 가슴도 있다고 말해야 할 것이다. 다른 국립대학에 갔더라면 그런 가슴을 얻지 못했을 것이다.

내 청춘의 마음은 미친 듯이 날뛰며 쓸 만한 게 없나 찾아다녔고 공원의 다람쥐라도 된 듯 먹을 수 있는 거라면 뭐든 삼켰다. 먹은 것은 다 흡수해서 양분으로 삼았다. 생각하는 정신이 일단 항해를 시작하자 때로 폭풍이 몰아치는 바다가 끝없이 펼쳐졌다. 배가 흔들리고 파도에 얻어맞아 이리저리 휩쓸리고 요동치는 동안, 나는 별을 올려다보고 의문을 품었다.

2학년 때 여름방학을 맞아 집으로 돌아왔던 기억이 난다. 아버지는 내게 설교를 맡기셨다. (십 대 시절에도 나는 종종 설교를 했는데, 앞에서도 말했다시피 아버지는 인습에 매이지 않는 분이었고 나는 말이 많고 잘난 체하고 싶어 했던 것이다.) 나는 "성경은 문학작품으로 읽어야 한다"는 주제로 설교했다. 농사짓는 기독교인들에게 성경이 문학작품이니 뭐니 하는 말은 아무 의미가 없었지만, 당시 내 주된 관심사였기에 그것이 밖으로 나온 것이다. 나는 여호와가, 여호수아가 아말렉 족속을 공격하는 것을 도와준, 엄밀히 말해 부족신이었다고 말했다. 한 부족의 우상이던 여호와에서 특정 민족을 딱히 '선택'하기보다는 모든 민족과 모든 나라를 아우르는 일신교적 하나님으로 신 개념이 진화했다고 말했다. 그날 저녁식탁에서 뵌 아버지의 얼굴은 말로 형언할 수 없을 정도였다! 아버지는 내가 이미 안 좋은 영향을 받았다는 것을 알 수 있었던 것이다. 아들이 무신론의 길을 걸어갈 것인가? 아버지는 그렇게 될까 봐 크게 우려하셨다. 영어를 잘하지만 무신론자이기도 한 사람을 아모이에서 직접 본 적이 있기 때문이었다. "영어를 잘하는 무신론자", 그것이 아버지의 머리에 불길한 구름처럼 드리웠다.

나는 대학생활을 즐겼고 학과수업은 무시했다. 보통 다른 학생들이 벼락치기로 시험공부를 하는 시험주간에 나는 쑤저우蘇州의 냇가에서 낚시를 했다. 시험에 낙제한다는 생각은 한 번도 해본 적이 없었다. 대학에서도, 그 전에 학교를 다닐 때에도 나는 늘 이등이었다. 학교 공부를 중요하게 여기고 전력을 다해 일등을 하는 얼간이가 늘 있었던 것이다.

이 대목에서 중국어 강의에 대해 한마디 해야겠다. 그 수업들이 나중에 내 기독교 신앙에서 아주 특이한 방식으로 영향을 끼쳤기 때문이다. 예를 들어, 중국어로 진행되는 민법수업 시간에 휴스턴 스튜어트 체임벌린의 《19세기의 기초들》을 책상 밑에 놓고 읽었던 기억이 난다. 민법 같은 과목이 왜 있어야 하는지 나는 도무지 이해할 수 없었다. 해당 과목의 중국인 교수는 나이 든 수재(과거의 지방시에 합격한 사람)였는데, 커다란 안경을 썼고 몸무게가 37킬로그램도 채 안 나갈 것처럼 보였다. 그런데 이 수재 교수는 수업을 진행하거나 강의하는 법을 배운 적이 없었다. 민법 교과서는 큰 글씨로 된 100쪽짜리 인쇄물이었는데, 얇은 자리에서 독파할 수 있는 분량이었지만 한 학기 동안 나눠 배워야 할 교재였다. 교과과정에 나와 있는 대로 진도를 천천히 나가야 했다. 매주 민법 '교수'는 길어야 15분에 걸쳐 열 줄에서 열다섯 줄 정도 읽은 후 남은 시간 내내 자리에 웅크리고 앉아 아무 말도 않고 꼼짝하지도 않았다. 그는 두꺼운 안경 너머로 우리를 바라보았고 우리도 말없이 그를 쳐다보았다. 불행히도, 나는 그런 연기를 끝까지 해낼 수가 없었다. 정신이 텅 빈 상태를 유지하기란 정말 어려웠다. 나는 불교의 선禪 명상에 들어갈 마음이 없었다. 세인트존스 대학의 중국어 수업이 대개 이런 식이었다. 참으로 고약하게도, 세인트존스 대학에서는 해를 거듭해 중국어 수업에 낙제하고도 학위를 받을 수 있었다. 그 학교는 중국적인 것에 관한 공부를 대체로 무시했던 것이다. 이런 형편은 1930년 이후에 가서야 달라졌다.

나는 중국 역사에 막 관심을 갖기 시작하던 차였는데 세인트존스 대학에 입학하면서 관심을 접게 되었다. 정신은 두 주인을 섬길 수 없는 법. 나는 영어와 사랑에 빠졌다. 붓을 놓고 만년필을 집어 들었다. 내가 나중에 라이프치히에서 공부하는 동안에도 아버지는 여전히 편지에 내 글씨가 창피해 죽겠다고 쓰셨다. 중국 서예는 완전하게 익히는 데 반평생이 걸리는 기술이다. 나의 이런 상태는 대학 이후 교육의 일부가 되어야 할 탈학습의 과정과 긴밀한 관련이 있었다. 대부분의 사람들은 학교와 대학에서 배운 내용 중에서 버릴 것은 버리면서 성장과 성숙을 이어간다. 나의 경우에 이 탈학습의 과정은 욕설을 내뱉으며 중국에 대한 공부를 다시 하는 것과 더불어 기독교 신앙을 내던지는 것이었다.

한편 나는 스스로의 선택으로 세인트존스 대학 신학부에 등록해 신학 공부를 하고 있었다. 여기서 나는 첫 번째 폭풍에 시달렸다. 성경주해는 내게 맞지 않았다. 나는 위대한 사상과 개념을 좇고 있었다. 볼테르의 책을 직접 읽은 것은 세인트존스 대학을 떠난 후의 일이지만, 신학부에 들어간 지 얼마 안 되어 나는 볼테르가 소개한 사파타Zapata• 처럼 많은 의문을 품게 되었다. 나의 의문과 모순되는 답변들을 발견했고 아무 답을 얻지 못하기도 했다. 나는 혼란스러운 대답들에 시달리다 물러섰고, 다시 시달리다 물러섰다. 온갖 신학적 말장난은 내 지성에 대한 모독이었다. 지적 정직성을 유지하면서 신학 공부를 끝까지 마칠 수가 없었다. 나는 흥미를 모두 잃었고, 학창 시절 보기 드물게 학점도 안 좋게 나왔다. 교목은 내가 목회에 어울리지 않는다고 생각했는데, 그의 판단은 옳았다. 나는 신학부를 그만두었다.

• 에스파냐 살라망카 대학에서 가르쳤던 신학자. 1629년 기독교와 성경에 대해 많은 회의적인 질문을 제기했다 – 옮긴이.

林語堂

2

From
Pagan
to
Christian

긴 우회로에 접어들다

From Pagan
to
Christian

졸업 후 나는 베이징으로 가서 칭화 학교에서 가르쳤다. 당시 베이징에 산다는 것은 말하자면 고대 중국에서 분명하게 드러난 진짜 중국 사회와 접촉하는 것을 의미했다. 청명한 푸른 하늘, 장엄한 사원과 궁궐, 즐겁고 유쾌하고 만족한 노동자들의 모습은 베이징 생활이 풍족하고 쾌적하다는 인상을 주었다. 시대가 바뀌고 여러 세기가 지났지만 베이징은 변함없이 그대로 있었다. 서산西山에는 와불臥佛이 잠들어 있고, 옥천산玉泉山에는 수정처럼 맑은 샘이 솟고, 고루鼓樓에서는 야경을 알리는 북소리가 울렸다. 인간이 신에게 아쉬운 것이 무엇이겠는가? 생명의 선물을 받은 인간이 지상에서 무엇을 더 구할 수 있겠는가? 베이징은 곧 중국이었다. 노란색 지붕의 궁궐과 벽돌로 쌓은 사원의 벽, 몽골 낙타가 보이고 만리장성과 명대의 황릉이 가까운 진짜 중국이었다.

중국에서 그리스도인이 된다는 것은 무슨 뜻일까? 나는 기독교의 보호막 안에서 자라났다. 세인트존스 대학은 그 보호막의 연장선에 있었다. 우리의 활동반경은 지적으로만이 아니라 아쉽지만 심미적으로도 이교도 사회—이렇게 불러도 된다면—와 분리되어 있었다. 저 흡족하고 영광스러운 이교도 사회에는 사악함과 부패와 가난이 가득했지만 명랑함과 만족, 심지어 흥겨움 또한 가득했다. 그리스도인으로 성장한다는 것은 무엇이었던가? 그것은 진보적이고 서구적이고 신학문에 공감한다는 것과 같은 말이었다. 대체로 서양을 받아들이는 것이었고, 특히 서구의 현미경과 의술을 흠모하는 것이었다. 여성교육에 확고하게 찬성하고 축첩과 전족에는 분명히 반대하는 입장을 뜻하는 것이었다. (발을 묶었던 헝겊인 전족을 가장 먼저 푼 것도 기독여성들이었다. '이교도' 소녀로 자라난 내 어머니는 전족을 풀고 양말을 신었다.) 대중교육에 찬성하는 태도, 민주주의에 대한 약간의 개념, 그리고 식자층의 경우에는 '영어 구사능력'을 뜻했다. 적어도 아모이에서는 로마자 병음을 사용하는 것과 한자 지식, 때로는 중국의 민속과 민속문학, 민속극에 대한 모든 지식을 잃는 것을 의미했다. 로마자를 사용한 한자 병음 표기는 멋진 체계였다. 아모이에는 병음 표기에 반대하는 중국학자들의 모든 논리를 비웃기라도 하듯, 중국어를 일곱 성조까지 완벽히 나타내는 로마자 병음 표기법이 있었다. 어머니는 병음으로 성경 전체를 읽을 수 있었고, 독학으로 중국어 찬송가도 읽으셨고, 내게 편지까지 써 보내셨다. 로마자를 사용한 병음 표기는 실현가능성의 문제가 아니다. 심리적으로 우리가 그것을 원하지 않을 뿐이다.

그러나 기독교 교육의 불리한 점 또한 얼마 안 가서 분명히 드러났다. 나는 중국철학뿐 아니라 중국의 민속과도 단절되어 있었다. 중국인이라고 해도 중국철학을 모르는 것 정도야 변명의 여지가 있지만, 누구나 아는 중국의 귀신, 혼령, 설화를 모른다는 것은 그야말로 터무니없는 일이었다. 내가 완벽한 기독교식 가정교육을 받았기 때문에 벌어진 일이었다. 거기에는 칼뱅주의의 요소도 있었다. 나는 장저우의 맹인 악사들이 현악기 반주에 맞추어 부르는 아름다운 옛이야기를 들을 수 없었다. 남자도 있었지만 대부분 여자였던 이 맹인 가수들은 밤이면 딱따기와 등불을 들고 거리를 돌아다니면서 신비한 이야기와 고대 중국의 역사적인 연애 사건을 들려주었다. 이교도 가정에서 자라난 어머니가 그런 이야기 몇 편을 들려주셨지만, 나는 거리의 가수들 입에서 흘러나오는 이야기를 직접 들어보지는 못했다. 부모님은 우리 형제들에게 연극 공연이 펼쳐지는 구랑위 광장을 지나갈 때는 무대를 기웃거리거나 서성대지도 말라고 하셨다. 그런데 그러한 무대야말로 학식 유무를 떠나 모든 중국인이 역사를 배우는 자리다. 중국의 여느 세탁업자도 나보다 《삼국지》의 주인공과 여주인공들에 대해 잘 알고 있었다. 나는 여호수아의 군인들이 나팔을 불어 여리고 성벽을 무너뜨린 이야기는 어린 시절에 이미 알고 있었다. 하지만 범기량의 아내가 만리장성 공사에 끌려간 남편을 찾아갔다가 남편이 죽은 것을 알고 통곡하자 장성의 많은 부분이 그녀의 눈물에 무너졌다는 이야기를 처음 들었을 때 나는 몹시 화가 났다. 나는 민족의 유산을 빼앗긴 채 살아왔던 것이다. 그것이 중국인 소년에게 선량한 청교도적 기독교 교육이 할 수 있는 일이었다. 나는 중국인이라는 민족의식의 도도한 물줄기 속으로 뛰어들기로 결심했다.

나는 영적 항해의 큰 우회로에 접어들었다. 기독교 세계 속에서 살고 움직이고 존재 기반을 두는 한, 중국의 기독교인들은 베이징의 이교도들 못지않게 부족함이 없었다. 그러나 중국의 기독교인이 눈과 마음을 열어놓고 내가 '진짜 중국세계'라 부르는 곳으로 삶의 자리를 옮기면 귀가 벌게질 정도로 수치심에 사로잡히게 된다. 내가 빼앗기지 않은 것이 무엇이란 말인가? 내가 예전에 생각했던 것처럼 상황은 그리 단순하지 않았다. 전족과 축첩마저도 내가 생각했던 것만큼 그렇게 명백하고 단순한 문제가 아니었다. 내가 축첩제도와 전족의 윤리 및 심미적 가치를 헤아리게 된 것은 그 둘을 강력하게 옹호하는 구홍밍辜鴻銘의 주장을 듣고 난 다음이었다. 독자는 이 책에서 구홍밍에 대해 많이 듣게 될 것이다.

여기서는 아편과 조상숭배, 이 두 가지 문제를 언급해야겠다. 아편 문제는 중국인 전반에 서양에 대한 깊은 상처와 혐오감을 심어주었고, 조상숭배는 중국 기독교인들에게 국적을 상실한 느낌을 가져다주었다. 기독교인들은 아편을 멀리했고 선교사들은 당연히 아편을 정죄했다. 아편의 극적이고도 비극적인 면은 그것을 들여와 우리에게 총을 들이대고 강요한 장본인이 선교사들의 동포였다는 사실이다. 광둥성의 흠차대신으로 수많은 아편더미를 불태우고 기독교인들이 들여온 아편으로 인한 전쟁을 촉발한 사람은 용맹한 중국의 관료 임칙서林則徐(위대한 우리 가문의 일원)였다. 그는 중국이 아편전쟁에서 패배한 후 신장성(중국령 투르키스탄)으로 좌천되어 그곳에서 죽었다. 패전 이후 중국의 문호는 활짝 열렸다. 아편더미가 다량으로 뻔뻔스럽게 들어오기 시작했다. 그러나 중요한 것은 그 역겨운 아편더미를 뒤따라 선교사들이 들어왔다는 점이다. 그러자 세 번째 문제가 불거졌다. 선교사와 아편, 둘 다 포함砲艦의 자애로운 보호 아래 있었다. 상황은 개탄스러운 정도가 아니라 희극적이고 우스꽝스럽게 되어버렸다. 선교사들은 상인들을, 상인들은 선교사들을 대단히 탐탁잖게 여겼고 서로가 제정신이 아니라고 생각했다. 중국인의 눈으로 보자면, 함포 공격으로 중국인들의 몸이 산산조각 날 때 중국인들이 천국으로 올라가게, 말하자면 그동안의 모든 손해를 만회하게 해주려고 선교사들은 그들 영혼의 구원에 각별한 관심을 기울인 것이었다.

조상숭배로 말하자면, 지금에 와서 돌이켜보자면 그것은 중국인 됨의 근본에 자리 잡고 있기에 중국 기독교인들은 조상숭배를 금지당함으로써 중국 사회에서 자기 발로 걸어 나간 셈이 되었고 "외국 종교를 먹고 사는 무리"라는 비난을 반박하기 어려워졌다. 이는 기본적이고 중심적인 문제로서, 생각 없는 교회가 신자들에게 얼마나 큰 상처를 줄 수 있는지를 잘 보여준다. 조상숭배는 유교의 종교적인 면을 가시적으로 보여주는 유일한 모습이다. 공자 사당에서 공자에게 제사를 드리는 일은 언제나 학자들과 과거시험 합격자들의 몫이었다. 그러나 그렇다고 해도, 중국의 기독교인들이 거기 참여하지 않을 이유도, 그로부터 자신들을 단절시킬 어떤 이유도 없었다.

중국 고전을 읽어본 사람이라면 모두 알다시피, 조상숭배는 공자 이전부터 있었다. 공자는 700년 전 주나라의 설립자들이 수립한 조상숭배의 형식과 규칙들의 전거를 재확립하려고 옛 자료를 실제로 연구했다. 현대의 영문학자로 말하자면, 시기적으로 초서(1343-1400, 중세 영국 최대의 시인. 근대 영시의 창시자로, '영시의 아버지'라 불린다. 대표작 《캔터베리 이야기》—옮긴이)보다 멀고 《베오울프》(영국 최고最古의 영웅 서사시. 구전되어오다가 8세기 무렵에 문자로 정착—옮긴이)보다는 가까운 주제를 연구한 셈이다. 조상숭배는 중국인들에게 과거에 대한 존중과 과거와의 연속성, 튼튼하고 끈끈한 가족제도, 중국인들의 삶의 동기를 그대로 구현하고 있다. 조상숭배는 모든 선하고 명예로운 것의 기초요, 전진하고 사회에서 성공하고 싶은 욕망의 기초였다. 실상, 중국인의 행동원칙은 다음과 같다. "가문의 명예가 될 수 있도록 선을 행하라. 조상에게 수치가 되지 않도록 악을 멀리하라." 이것이 중국인이 좋은 아들, 좋은 형제, 좋은 삼촌, 좋은 시민이 되려는 이유다. 바로 중국인이 중국인 되게 하는 근거다. 조상숭배는 그 형식을 볼 때 터무니없이 무리한 상상력을 발휘하지 않고서는 기독교회가 말하는 식의 우상숭배라 불릴 수 없는 것이다. 일부 기독교 대성당, 특히 이탈리아나 프랑스에 있는 대성당에 잔뜩 모여 있는 성상들에 비하면, 조상들의 이름이 적힌 네모반듯한 위패는 상상력이 부족하고 합리적인 정신에서 나온 산물처럼 보일 지경이다. 거기에는 기독교인의 묘비보다 적은 수의 글자가 적혀 있다. 종묘의 제단 뒤쪽에는 커다란 막대자처럼 생긴, 남녀를 막론한 여러 조상 혼령의 '자리'가 표시된 나무 위패들이 모셔져 있다. 제사를 지낼 때는 제단에 촛불과 향불을 피운다. 제사 지낼 때 위패 앞에 무릎을 꿇는 것이 기독교회가 조상제사에 반대하는 진짜 이유가 되겠으나, 중국인이 서양인들보다 쉽사리 무릎을 꿇으며 부모와 조부모가 살아 계실 동안에도 격식을 갖추어야 할 때는 그분들 앞에서 종종 무릎을 꿇는다는 점을 망각하고 내린 판단이다. 무릎을 꿇는 것은 존경을 표하는 행동이다. 공자는 이렇게 말했다. "우리 이전의 선조들이 모였던 자리에 모이고, 우리 앞서 선조들이 지켰던 의식을 지키고, 우리 앞서 선조들이 연주했던 음악을 연주하고, 선조들이 존경했던 분들에게 존경을 표하고, 선조들에게 소중했던 분들을 사랑하되 이제는 돌아가신 분들이 살아 계신 것처럼, 이제는 떠난 분들이 여전히 우리와 함께 계신 것처럼 그분들을 섬기는 것. 이것이 최고의 효孝다." 중국인 아무나 붙들고 흔들어보면 조상들에 대한 지울 수 없는 자부심을 보게 될 것이다.

그런데 아모이의 비非기독교인들은 우리에게 관용을 베풀었다. 기독교인들은 사회적으로 배척당하지 않았다. 아모이와 장저우의 기독교 공동체는 다 한 교구의 교인들처럼 긴밀히 연결되어 있었다. 그들은 진보적이었고 성공했으며 자녀들은 남녀 모두 더 좋은 시설에서 학교교육을 받을 수 있었다. 적대감이 있었다면 조상숭배의 문제에서 그런 것이었지 싶다. 누가 우리를 따로 유폐시킨 것이 아니었다. 우리가 자신을 가두고 주류 사회와 교류를 끊었다. 이런 상황이 현대의 도시에서라면 별문제가 되지 않았겠지만, 시골 마을에 사는 중국의 기독교 신자들에게는 더없이 당혹스러운 문제가 될 수 있었다. 일부 기독교인들은 우리 아버지를 찾아와 정말로 좋은 뜻에서 마을 축제와 그때 펼쳐지는 연극에 도움을 주면 안 되느냐고 물어보기도 했다. 이 기독교인들은 실상 사촌과 삼촌과 가문 사람들과 보란 듯이 인연을 끊어야 하느냐고 물어본 것이었다. 기독교회는 그런 마을 행사에 대한 지원을 금하면서도, 어머니날과 아버지날은 집에서 흔쾌히 기념한다. 부모님 생전에는 물론이고 사후에도 막대자를 닮은 위패 대신, 우상숭배에 무한히 더 가깝다 할 실제 사진을 보면서! 중국 속담에 이런 말이 있다. "물을 마실 때는 그 근원을 생각하라." 중국의 기독교인들은 수도꼭지에서만 물을 마셔야 하고 물의 근원은 생각하지 말아야 하는가?

소년 시절에 나는 너무 어려서 어떤 적대감도 느끼지 못했고, 중국 기독교인들 스스로 지역사회와의 교류를 끊었다는 사실도 실감하지 못했다. 학창 시절에는 진보적인 모습에 겨운 나머지 아무것도 감지하지 못했다. 그러나 우리 마을에는 교회에 적대적이었던 비기독교인 지도자들이 일부 있었다. 그것을 알게 해 준 사소하고 재미있는 사건이 있었다. 전국을 뒤흔든 의화단사건에서 터져 나온 폭력과 증오 같은 것은 없었다. 아버지가 새 교회 건축을 마친 다음 해, 과거에 낙방하고 직업도 없던 아편쟁이 학자가 찾아와 같은 거리에 불교 사찰을 짓는 데 필요한 후원금을 요청했다. 가엾은 양반. 아내가 옷을 안 빨아주는 건지, 아니면 신령해 보이려고 작정하고 씻지 않은 건지는 모르겠다. 하여간 내 기억에 남은 것은 그의 거무스름한 이빨, 단추가 반밖에 안 남은 더러운 옷, 씻고 싶은 마음이 있는지 없는지 몰라도 영원히 안 씻은 것 같은 외모가 전부였다. 그의 사찰 바로 옆으로 수정처럼 맑은 시냇물이 흐르고 있었건만, 그는 목욕의 즐거움을 낙원에 가는 첫날로 미뤄두고 있었던 것 같다. 하지만 그래도 그는 재치가 있어서 그것으로 생계를 유지하고 있었다. 우리 교회에는 몇몇 미국인들이 마련해준 종이 하나 있었는데, 교회 입구에 세워진 15미터 높이의 종탑에 그 종을 설치했다. 그러자 이 '실업자 학자'는 자기 사찰에다 북을 설치했는데, 대단히 특이한 일이었다. (불교 사찰에서도 종을 썼지만, 그는 그럴 형편이 안 되었다.) 일요일마다 교회 종이 울리면, 그는 거기에 맞춰 북소리가 울리게 했다. 그의 표현을 빌리자면, "예수가 땡그랑할 때 부처는 둥둥 했다." 우리 형제들은 지지 않기로 마음먹었다. 우리는 교대로 줄을 당겨 종을 치다가 소리가 멈출 때면 북소리가 들리는지 귀를 기울였다. 경쟁이 이어지자 아버지는 우리가 제정신이 아니라며 그만두게 하셨다. 이듬해 어느 날, 학교에서 돌아와 보니 북은 사라지고 없었다. 이빨이 싯누런 그 사람이 아편 살 돈을 구하기 위해 팔아버린 것 같았다. 우리가 이긴 것이었다.

또 다른 중국인 지도자는 나이가 지긋하고 수염도 길어서 더 존경을 받았다. 그는 마을 전체의 촌장쯤 되는 사람이었다. 아버지는 그 '김씨 할아버지'와 잘 지냈지만, 김씨 할아버지는 교회에 오지 않았고 다른 사람들도 교회에 못 가게 막았다. 그런데 산에서 내려온 물이 모여 마을에 시내가 흘렀는데, 시냇물이 굽이쳐 흐르는 곳에 다리가 하나 있었다. 다리 한쪽에는 포아의 상점가가 펼쳐졌는데, 홍수가 오면 거센 물살을 그대로 받기 때문에 강둑 높이 자리 잡은 그곳은 늘 침식될 위험이 있었다. 반대쪽에는 닷새에 한 번씩 장이 서는 자갈마당이 있었다. 자갈밭 쪽 다리 초입에 김씨 할아버지의 집이 있었다. 그 위치가 절묘해서 할아버지가 다리 주인이라고 말할 수 있을 법했다. 다리라고 해봐야 양쪽 강둑에 통나무 몇 개를 걸쳐놓은 것이 전부였고, 그 위에 판자를 올려놓거나 하지는 않았다. 통나무가 완전히 곧지 않았기 때문에 나무 사이로 강물이 보였고 전족을 한 여인들은 그 틈새로 발이 빠지지 않도록 조심조심 걸어야 했다. 우리는 그 다리가 김씨 할아버지의 수입원이라는 것을 알았다. 그분도 아편쟁이라 아편 살 돈이 필요한 터였다. 큰 홍수가 나면 다리가 떠내려가거나 보수를 해야 했다. 홍수가 날 때마다 김씨 할아버지는 마을 사람들에게 다리 수리비를 받으러 다녔는데, 다리가 완전히 쓸려 가버리면 횡재였다. 그런데 우리 마을에는 가을 홍수가 아주 흔해서, 김씨 할아버지에게 끊임없이 수입원이 되어주었다. 더욱이 김씨 할아버지는 다리의 구조적 결함에 끊임없이 주의를 기울이고 다리의 연결부위를 허술하게 만들어 강물의 수위가 조금만 달라져도 다리가 금세 영향을 받게 했다. 이제 관건은 하늘 할아버지가 김씨 할아버지에게 협조하느냐 하는 것뿐이었다. 내 기억에 따르면, 김씨 할아버지는 점잖고 합리적인 사람이었다. 그가 기독교회에 적대감을 가진 이유는 하나뿐이었는데, 그가 노름판을 운영하기 때문이었다. 아버지는 기독교인들이 노름을 못하게 막으려다 노름꾼들이 기독교인이 될 수 없게 막아야 했다.

⁂

중국의 지성인이 국적 불명의 중국인 취급을 받지 않고 중국 사상의 큰 흐름에 합류하고 싶어 하는 것은 자연스러운 일이다. 나는 중국에서 영어를 가장 잘 배울 수 있는 대학을 졸업했다.

그래서 어쨌단 말인가? 나는 아버지의 개인지도로 유교 고전을 이미 잘 익힌 상태였다. 모든 교육받은 중국인이 그렇듯, 나도 《논어》에 나오는 공자의 말씀을 외우고 있었다. 그것은 지식인 사이의 대화에서 필수적인 부분이었다. 그러나 볼품없는 내 글씨체는 중국에서 교양 없는 사람이라는 확실한 증표였다. 중국의 역사와 시와 철학과 문학에 대한 나의 지식에는 구멍이 많았다.

이제 나는 중국 문화의 중심지인 베이징에 와 있었다. 나는 케임브리지 대학 영문학과에 들어가 지도교수와 이야기를 나누는 신입생과 같은 심정이었다. 교수는 담배연기를 뿜어대며 신입생에게 스윈번(1837-1909, 영국의 시인·평론가)과 키츠(1795-1821, 영국의 낭만파 시인)와 하우스먼(1859-1936, 영국의 시인)에 대해 떠들어댄다. 학생은 그저 그들의 이름을 들어봤다고 고개를 끄덕일 수 있을 뿐이다. 총명한 학생이라면 그 자리를 나선 직후 제일 먼저 무엇을 할까? 다음번에는 그렇게 천박하고 무식해 보이지 않도록 도서관에 가서 스윈번과 키츠와 하우스먼의 작품을 읽을 것이다. 이것이 소위 진정한 대학교육이 이루어지는 정상적인 과정이다. 다른 정신과의 교류 혹은 전염이라고 할 수 있겠다. 나는 수치심을 안고 중국의 문학과 철학 공부에 뛰어들었다. 이교의 지혜라는 방대한 세계가 내 앞에 열렸고 대학 졸업 후의 진정한 교육 과정, 탈학습 과정이 시작되었다. 이 과정에서 나는 기독교 신앙의 한계를 뛰어넘게 된다.

겉보기에 나는 성공한 교사였다. 의화단 배상금으로 미국이

받을 묶을 도로 내놓아 설립된 칭화 학교에서 나는 잘해나갔다. 칭화 학교는 중국에서 가장 현대적이고 시설이 좋은 학교로 빠르게 두각을 나타냈고 훌륭한 도서관을 짓기 시작하던 참이었다. 뛰어난 중국인 학장이 있었고 교수진은 중국인 미국인 할 것 없이 모두 훌륭했으며, 위치는 베이징 외곽의 전 만주족 황태자의 정원이 있던 곳이었다. 그러나 정신적으로 나는 어색했고 잘 적응하지 못했다. 지금도 후스胡適 박사는 가끔 나를 정감 있게 '청교도'라고 부르는데, 나는 청교도였다. 기독교인이 아닌 중국인 시인이나 학자가 으레 갖고 있는 싹싹함과 동지애가 내게는 없다. 체질상 나는 술을 못 마신다. 포도주를 마시면 눈꺼풀이 말려 올라간다. 파이프 담배로 말하자면 영혼의 신뢰할 만한 위로자로 영원토록 옹호할 것이다. 나는 자칭 이교도였지만, 사람들이 바쿠스의 잔치 같은 술판을 벌이는 이유를 그때나 지금이나 이해할 수 없다. 비스듬히 드러누워 금대접에 차려진 포도를 먹는 로마 장교들의 술잔치라면 나는 언제까지나 구경꾼으로 만족하련다. 여자에 대해서라면 절제 훈련이라는 면에서 청교도 교육의 좋은 점이 있었다. 일부 동료들은 일요일마다 사창가를 찾았지만, 나는 비기독교 대학이던 칭화 학교에서 주일학교를 열었다. 동료 교수는 나를 숫총각이라 불렀는데, 나는 결혼할 때까지 숫총각이었다. 내가 파리 나이트클럽의 누드쇼를 그렇게 좋아하는 것도 그 때문이다. 충실한 청교도만큼 누드쇼를 잘 감상할 수 있는 사람은 없을 것이다. 내게는 대학 시절 만난 부잣

집 자제들의 특징인 붙임성과 자신감이 없었다. 세월이 지나서는 사람들과 함께 있는 자리가 편안해지기는 했지만 남의 등짝을 세게 후려치는 법은 배울 수 없었다. 그것은 높은 산의 정기가 나를 떠나지 않았고 내가 근본이 시골 소년이었기 때문일 것이다. 이교도를 뜻하는 영어 단어 'pagan'과 'heathen'의 어원이 바로 그런 의미다. 지금도 집에서 카펫 위를 양말 바람으로 걷는 것은 내가 즐기는 인생의 큰 호사다. 내가 볼 때 사람이 걸을 수 있도록 하나님이 지어주신 발은 완벽하다. 발에는 개선할 여지가 전혀 없고 신발을 신는 것은 인간이 자초한 일종의 퇴화다. 토머스 울프Thomas Wolfe(1900-1938, 미국 소설가)는 《천사여, 고향을 보라*Look Homeward, Angel*》에서 성장기에 발가락이 뒤틀린 이야기를 자세히 적었다. 때로 나는 밤중에 맨해튼 거리를 걷다가 큰소리로 하품을 하거나 갑자기 한참 동안 소리를 질러 아내를 발끈하게 만든 적이 있다. 그렇게 하여 나 자신을 자유롭게 풀어주려 했던 것이다. 맨해튼의 시멘트 보도를 걸으면서도 여전히 내 눈에는 산봉우리의 자유로운 공간들이 보이고 내 귀에는 산골짜기를 따라 졸졸 흐르는 시내의 감미로운 웃음소리가 들려오기 때문이다. 그러면 두려움은 모두 사라져버렸다.

나는 종종 부잣집 아들로 태어나 온화하고 함부로 입을 열지 않으며 관료로 승진할 때를 차분히 기다리는 사람의 인생은 어떤 것인지 궁금했다. 중국에서 학자가 된다는 것은 지배층의 일원이 되는 것을 의미했으니 말이다. 나는 관료 집안 출신의 동료를 본 적이 있다. 그는 관료 집안에서 태어났고 관료 집단에서 일하게 될 운명이 분명했다. 그러나 나는 상하이나 베이징이 아니라 푸젠성 출신이었다. 푸젠성 출신으로 시인과 학자, 미인은 많지만 중국사를 아우르는 일급 정치가는 없었다.•

외무성에 잠시 머무는 동안 나는 입을 다물 줄 알고 모두에게 깍듯이 대하고 온화하고 쉽게 동요하지 않는 그 동료를 만났다. 그는 집무실에 앉아 차를 마시고 신문을 읽으면서 시간을 보냈다. 나는 그가 언젠가 지방장관이 될 거라고 확신했고, 정말 그렇게 되었다. 입을 다물 줄 아는 더할 수 없는 매력과 공직 경력과의 신비한 관계가 궁금한 적이 한두 번이 아니었다. 그래서 나는 이런 결론을 내리게 되었다. 군인은 나라를 위해 피는 흘려도 명예는 버리지 않지만, 성공한 진짜 정치가는 나라를 위해 명예는 기꺼이 포기하지만 피는 한 방울도 흘리지 않는다고. 군인의 임무는 그저 싸우다가 죽는 것이고, 훌륭한 정치가의 임무는 그냥 정치를 하고 입을 다무는 것이다. 그가 하는 일은 전부 나라 사랑이다.

• 지난 세대 중국의 위대한 문인 셋이 푸젠성 출신이었다. 애덤 스미스, 몽테스키외, 토머스 헉슬리를 번역한 옌푸嚴復(1854-1921), 앞에서도 소개한 바 있는 스콧과 디킨스를 번역한 린슈, 그리고 (앞으로 소개할) 구훙밍.

+++

나의 짧은 신학 공부는 교리에 대한 나의 믿음을 뒤흔들어놓았다. 신학 교수 중 한 분은 만약 A와 B가 있다면 그 둘을 연결하는 선 C도 있을 것이 분명하다는 논리로 성령의 **이론적 필연성**을 내세웠다. 이런 오만한 스콜라철학의 방법론과 독단적인 정신을 동시에 만난 나는 양심에 상처를 입었다. 스콜라 철학자들이 내놓은 이런 교리들은 영적인 것을 물질적인 것인 양 취급하고, 심지어 신神의 정의正義를 인간의 정의와 동일시했다. 신학자들은 너무나 자신만만했다. 그들은 자신들의 결론이 영원토록 꽁꽁 싸서 봉인해도 될 만큼 최종적인 것으로 받아들여지기를 원했다. 물론 나는 반발했다. 많은 교리들이 부적절하고 그리스도의 진리를 흐려놓았다. 성문화 과정을 거치면서 바울은 베드로보다 더 많은 것을, 4세기의 교부들은 바울보다 더 많은 것을 알았다. 그들의 가르침과 비교해보면, 예수가 아는 것이 가장 적었다.

나는 신앙의 확신은 잃었으면서도 하나님의 아버지 되심에 대한 믿음만은 놓지 않았다. 성탄절에 칭화 학교에서 주일학교 수업을 진행하면서 나는 동방박사가 별의 인도를 받아 마구간이 있는 정확한 곳에 어떻게 이르게 되었는지 도통 머릿속에 그림이 그려지지 않았다. 나는 한밤중에 천사들이 노래하는 상징의 아름다움을 산타야나(1863-1952, 에스파냐 출신의 미국 철학자)가 말한 '쾌快'의 의미에서만 즐길 수가 있었다. 산타클로스는 마법이 풀린 신화였지만 여전히 아름다운 신화였다. 하지만 내가 기독교회로부터 떨어져 나오기 전에 먼저 있어야 할 일이 있었다.

베이징에서 나는 두 명의 일류 지성인을 만났고, 그들과의 만남은 내게 지울 수 없는 영향을 끼쳤으며 이후 각기 다른 방식으로 나의 발전에 기여했다. 한 사람은 후스(1891-1962, 중국의 사상가·외교관) 박사였는데, 1917년 중국의 문예부흥을 가져온 인물이다. 이 문예부흥의 가장 중요한 특징은 엄격한 반反유교적 입장이었다. 당시 콜롬비아 대학 대학원생이던 박사는 유교를 겨냥해 뉴욕에서 첫 탄환을 발사했는데, 이 탄환이 우리 세대 중국의 사상과 문학의 기류를 완전히 바꿔놓았다. 이 신문화운동은 문학 표현의 기본 매체를 고전어에서 통속어로 바꾸는 것을 옹호한 중국문학사의 획기적인 사건이었다. 한편 베이징 대학 교수였던 공산주의자 천두슈陳獨秀(1879-1942)는 당 기관지인 〈신청년〉을 발간하고 있었다. 후스는 전국적인 찬사를 받으며 귀국해서 베이징 대학에 자리를 잡았고 나는 칭화 학교에서 그를 맞이했다. 그것은 짜릿한 경험이었다. 나는 신문화운동의 진보적인 태도에 본능적으로 공감했다. 량치차오梁啓超(1873-1929, 계몽사상가), 차이위안페이蔡元培(1868-1940, 교육자), 린훼이인林長民(1876-1925, 정치가) 등 당시 중국의 거물들이 모두 그곳에 있었다. 그때 베이징 대학의 초청으로 미국의 교육자 폴 먼로와 존 듀이가 왔다. 내가 해외로 유학을 떠나기 전이었다. (1923년 내가 독일에서 돌아와 베이징 대학에 합류했을 때 마오쩌둥毛澤東이 그곳 도서관의 사서로 있었지만 아무도 그에게 주목하지 않았고 나는 그를 본 적이 없었다.)

대체로 신문화운동은 과거와 완전히 단절하겠다는 중국 지성인들의 단호한 의지를 잘 보여주는 해방의 힘이었다. 군벌들이 싸움을 벌이는 동안, 중국의 지성인들은 나름의 극복해야 할 상황이 있었고 논쟁을 벌였다. 베이징은 활력이 넘쳤다. 누님이 즐겨 읽었던 번역가 린슈도 베이징 대학에 있었는데, 그는 통속어를 "인력거와 행상의 언어"라며 혹평했다. 논쟁이 있고 활력이 넘쳐 생각과 공부를 자극했다. 싸워서 지키거나 무너뜨려야 할 가치와 입장이 있었다. 젊은 중국은 토대까지 흔들렸다. 공산주의자 천두슈는 유교체제 일반, 특히 유교가 강조하는 정절과 과부의 수절을 계속 공격했지만, 전형적인 합리주의자 후스는 과학의 연구방법론에 근거해 보다 온건한 입장을 유지했고 학자답게 글을 썼다. 천두슈는 다른 미신들도 비판하고 규탄했는데, 무학의 영매가 자기도 모르게 학자의 글을 적어낸다는 중국판 플랑셰트planchette•도 그중 하나였다. 물론 공산당 기관지 〈신청년〉은 전족도 싸잡아 비판했는데, 다소 때늦은 감은 있었다. 우리는 이미 공화정 시대에 살고 있었던 것이다. 열정적인 한 학생

•삼각대에 한 자루의 연필이 달린 자동 기록 실험 기구. 여기에 손을 얹어 연필을 잡고 어떤 생각에 집중하면 연필이 자동적으로 기록한다는 장치—옮긴이.

은 "우리 모두 전체 중국 여인들의 작은 발[에 대한 책임]을 어깨에 짊어져야 한다"고 썼는데, 새로운 자유의 투사들에게 만만찮은 임무임에 분명했다. 짊어져야 할 여자들의 작은 발이 적어도 5천만 개는 넘는데다, 이 젊은이는 무릎이 약할 수도 있으니 말이다. 필연적으로 나는 베이징 대학에 끌렸고, 유학을 마치고 귀국한 후에는 베이징 대학에 합류했다. 이런 전반적인 격변의 한복판에서 나는 나 자신의 구원을 위해 중국의 철학과 문헌학 공부에 뛰어들었다. 손에 잡히는 대로 모조리 공부하며 거세게 흘러가는 중국인의 각성이라는 물결을 헤쳐나갔다!

하지만 기존 질서에 대한 이런 강력한 항의에 합류하지 않은 한 사람이 있었다. 베를린 대학, 에든버러 대학, 옥스퍼드 대학에서 공부를 마치고 1885년에 돌아왔으니 나보다 한 세대 위의 사람이었다. 그가 볼 때 공화정 시대의 우리 건방진 젊은 것들은 음흉한 자들은 아닐지 몰라도 민주주의라 불리는 현대의 대중숭배에 오염되고 영혼까지 더럽혀진 무식하고 비열한 인간들이었고, "유럽과 미국 사람들로부터" 올바른 처신이 아니라 "제멋대로 행동하는 법"을 배운 "현대판 흉내쟁이, 최신 중국인, 돌아온 학생들"이었다. 그는 괴짜였으나 따분한 사람은 아니었다. 최고 지성의 소유자였고 우리 세대의 누구에게서도 볼 수 없는 통찰력과 지식을 갖고 있었다. 그처럼 영어를 쓰는 사람은 중국에 아무도 없었다. 그의 사상은 도발적이었고, 거장다운 문체는 차분하고도 질서 정연하게 사상을 전개하면서 특정 구절들을 반복해서 사용하는 매튜 아널드를 연상시켰다. 거기다 토머스 칼라일의 극적인 호언장담과 하이네처럼 재치 있는 말까지 더해보라. 이 사람의 이름은 구홍밍(1857-1928)이다. 구홍밍은 아모이 출신이었다. 그는 내게 중국 인문학의 향연을 본격적으로 즐기기 전에 맛본 적포도주 한 잔과도 같았다. 그는 모든 것을 뒤집어놓음으로써 내 신념의 방향을 설정하는 데 결정적인 역할을 했다.

그를 소개하는 방법으로는 서머싯 몸이 그를 묘사한 글을 인용하는 것이 최선일 것이다. 몸은 구홍밍의 실명을 거론하지는 않았지만 《중국 병풍에 대하여*On Chinese Screen*》라는 책에서 그를 가리켜 '철학자'라고 불렀다. 몸은 1921년 양쯔 강 협곡 위에 있는 쓰촨성에서 그를 보았다. 여기 그 사람의 사람됨을 드러내주는 생생한 묘사를 소개한다.

> 이곳에는 유명한 철학자가 살았다. 고된 여행을 마다않고 이곳을 찾게 된 데는 그를 보고 싶은 마음도 있었다. 그는 유교 학문에 있어서 중국 최고의 권위자였다. 그는 영어와 독일어를 유창하게 구사한다고 했다. 그는 여러 해 동안 서태후의 저명한 총독 밑에서 비서로 있었으나 이제는 은퇴해 있다. 하지만 연중 매주 며칠씩 지식을 구하는 사람들에게 문을 열어 공자의 가르침을 풀어주었다. 그는 제자들이 있었지만 그 수가 그리 많지는 않았다. 대부분의 제자들은 그의 소박한 거처와 엄격한 가르침보다 외국 대학의 으리으리한 건물과 오랑캐들의 실용적인 과학을 선호했던 것이

다. 그는 그런 것이 아무것도 아니라고 웃어넘기려 할 때에만 그 이야기를 꺼냈다. 그에 대해 들은 내용을 근거로 나는 그가 인격자라는 결론을 내렸다.

내가 묵고 있는 집 주인에게 이 유명한 신사를 만나고 싶다고 했더니 당장 만남을 주선해주겠다고 했다. 하지만 며칠이 지나도 아무 말이 없었다. 내가 물었더니 집주인은 어깨를 으쓱하고는 말했다.

"나오라고 전갈을 보냈는데 왜 안 오는지 모르겠네요. 고집 센 늙은이 같으니라고."

철학자에게 그렇게 거만하게 접근하는 것은 적절치 않은 일이었기에 그가 그런 호출을 무시한 것이 전혀 놀랍지 않았다. 나는 그를 찾아뵙고 싶다는 내용의 편지를 내가 생각할 수 있는 최대한 예의 바른 표현으로 써 보냈고 두 시간 만에 다음날 아침 열 시에 찾아오라는 답장을 받았다. …

철학자가 들어왔다. 나는 찾아뵙게 허락해주어서 영광이라고 서둘러 감사를 표했다. 그는 손짓으로 나를 의자로 안내했고 차를 따라주었다.

"저를 보고 싶으셨다니 기분 좋군요. 당신네 영국인들은 중국인이라면 막노동꾼과 통역자뿐인 줄 알지요."

나는 그렇지 않다고 말했다. 하지만 나는 그가 하는 말의 요지를 놓치고 있었다. 그는 의자에 등을 기대고는 놀리는 표정으로 나를 쳐다봤다.

"그래서 자기들이 손짓만 하면 우리가 와야 한다고 생각하지요."

그제야 나는 앞선 불쾌한 전갈로 상한 그의 마음이 풀리지 않았음을 깨달았다. 나는 어떻게 대답해야 할지 몰라 그를 추어올리는 말을 뭐라고 중얼거리고 말았다.

그는 키가 큰 노인으로 가느다란 회색 변발을 했고 밝고 큰 눈 아래로는 축 처져 있었다. 누런 이빨은 여기저기 부러져 있었다. 몸은 극도로 말랐고 곱고 작은 두 손은 쪼글쪼글한 것이 집게발 같았다. 나는 그가 아편쟁이라는 말을 들었다. 그는 남루하기 짝이 없는 검은색 겉옷에 검은 모자를 쓰고 있었는데 둘 다 아주 낡은 상태였고, 짙은 회색 바지 발목에는 대님을 하고 있었다. 그는 나를 지켜보고 있었다. 어떤 태도를 취해야 할지 모르는 듯 경계하고 있는 사람의 모습이었다. … 곧 나는 그가 긴장을 좀 푸는 것을 느낄 수 있었다. 마치 사진 찍을 준비를 하고 긴장했다가 셔터 누르는 소리를 듣고는 긴장을 풀고 자연스러운 모습으로 돌아가는 사람 같았다. 그는 자신의 책을 보여주었다.

"있잖소. 나는 베를린에서 박사학위를 받았다오. 그 후에는 옥스퍼드에서 한동안 공부했지요. 하지만 영국 사람들은 철학에 크게 소질이 없어요. 이렇게 막 말해도 될지는 모르겠소만."

사과조의 말을 덧붙이기는 했지만, 그는 좀 듣기 싫은 말을 하면서도 전혀 개의치 않는 것이 분명했다.

"영국에도 사상의 역사에 영향을 끼친 철학자들이 없지 않습니다만."

"흄과 버클리 말이오? 내가 옥스퍼드에 있을 때 거기서 가르쳤던 철학자들은 신학자 동료들의 심기를 건드리지 않으려고 안달이었소. 그들은 자신들의 생각을 논리적 결론까지 죽 밀고 가지 않았어요. 그러다가는 대학 사회에서의 지위가 위험해질까 두려웠던 거지."

"미국 현대철학의 흐름을 연구해보셨습니까?"

"실용주의 말이오? 그것은 믿기지 않는 것을 믿고 싶어 하는 이들이 찾는 최후의 피난처라오. 미국 철학보다는 미국 석유가 훨씬 쓸모가 있지."

이런 신랄한 논평과 더불어 대화는 이어진다. 구홍밍에 대한 몸의 묘사는 정당한 것 같다(나는 평론가들이 즐겨 쓰는 '예리한'이라는 상투적인 표현은 쓰지 않기로 맹세했다). "하지만 서양철학에 대한 연구는 결국 그에게 지혜는 유교 경전 안에서 찾아야 한다는 만족감만 안겨준 것 같다."

내 친구 하나가 신광극장에서 구홍밍을 본 적이 있는데 그의 앞자리에 대머리의 스코틀랜드 사람이 있었다고 한다. 중국 전역에서 백인은 대체로 상당히 정중한 대접을 받는다. 그러나 구홍밍은 중국인의 우월성을 보여주기 위해 으레 백인을 모욕했다. 그는 30센티미터나 되는 긴 담뱃대에 불을 붙이고 싶었는데 성냥이 떨어지고 없었다. 그는 앞자리에 앉은 스코틀랜드 사람을 발견하자 담뱃대로 그 사람의 대머리를 툭툭 치고는 가느다란 손가락을 쭉 펴서는 차분하게 말했다. "불 좀 빌립시다!" 스코틀랜드 사람은 깜짝 놀라 더없이 정중하게 불을 붙여주었다. 중국인들 사이에서 구훙밍은 축첩을 재치 있게 옹호한 것으로 가장 유명할 것이다. "찻잔이 네 개 딸린 찻주전자를 보셨을 겁니다. 하지만 찻잔 하나에 찻주전자 네 개가 딸린 경우를 본 적이 있나요?" 우리 사이에서는 구훙밍을 보고 싶으면 그의 집으로 갈 것이 아니라 뒷골목의 홍등가에서 그를 찾아야 한다는 말도 있었다. 이것은 구식 난봉꾼의 모습이 아니라 꽤 중요한 철학적 확신이 담긴 말이었다. 그는 무지한 서양인들에게 진정한 중국 문화와 문명을 알고 싶다면 뒷골목의 홍등가를 찾아가 가기歌妓(중국의 기생)의 모습에 구현된 중국 여성성의 본질적인 섬세함, 겸양, 미덕을 직접 보라고 했다. 그의 조언은 그리 틀린 말이 아니었다. 현대의 대학생들은 얼굴도 붉히지 않는 반면, 중국의 가기들은 일본의 게이샤와 마찬가지로 아직도 얼굴을 붉힐 줄 알기 때문이다.

구훙밍은 장지동張之洞(1837-1909) 총독의 비서 겸 통역관을 맡았었다. (장지동은 19세기 말의 위대한 개혁관료였고 양쯔 계곡이 의화단운동의 영향권에 들지 않게 하는 데 중요한 역할을 했다.) 나는 머리숱이 적은 구훙밍이 중앙공원을 홀로 걸어가는 모습을 본 적이 있다. 모르는 사람은 그를 몰락한 환관 정도로 잘못 알거나 그에게 전혀 눈길을 주지 않았을 것이다. 자부심 넘치는 고립이리라! 하지만 나는 이 매튜 아널드, 러스킨, 에머슨, 괴테, 실러의 전문가에게 다가갈 엄두가 나지 않았다. 그래도 나는 1915년 대학생 시절에 천유런陳友仁(이후 1928년 국민당 정부의 외교부장을 지냈다)과 구홍밍이 〈베이징 가제트*Peking Gazette*〉(천유런이 편집장으로 있던 영자 일간지)에서 설전을 벌일 때 멀리서나마 구홍밍을 흠모했다. 구홍밍은 가망 없는 일을 당당하게 지지하는 확고한 왕정주의자였고, 천유런은 공화주의자였다. 둘 다 독설적 논쟁의 달인이었고 영어를 완벽하게 구사했다. 천유런은 구홍밍을 협잡꾼에다 서기관이라 불렀고, 구홍밍은 천유런을 자칼과 '바부'(반쯤 영국인이 된 국적불명의 힌두교 신자)라고 불렀다. 천유런은 트리니다드 섬(서인도제도 최남단의 섬—옮긴이)에서 태어나 외국인처럼 중국어를 말했기 때문이다. 나는 제1차 세계대전이 끝난 직후 독일에서 공부하면서 구홍밍이 독일의 일부 그룹 사이에서 상당히 유명하다는 것을 알게 되었다. 그의 소책자 *Verteidigung Chinas gegen Europa*(내 기억이 닿는 한, 그의 책《중국문화의 정신》의 독일어 번역본이다)는 식자층에 잘 알려져 있었다. 1915년, 제1차 세계대전이 터진 지 얼마 후에 쓴 이 책에서 그는 프로이센의 군국주의를 분명하게 비판하면서도 전쟁의 일차적인 책임을 "망할 놈의 영국 제국주의"와 "런던 고유의 대중숭배" 탓으로 돌렸다. 그는 독일의 "정의에 대한 열렬한 사랑", 질서와 깔끔함, 그리고 도덕심에 찬사를 보냈다. 괴테와 실러에 친숙하고 프리드리히 대제와 비스마르크 재상을 흠모했던 그였기에 미국에서는 전혀 알려지지 않았지만 독일에서 그의 말은 꽤 주목을 끌었다.

구홍밍은 아무나 가볍게 읽기에는 부담스러운 글을 썼다. 특히 서양인들을 겨냥한 그의 글은 곳곳에서 고슴도치 가시처럼 빳빳하기 그지없다. 그러나 그에게는 많은 결점을 눈감아줄 만큼 보기 드문 깊이와 진정한 통찰력이 있었다. 유교의 사서四書 중 세 권을 번역한 것은 그의 중요한 업적이다. 그것은 충실한 번역 그 이상이었다. 깊은 철학적 식견을 통해 고문古文의 빛을 현재로 옮겨온, 창조적인 해석의 산물이었다. 그는 동서양 사상을 모두 자극하는 역할을 감당했다. 그의 책《공자의 가르침과 명언*Discourses and Sayings of Confucius*》에는 괴테, 실러, 러스킨, 주베르(1754-1824, 프랑스의 평론가)의 지혜를 빌려 공자 말씀의 의미를 밝혀주는 내용이 가득하다. 그의 유교 경전 번역이 훌륭한 이유는 그가 원전을 잘 이해했기 때문이다. 이전에는 중국 고전이 잘 번역된 사례가 없었다. 중국학 학자들은 그 일에 신통치 않았고 중국인들도 그 일을 소홀히 했다. 중국어의 영어 번역은 너무나 어려웠다. 개념 자체가 너무 다른데다, 설상가상으로 사고방식도 너무 달랐다. 더욱이 중국어의 문법관계는 어미 변화도 통상의 연결사나 관사도 없이, 때로는 주어도 없이 순전히 문장의 구조로만 표현이 되어 있다. 따라서 중국철학의 '원천'이 되는 고전들이 지금도 여전히 내용을 명확히 알기 어려운 모호한 상태를 벗어나지 못하고 있다. 그 결과, 케임브리지의 중국어 교수였던 고故 허버트 자일스가 공자는 지루하고 따분하고 뻔한

소리만 늘어놓는 시골 교사에 불과했다는 의견을 피력할 수 있었다. 인仁(선의? 자비? 인도주의? 인간애?), 의義(정의? 올바름? 정당함?), 예禮(의례준수? 예의? 예법? 사회질서?)가 어떤 개념인지도 제대로 이해되지 않았다.

이런 상황에서 번역으로 통용되지만 실은 원문을 그냥 복잡하게 늘어놓은 말의 사례를 제시해도 될 것 같다. 막스 뮐러가 편집한 《극동의 성서들*Sacred Books of the Far East*》에 포함된 제임스 레그(1815-1897)의 유교 경전 번역본에서 소개한다. 레그는 축자적인 번역을 맹목적으로 숭배한다. 마치 명료함이 아니라 머나먼 땅의 낯선 분위기가 충실한 번역의 증표라고 믿는 것 같다. 맹자는 군대가 창과 방패를 갖추고 성을 공격할 대열을 갖추고 있을 때 "날씨보다 지형이, 지형보다 군대의 사기가 더 중요하다"고 했다. 이 말은 한자로 딱 열두 자다.• 원한다면 같은 원문을 보다 문자적으로 이렇게 번역할 수도 있다. "천시天時는 지리地利만 못하고, 지리는 인화人和만 못하다." 모든 중국 어린이에게 '천시'는 날씨를 뜻할 뿐이다. '지리'는 지형을 뜻하고, '인화'는 군대의 사기를 뜻한다. 그러나 레그에 따르면, 맹자는 "하늘(이 내려주신) 기회는 땅(이 제공하는) 유리한 상황에 못 미치고, 땅(이 제공하는) 유리한 상황은 인간들의 화합(에서 생겨나는 일치단결)

• 天時不如地利 地利不如人和 — 옮긴이.

에 못 미친다"고 말했다. 구홍밍의 번역은 영원히 그 가치를 잃지 않을 것이다. 두 언어를 통달하고 깊은 의미까지 포착해야 가능한, 의미와 표현의 절묘한 조화를 보여주고 있기 때문이다. 구홍밍의 번역은 유교 경전의 의미를 참으로 밝혀준다.

구홍밍은 매튜 아널드, 칼라일, 러스킨, 에머슨, 괴테, 실러를 자기 것으로 삼았기에 자신이 이전의 어느 누구보다 유교를 잘 이해한다고 자부했다. 그의 중심사상의 축은 교양과 저속함이었다. 교양은 유교의 군자 개념을 뜻했고, 러스킨이 말한 의미에서의 저속함이란 "몸과 영혼이 죽은 듯 냉담함"과 "감각 결핍"을 뜻했다. 그가 교양과 무정부상태를 매섭게 논하게 된 것은 백인 제국주의 국가들이 중국의 영토를 차지하려고 싸우는 상황에서 일부 기독교 선교사들을 포함한 그 사도들이 "이교도 중국인" 운운하면서 특히 의화단운동 이후에 중국인들을 교화시킬 사명을 늘어놓았기 때문이다. 문호개방의 미명하에 중국 영토에 대한 노골적인 약탈이 자행되는 상황에서 문명을 논하는 "영국놈들의 참을 수 없는 공염불"이 쏟아지고, 한술 더 떠서 〈노스차이나 데일리뉴스*North China Daily News*〉에서 백인들이 "태후 폐하"를 모욕했을 때, 그는 걷잡을 수 없이 분노했다. 그는 런던인들 특유의 장삿속과 돈 욕심과 "대중숭배"의 본능에 영합하는 "망할 놈의 영국 제국주의"와 카이저의 "사람 잡는 식민정책", 그리고 참으로 영혼의 구원이 절실히 필요한 음험하고 야비한 그들의 대변자들을 규탄했다. 그것은 매서움과 복수심이 담긴 데 더해,

프리드리히 대제로 대표되는 이상적인 "왕의 통치"에 대한 반反민주적이고 왕정복고적인 편향(칼라일의 영향)을 지닌 민족주의였다.

구홍밍에게 의화단운동은 백성의 목소리였고, 그 혼란이 끝난 후인 1901년에 출간된 《총독 아문衙門 문서》에서 그는 가장 매섭고 신랄한 주장을 펼쳤다. 물론 의화단운동을 촉발한 것은 선교사, 아편, 포함砲艦이라는 불경한 삼위일체였다. 선교사 한 사람을 살해한 대가로 중국은 빌헬름 황제에게 칭다오항과 산둥 지방 전체의 철도 부설권을 지불해야 했다. 백인들의 제국주의가 판치고 있었다. 중국의 영토 보전이 위태로운 상황에서 구홍밍은 온 힘을 다해 제국주의를 비판하고 공격했고, 영국의 대중숭배 종교와 독일 카이저의 "식민정책"을 물고 늘어졌다. 그는 "근년의 여러 난과 관련해서 본 현대 선교사들Defensio Populi ad Populos"이란 글을 썼다. 그의 목소리는 하늘까지 닿았다. 《총독 아문 문서》에 실린 가장 긴 문서인 "중국의 질문에 대한 근래의 기록"(원래 요코하마에서 간행되는 〈저팬 메일Japan Mail〉에 실렸다)은 영국, 프랑스, 독일, 미국의 문화와 그 쇠퇴를 역사적으로 살핀 글이다. 그의 목소리는 단호했다. 그는 영혼이 따뜻한 사람은 아니었지만 그가 내놓는 빈정거림의 포도주는 도수가 높았다. 그가 중국에 있는 영국인을 어떻게 조롱하는지 한번 느껴보라.

비콘스필드 경(1804-1881)이 죽은 후, 영국의 귀족정치는 다시 한

번 무력해졌고, 귀족들의 원로에 해당하는 솔즈베리 경(1830-1903)은 런던 노동자의 지성을 갖춘 버밍엄 출신의 젊은이를 만났다. 이 버밍엄의 젊은이는 비콘스필드 경의 제국주의 깃발을 흉내내어 영국 귀족정치의 자부심에 아첨하려 했고 앵글로색슨족의 자기주장을 위해 그것을 높이 흔들어댔다! … 실상이 그렇게 비극적이지만 않았다면, 이제 이상과 개념은 물론이고 돈도 부족한 나머지 앵글로색슨의 자기주장을 표현하는 "제국주의" 깃발의 누더기를 흔드는 자그마한 버밍엄 출신의 젊은이에게 끌려가는 유서 깊은 영국 귀족정치의 모습은 스코틀랜드의 "족보가 긴 빈털터리 소녀"의 그림처럼 우스꽝스러웠을 것이다.•

구홍밍은 인상파를 연상시키는 재빠른 필치로 독일과 프랑스의 지적인 퇴보를 다음과 같이 되짚었다.

프리드리히 대제 이후, 독일은 프로이센이다. 독일은 유럽의 스코틀랜드에 해당한다. 프로이센 사람들은 평지에 살고 있으면서도 상상력이 없는 저지대 스코틀랜드 사람 같다. 더욱이 프로이센의 기후는 훨씬 매섭다. 그러므로 프로이센 사람들은 상상력이 없는 데다 식욕이 엄청나다. 비스마르크 재상은 이렇게 말했다. "우리

•이 인용문 및 이하 몇 개의 인용문은 *Papers from a Viceroy's Yamen*(Kelly & Walsh, 1901)에서 발췌했다.

가족은 다들 대단한 대식가다. 우리와 같은 식욕을 가진 사람이 많은 나라는 존재할 수 없을 것이다. 나는 이민을 떠나야 했을 것이다." … 프리드리히는 상상력이 없었다. 그러나 그는 천재성 외에도 프랑스의 교양, 민첩한 정신, 프랑스 문화의 명쾌함을 갖추었다. 프리드리히 대제 이후, 프로이센의 청교도 통치자는 상상력 결핍으로 인해 독일을 다스리는 역할을 이어갈 수 없었다. 그래서 나폴레옹이 예나에서 승리하면서 화려하게 돌아와야 했던 것이다. … 탁월한 통찰력을 지닌 에머슨은 나폴레옹을 세인트헬레나 섬으로 보낸 것은 전투에서의 패배가 아니라 그 자신에게 있었던 저속함, 부르주아 근성, 장삿속이었다고 말했다. 나폴레옹이 프랑스 혁명의 위대한 자유사상을 가지고 왔을 때, 유럽의 모든 교양 있는 신사들은 그를 환호하며 맞이했다. 그러나 코르시카 출신의 부르주아 나폴레옹이 원한 것이 왕조 수립임을 알게 되자, 유럽의 모든 신사들은 그에게 정나미가 떨어졌다. 그때 '전진 원수前進元帥'•라는 프로이센의 지도자가 일어나 유럽의 신사들을 규합해 코르시카의 부르주아를 추격했다. … 이 '전진 원수'는 나폴레옹을 독일에서 쫓아냈을 때 프랑스 혁명의 위대한 자유사상도 쫓아내고 싶어 했다. 이런 생각에 맞서 독일의 지성인들이 모두 일어나 그와 싸웠다. 그것이 '문화투쟁Kultur-kampf'의 시작이었다. … 프

•게프하르트 레베레히트 폰 블뤼허(1742-1819)의 별명. 신속 과감한 작전으로 나폴레옹을 무찌른 것을 인정받아 '전진 원수'라는 별명을 얻었다—옮긴이.

랑스 혁명의 진정 위대한 자유사상은 정치에서 '기회 균등'(재주만 있으면 어떤 경력이든 추구할 수 있다)과 종교에서 '포용성'을 지지하는 것이다. '전진 원수'는 저지대 스코틀랜드인 같은 이기적인 성향 때문에 '기회 균등'을 싫어했고 상상력이 부족한 프로이센 청교도의 면모 때문에 종교에서 '포용성'이 의미하는 바를 이해하지 못했다.

이런 식으로 구훙밍의 말은 줄기차게 이어진다. 그는 근대 유럽의 역사가 펼쳐진 땅을 이리저리 누빈다. 그리고 주목할 만한 결론에 이른다. "오늘날 세계의 진정한 무정부 상태는 중국이 아니라 유럽과 미국에 있다. 중국인들은 그 영향에 시달리고 있을 뿐이다." 그리고 그는 유럽 사람들에게 이렇게 외쳤다. "조심하라, 유럽 사람들이여! 당신네 신성한 문화적 가치를 잘 돌보라!"

참된 기독교에 대해 구훙밍은 예수 그리스도의 가르침을 공격하지는 않았고, 의화단운동 기간에 예수회와 프랑스군 및 독일 주교들과 독일군의 적극적인 협력을 맹렬히 공격했다. 여기 그 매서움을 보여주는 사례가 있다.

전에는 기독교가 독일 민족 안에 있는 저지대 스코틀랜드 사람 같은 이기심과 포메라니아•사람 같은 엄청난 식욕을 억누르는 힘이었다. 그러나 이제 독일의 기독교는 도도새처럼 멸종해버렸다. 그 자리에 독일인들은 그와 다른 기독교를 공식적으로 세웠다. 그것은 안저 주교Bishop Anser의 기독교, 중국 교주膠州에서 악명을 떨친 기독교, 〈미래Zukunft〉지 최신호에 독일 황제의 '사면 불가' 연설에 대해 이렇게 적은 어느 국가사회주의자 정치인의 기독교였다. "항복한 5만 명의 중국인을 어떻게 해야 할까? 그들을 먹여 살리는 것은 적절치 않을 것이다." 5만 마리의 벌레를 만나면 어떻게 해야 할까? 롤러로 으깨버리면 된다. 참으로 역겨운 일이다! 하지만 그것을 피할 도리가 없다. 예수께서 평시가 아닌 전시의 세상에서 사셨다면 무슨 말씀을 하셨을지 우리는 모른다. 이 정치인에 따르면, 예수 그리스도도 육식동물이 될 것이다!

그리고 참된 기독교인과 참된 기독교에 대해 구훙밍은 이렇게 말했다. 공자의 말을 인용해 그는 이렇게 적었다.

나의 모습, 그것이 나의 종교다. 종교가 나를 지금의 내 모습으로 만드는 것이 아니다. 이기심을 버리고 자비를 베푼다면, 유대인이든 중국인이든 독일인이든, 상인이든 선교사든 군인이든 외교관이든 짐꾼이든, 그 사람은 그리스도인이요 문명인이다. 그러나 이기적으로 굴고 인정사정없이 산다면, 그 사람이 세계를 다스리는 황제라 해도 비열한 자, 음험한 자, 블레셋 사람, 이교도, 아말렉

•독일과 폴란드 북부 발트 해 연안 지역—옮긴이.

족속, 야만인, 짐승인 것이다.

그는 더 나아가 《시와 진실》에 나오는 괴테의 기독교, 진보, 문명 개념을 인용했는데, 그 핵심은 각각 자비와 사려 깊음과 인간 이외의 것에도 인간미를 발휘하는 것이라 했다. "유럽과 미국이 중국 문제를 다루면서 괴테의 문명 개념을 받아들일지, 아니면 증기롤러를 사용해 예수 그리스도를 육식동물로 만들고 싶어 하는 그 독일인 정치가의 문명 개념을 받아들일지 두고 봐야 할 것이다!"

> 참된 기독교인은 거룩함과 기독교의 모든 사랑할 만한 것을 사랑하기 때문에, "그렇게 되는 것이 본성에 맞기" 때문에 기독교인인 사람이다. … 그것이 참된 기독교인이다. 음험한 기독교인은 지옥불이 무서워 기독교인이 되고자 하는 자다. 비열한 기독교인은 천국에 가서 천사들과 차도 마시고 찬양도 같이 부르고 싶은 마음에 기독교인이 되고 싶어 하는 자다. 그런데 진짜 예수회• 사람은 자신은 천국도, 천사도, 지옥불도 그다지 믿지 않지만 다른 사람들이 그런 것들을 믿기를, 자기 유익을 위해 그들이 기독교인이 되기를 바라는 자다! 그것이 예수회 사람이다.

•1540년 에스파냐의 이냐시오 로욜라가 창설한 가톨릭 남자 수도회 – 옮긴이.

이와 같은 글은 젊은 중국인 독자의 머리에 쏙쏙 스며드는 독한 포도주와 같았다. 훌륭한 글일 뿐 아니라, 기독교의 본질이 무엇이며 결국 유교가 무엇인지 묻게 되는 사람에게는 영혼을 뒤흔드는 특징이 있는 글이었다. 그래서 그가 여러 민족들에 대해 펼쳐놓는 비범한 평가도 긴장을 풀고 느긋하게 앉아서 더 편안한 마음으로 재미있게 읽을 수 있었다.

여기서 이런 말을 해도 될지 모르겠지만, 미국인들은 진짜 중국인과 중국 문명을 이해하기 어려워한다. 미국인들은 대체로 폭이 넓고 단순하지만 깊이가 없기 때문이다. 영국인들도 진짜 중국인과 중국 문명을 이해하지 못한다. 영국인들은 대체로 깊고 단순하지만 넓지 못하기 때문이다. 독일인들도 진짜 중국인과 중국 문명을 이해하지 못한다. 독일인, 특히 식자층 독일인들은 대체로 깊고 넓지만 단순하지 않기 때문이다. 그런데 프랑스인들은 내가 볼 때 진짜 중국인들을 가장 잘 이해할 수 있고 실제로 가장 잘 이해한 사람들이다. … 프랑스인들은 내가 위에서 지금까지 언급한 모든 나라 사람들이 대체로 갖추지 못한 정신의 특성을 월등하게 갖추고 있기 때문이다. 진짜 중국인과 중국 문명을 이해하기 위해서 무엇보다 꼭 필요한 정신의 특성이 바로 **섬세함**이다.

지금까지 내가 말한 내용에 비추어 볼 때, 미국인들이 중국 문명을 공부한다면 깊이를 얻게 될 것이고, 영국인들은 넓이를, 독일인들은 단순함을 얻게 될 것임을 알 수 있을 것이다. 그리고 미국인, 영국인, 독일인 모두 중국 문명과 중국의 서적 및 문학작품을 공부한다면 섬세함을 얻게 될 것이다. 여기서 실례를 무릅쓰고 말하자면 섬세함이야말로 그들 모두가 대체로 그다지 갖추고 있지 못한 정신의 특성이다.•

대단히 편안하고 듣기 좋은 말이었다. 중국인들이 단순함과 섬세함과 깊이는 분명 갖추고 있지만, 폭이나 넓이가 있다는 구훙밍의 주장에 나는 동의하기 어렵다. 그러나 그런 글을 읽고 자극을 받은 나는 내 나라를 재발견하게 되었고, 모종의 이해에 도달하고자 앞이 잘 보이지 않는 울창한 중국 사상의 정글을 헤치고 탐험에 나서게 되었다.

• 1915년 베이징에서 출간된《중국 문명의 정신*The Spirit of the Chinese Civilization*》서문에서 인용.

3

From Pagan to Christian

유교의 대저택

From Pagan
to
Christian

나는 구홍밍의 도움을 받아 정박해 있던 배의 밧줄을 풀고 의심의 바다로 나아갔다. 그가 아니었다 해도 어쨌거나 나는 중국 사상의 흐름으로 돌아왔을 것이다. 탐구하는 정신을 소유한 중국인이라면 중국의 지적 배경에 대한 어중간한 지식으로 오랫동안 만족할 수는 없는 법이니. 내 나라의 역사와 문화유산을 알라는 외침은 나의 내면 깊은 곳에서 울려온 것이라고 할 수 있었다. 한자에는 눈에 보이지 않지만 단호하게 사람의 사고방식을 바꿔놓는 무엇인가가 있다. 중국어의 사고방식, 개념, 이미지, 단어의 소리는 영어와 너무나 다르다. 영어로 말하는 사람은 영어로 생각하고, 중국어로 말하는 사람은 필연적으로 중국어로 생각한다. 어느 날 아침, 내가 같은 주제와 같은 논지로 두 편의 에세이를 영어와 중국어로 각각 쓴다면 전혀 다른 두 편의 에세이가 나올 것이다. 서로 다른 이미지와 암시와 연상을 따르는 두 가지 생각의 흐름은 글 쓰는 이를 자동적으로 다른 길로 이끌기 때문이다. 사람은 생각하기 때문에 말하는 것이 아니라 말하기 때문에, 가지고 놀 단어가 있기 때문에 생각한다. 생각은 말을 가지고 노는 과정일 뿐이다. 어떤 이가 다른 언어를 구사하면 그의 사상이 다른 옷과 다른 피부색을 띠게 된다. 언어가 달라지면 같은 대상을 지칭하는 단어의 음색이 바뀌고 다른 것을 연상시키기 때문이다. 나는 중국어를 공부하면서 중국인처럼 생각하기 시작했고, 중국인으로 생각하면서 어떤 진리와 이미지는 거의 본능적으로 이해하고 받아들였다. 중국어와 영어처럼 전혀 다른 두 언어 사이를 넘나드는 일은 뭔가 기이했다. 내 안의 영어 구사자는 중국어의 부드럽고 반짝이는 조약돌 같은 단음절을 비웃었고, 내 안의 중국어 구사자는 영어식 사고의 명확함과 엄밀함은 알아보면서도 뒤죽박죽 뒤섞여 있는 지독한 추상적 개념들을 비웃었다.

그런데 중국인에게는 추상적 개념이 적성에 맞지 않는다고 말해야겠다. 여자들이 수다를 떨 때처럼, 중국어에서는 모든 것이 잠시도 가만있지 않고 슬금슬금 움직이거나 둘이 하나로 합쳐지거나 다른 것들과 관계를 맺는다. 중국의 추상 개념들은 중국인의 구체적인 사고 법칙에 따라 두 개의 구체적인 특성이 합쳐져서 생긴 경우가 많다. 예를 들어 대소大小는 '크기'를 뜻하고("다

이아몬드의 대소가 어떻게 되는가?"), 장단長短은 길이를, 경중輕重은 무게를 뜻한다. 더욱 설명하기 힘든 것은 '물건'을 가리킬 때 흔히 쓰는 단어가 동서東西라는 것이다("냉장고에 뭐라도 먹을 동서가 좀 있나요?"). 엄밀한 철학적 개념들은 정正, right, 의義, justice, 충忠, loyalty, 이利, interest와 같이 비슷하고 아리송한 단음절어로 되어 있다. 시비是非의 경우 참과 거짓, 옳음과 그름이라는 두 쌍의 개념을 합쳐놓아서 두 영역의 경계가 거의 사라져버렸다. 게다가 중국인들이 '배로 생각한다'고 말할 때면 마음과 머리의 구분이 불가능해진다("나는 배로 생각한다." 때로는 "나는 마음으로 생각한다."). 심心이라는 단어는 심장과 정신을 동시에 뜻한다. 그래서 중국인들은 생각할 때도 너무나 감성적이다. 성경에 나오는 '창자'가 이 단어의 뜻에 가장 가깝다. 올리버 크롬웰(1599-1658)은 1650년 스코틀랜드 장로교회 총회에 보낸 편지에서 이렇게 말했다. "여러분이 잘못 생각하신 것이 아닌지 살펴보시기를 그리스도의 창자로 간청합니다." 그러므로 추상적인 개념이 별로 없거나 아예 없다고 할 수 있는 중국어로 사고할 때는 생활의 주변부에서 벗어날 수가 없다. 추상적인 추론과정에 푹 잠겨버릴 위험이 전혀 없다. 가끔씩 물 밖으로 올라와 신선한 공기를 들이마셔야 하고, 그 과정에서 구름과 하늘도 쳐다보는 고래와 비슷한 셈이다. 이런 사고방식 때문에 중국철학에는 학술용어가 없고, 전문가들끼리만 알아듣는 암호가 없고, '대중적' 지식과 과학지식 사이의 구분도 없다. 보통 사람들이 이해할 수 있는 언어로 철학을 논하는 것은 부끄러운 일이 아니다. 중국의 학자들은 지식 '대중화 저자'를 경멸 어린 눈으로 바라보지 않는다. 플라톤이 전문가용과 '대중용'으로 두 개의 철학서를 썼는데 다행히 전문가용 철학서가 소실되어 현대의 독자가 플라톤 대화편의 명료함을 즐길 수 있게 되었다는 말이 사실일지도 모른다. 서양 철학자들이 플라톤처럼 쉽고 명쾌한 언어를 구사했다면 철학이 보통 사람의 사고방식에서 한자리를 차지하게 되었을 텐데, 사실은 그렇지 못했다. (그들이 글을 명료하게 썼다면 말할 거리가 아무것도 없었을 거라는 사실이 드러나지 않았을까?)

나는 종종 이렇게 자문했다. '중국이 칸트와 같은 사상가를 배출한 적이 있는가?' 대답은 분명하다. 없다. 그것은 불가능한 일이다. 중국의 칸트는 '물物 자체Ding-an-sich'에 대해 말하는 순간 자신을 비웃을 것이다. 그의 직접적이고 직관적인 추론능력이 힘차게 발동하여 자신이 터무니없는 소리를 하고 있음을 즉각 알아차릴 것이다. 칸트에 따르면 모든 지식은 감관感官지각에서 나온다. 좋다. 그리고 모든 추론은 선험적인 정신법칙으로 결정된다. 이것도 좋다. 그렇다면 눈먼 사람은 손가락의 촉각으로 배 껍질과 바나나 껍질의 감촉이 어떻게 다른지 느끼고 그런 방식으로 배나 바나나에 대한 지식을 얻을 것이다. 하지만 중국인 철학자는 배 껍질과 바나나 껍질에는 촉감의 차이에 상응하는 특성과 차이점들이 분명히 존재한다고 생각할 것이다. 이 지식은 "실재하는" 것이 아닌가? 그렇다면 '바나나 자체'와 '배 자체'를 알고 싶어 할 이유가 무엇이란 말인가? 신체구조도 다르고 정신도 다른 존재, 예를 들어 화성인이 있다고 하자. 그는 우리와 다른 감각으로 바나나 껍질과 배 껍질의 차이점을 다른 식으로 감지할 것이다. 이 차이점은 '바나나 자체'와 '배 자체'의 차이점과 여전히 일치하지 않겠는가? 그렇다면 '바나나 자체'와 '배 자체'에 대해 말하는 것이 무슨 유익이 있는가? 그저 거친 배 껍질과 매끈하고 부드러운 바나나 껍질을 만져보고 경험해서 그 감촉을 파악하는 것이 낫지 않겠는가? 그것이 두 과일을 직접적이고 정확하고 가장 유용하게 알 수 있는 길이 아닐까? 귀로 다른 음파의 차이점을 직접 파악하고 눈으로 다른 광파의 차이점을 직접 파악하는 경우도 마찬가지다. 이것들은 자연이 제공하는 '지식'이다. 사슴은 그 지식이 너무나 절묘하게 발달하여 냄새나 소리나 눈에 보이는 광경 등으로 호랑이의 존재를 파악해낸다. 이런 감각은 비범할 정도로 정확해야 하고, 실제 환경에 부합해야 하고, 따라서 '실재'여야 한다. 그렇지 않으면 사슴은 살아남지 못할 것이다. 변화하는 외부 세계의 모습, 예를 들어 200미터 앞에서 자기 쪽으로 다가오거나 멀어지는 대상의 모습이 고작 1센티미터 크기의 망막의 상에 기록되는데, 그렇게 되면 움직이는 차량의 상은 500분의 1센티미터의 크기로 줄어들게 된다. 500분의 1센티미터 크기의 대상에서 포착되는 자그마한 변화는 대체로 정확하게 즉각 기록된다. 칸트는 무슨 용도로 '차 자체'에 대해 말하고 싶어 한 것일까? 서양 철학자는 즉시 이렇게 대답할 것이다. "중국 사람들이여, 당신들은 칸트가 말하는 내용을 이해하지 못하는군요." 그럼 중국인들은 이렇게 응수한다. "물론 이해를 못하겠네요. 그럼 내 바나나를 먹어도 되겠습니까?" 그렇게 서양인들과 동양인들은 어깨를 으쓱하고는 갈라서야 한다.

나는 이런 생각도 해보았다. '중국은 아리스토텔레스 같은 사상가를 배출한 적이 있는가?' 이번에도 대답은 분명하다. 없다. 그것은 불가능한 일이다. 중국인에게는 분석능력, 체계적이고 논리적인 개념 검토, 다양한 생각의 길과 지식 분야에 대한 객관적인 관심이 없다. 플라톤과 아리스토텔레스는 놀랍게도 추론방식이 너무나 현대적이다. 중국의 추론방식은 그들과 전혀 다르다. 중세 스콜라철학 식의 추론과 인식론적 마녀사냥의 기원이 아리스토텔레스에 있다. 중국인은 아리스토텔레스의 《윤리학》과 《정치학》의 내용에 기꺼이 귀를 기울이고, 식물학과 천문학과 기상학과 생물학을 아우르는 그의 폭넓은 지식에 놀라며 깊은 인상을 받는다(종종 조악한 개념이 눈에 띄긴 하지만). 물리학과 생물학(아리스토텔레스는 의사였다)의 모든 분야에서 이루어진 생명에 대한 냉정한 탐구와 흥미진진한 객관적 분류는 놀랍다. 중국인들의 관심사는 그보다 제한되어 있어서 모든 닭에 대한 과학적 분류는 '질기다'와 '연하다'에 그치고, 꿩이나 암컷 뿔닭 같은 새와 닭의 연관 가능성을 묻는 질문은 쓸데없는 것으로 치부된다. 공자의 제자인 자하子夏는 정보를 축적하는 성향이 있었고 《시경》에 나오는 새와 벌레에 관심이 있었다. 공자가 그에게 말했다. "군자다운 학자가 되어라. 소인 같은 학자가 되지 마라. 질문에 대답하게 해주는 이런저런 사실을 암기하는 수준의 지식으로는 스승이 될 자격을 갖출 수 없다."

중국인들은 총체성을 직관적으로 이해하는 데 능한데, 예일대학의 노스럽 교수는 이것을 "미분화된 미적 연속체"라고 부른다. 노스럽 교수가 말하는 바는 중국인들이 사물을 한눈에 평가하여 그 총체성을 잘 인식한다는 것이다. 그들은 나눌 수 없는 것을 쪼개는 것을 늘 의심스럽게 여긴다. 그리고 그보다는 직접적인 지각에 의존한다. 에곤 프리델(1878~1938, 빈 출신의 연극 비평가, 배우, 극작가)이 에머슨의 사고방식을 두고 한 말은 공자에게도 그대로 적용된다. "그의 명제들은 짙은 안개를 뚫고 나오는 뱃사람들의 신호처럼 반박의 여지 없이 불쑥 등장한다. … 그는 표현방식과 구성, 사상에 있어서 절대적인 인상파다. 그는 자신의 사상을 명확한 논리적·예술적 형식으로 제시하지 않으며, 그 내용은 머릿속에 되는 대로 뒤죽박죽 섞여 있다. … '목차', '도입', '내용전개' 같은 것은 그에게는 없다. 그는 이런저런 견해를 전개하기 시작한다. 우리는 그가 그것을 체계적으로 엮어내고 여러 각도에서 자세히 설명하고 온갖 가능한 공격에 맞서 자기 입장을 튼튼히 정비할 거라고 생각한다. 하지만 그가 생각을 펼쳐가던 도중에 갑자기 뭔가 낯선 그림이나 비유, 경구, 착상이 그의 뇌리에 떠오르고, 그가 말하던 주제는 새로운 축을 중심으로 펼쳐진다."

그렇게 나는 긴 우회로에 접어들었다. 처음에 나는 중국 사상을 전혀 이해할 수 없었다. 여느 대학 졸업생처럼 서양식 사고라는 현대 무기로 훈련을 받은 내 정신은 생각의 대륙을 몇 개나 뛰어넘어야 했는데, 그렇게 만난 중국 사상은 이상하기만 할 뿐 흥미롭지도 않고 고리타분했다. (공자의 말은 언제나 처음에는 다소 고리타분하게 들린다.) 나는 마흔 살 생일에 내게 선사하는 2행시를 썼다. "머리로는 고대와 현대의 학문을 추구하고 / 두 다리로는 동서양의 문화를 아우른다." 나는 중국의 양심과 직관적인 지각을 보다 정확한 형태의 논리적 사고로 해석해야 했고, 서구식 사고방식이 담긴 명제들을 중국의 직관적인 판단력의 잣대로 시험해봐야 했다.

나는 긴 여행 끝에 인간 영혼의 문제에 대한 '만족스러운' 해답으로 기독교를 받아들이게 되었다. 이제부터 그 여행 도중에 보았던 내용을 몇 장에 걸쳐 소개하려 한다. 내가 기독교로 돌아온 것에 놀라움과 유감을 표시한 사람들도 있었다. 그들은 어떻게 즐거운 현실주의로 홍겹고 유쾌하고 합리적으로 세상을 포용하던 태도를 버리고, 기독교 '신앙'이라는 미심쩍고 형이상학적인 실체를 받아들일 수 있는지 믿을 수 없다고 했다. 나는 중국 사상체계의 미덕과 결점을 소상히 밝히고, 그 체계의 정점이 어디인지, 어느 부분의 대답이 흡족하지 못한지 지적함으로써 내 사상의 진화와 전환을 분명하게 밝힐 생각이다. 천국과 지옥은 나의 결론과 아무런 상관이 없다는 점도 분명히 밝힐 것이다. 다른 곳에서도 말한 바 있지만, 나는 하나님이 우리 어머니의 절반 만큼만 나를 사랑하신다면 나를 지옥에 보내지 않을 것임을 안다. 기독교의 주장에 따르면, 하나님은 5분도 아니고 닷새도 아니고 영원토록 사람을 지옥에 보낸다는데, 세속 법정이라도 그런 판결을 내리지는 않을 것이다. 나는 그런 것은 믿지 않을 것이다. 나는 내 도덕성에 대한 직관적 지각과 중국인들이 잘 감지하는 "내면 깊은 곳에서 나오는 신호"에 이끌려 기독교회로 돌아왔다. 분명히 말해두지만 그 과정은 만만하지도 쉽지도 않았고, 내가 오랫동안 믿었던 것을 아무렇지도 않게 내버린 것도 아니다. 나는 달콤하고 고요한 생각의 초원을 걸었고 아름다운 계곡들을 보았다. 유교 인본주의의 대저택에 한동안 기거했고, 도교라는 산봉우리에 올라 그 장관을 보았으며, 무시무시한 허공 위에서 흩어지는 불교의 안개를 엿보았다. 그 이후에야 나는 최고봉에 해당하는 기독교 신앙에 올라 구름이 내려다보이는 햇살 가득한 세상에 도달했다.

나는 중국 사상에서 가장 중요하고 영향력 있는 두 흐름인 유교와 도교, 그리고 세 번째로 강력한 영적 세력인 불교만 논할 것이다. 고대 중국철학에는 유교와 도교 외에도 궤변파, 논리학파, 법가法家, 묵가墨家(묵자墨子, 즉 묵적墨翟의 추종자들), 양주학파(자기를 위해 살라는 위아주의爲我主義) 및 기타 수많은 군소 학파들이 있다. 묵가는 기원전 3세기부터 2세기 사이에 완전히 사라졌고 중국 사상에 지속적인 영향을 남기지 못했기 때문에 따로 다루지 않겠다. 그러나 묵적과 그의 추종자들은 문답법과 논리의 발전에 주목할 만한 역할을 했다. 묵적이 "신의 부성父性"과 만인 형제(보편적 사랑, 즉 겸애兼愛)의 교리에 근거해 금욕과 타인을 위한 삶과 자기희생을 내세운 것은 주목할 만하다. 묵가 사람들은 "정강이의 털이 남아나지 않았다"고 하는데, 다른 사람들을 돕기 위해 뼈 빠지게 일했다는 뜻이다. 묵적은 일신론적 신을 명확히 가르치기도 했는데, 신을 가리키는 중국어 단어를 써서 그 신을 '하늘天'이라 불렀다.•

앞으로 세 장에 걸쳐 유교, 도교, 불교를 다룰 텐데, 나의 주된 관심사는 사람의 영적인 문제 및 각 사상의 우주관과 인생철학이다. 나는 삶의 이상과 인격에 관심이 있다. 예수의 가르침은 독자적인 범주를 형성하는데, 유일무이하고 묘한 아름다움을 지니고 있으며 다른 종교에서는 볼 수 없는 가르침을 준다. 하지만 이 부분에서 분명히 밝히고 들어갈 것이 있다. 첫째, 어둠과 빛

•묵적 또는 묵가에 대해서는 내가 쓴 《중국과 인도의 지혜*The Wisdom of China and India*》를 보라. 논리학자들 또는 신新묵가에 대해서는 후스의 《고대 중국의 논리적 방법론의 발전*The Development of the Logical Method in Ancient China*》을 참조하라. 공자 이후 몇 세기 동안 다양한 학파들이 나타나 믿을 수 없을 만큼 복잡하고 풍부한 사상을 펼쳤고, 상이한 학파들 사이에서 많은 상호작용도 있었다. 이 복잡한 상황을 한번 훑어보고자 한다면 《노자의 지혜*Wisdom of Laotse*》에 실린 장자 서론 '고대 중국 사상의 주요 흐름'(《장자》의 33편 〈천하天下〉에 해당)을 보라(내가 번역했다). 또 유교와 도교의 상호관계에 대한 흥미로운 논의를 살펴보고 싶다면 〈동양의 지혜Wisdom of the East〉 시리즈에 들어 있는 에드워드 허버트의 책 《유교 공책*A Confucian Notebook*》과 《도교 공책*A Taoist Notebook*》을 참고하라.

을 간편하게 대비시키는 것, 다시 말해 기독교가 '참'이므로 유교는 '거짓'이라고 말하는 것으로는 충분하지 않다는 사실이다. '이교적 우상숭배'라는 한마디로 불교를 내치는 것도 적절하지 않다. 사랑과 겸손에 대한 예수의 가르침이 옳으므로 사랑의 힘에 대한 노자의 가르침이 틀렸다고 말하는 것도 역시 적절하지 않다. 그렇기 때문에 나는 먼저 이 세 가지 사상체계와 삶의 이상을 깊이 살펴볼 것이다. 그런 다음에야 어떤 비교가 가능할 테니 말이다. 둘째, 두 사상체계가 모든 점에서 상호배타적인 경우는 드물다는 사실을 지적해야겠다. 스토아학파와 에피쿠로스학파조차도 표면적으로는 상호배타적으로 보이지만 좀 더 가까이서 들여다보면 서로 근접하는 바가 있다. 중국의 여러 가르침에 대해서도 그렇게 말할 수 있다. 이것은 중국판 회의론Pyrrhonism이 아니다. 진리와 아름다움이 어디서 발견되든 다 인정할 수 있는 중국인들의 능력을 말하는 것이다. 백거이白居易(8세기)와 소동파蘇東坡(11세기) 같은 위대한 중국의 지성인들은 유학자로 살았지만 도교 정신이 깃든 불교적인 시를 지었다. 특히 유교의 경우, 기독교인은 유학자가 될 수 없다는 말은 가능하지 않다. 기독교인이 '신사(군자)'와 '올바른 품행'과 '예의범절'을 가르치는 종교인 유교를 거부한다는 것은, 좋은 그리스도인은 군자가 되는 것과 예의범절의 가치를 믿지 않는다는 의미가 되기 때문이다. 도교는 많은 이들이 인정하는 것 이상으로 사랑과 온유함에 대한 기독교의 가르침을 돈독하게 해준다. 불교와 기독교의 구원 공식은 다르지만, 기본적인 출발점, 즉 죄를 인정하고 인간의 고통에 깊은 관심을 갖는다는 부분에서는 두 종교가 유사하다.

이렇게 여러 문화가 어우러지는 최고의 사례는 소동파가 애첩 조운朝雲에게 바친 시에서 볼 수 있다. 중국의 위대한 시인이자 유학자로 손꼽히는 소동파는 육십 대에 귀양살이를 하고 있었다. 그의 아내는 이미 죽었고, 젊은 애인 조운은 귀양지인 혜주惠州로 소동파를 찾아 나서기로 했다. 그때가 1094년이다. 그런데 조운은 불교 신자였고 소동파는 그녀가 신을 섬기는 극락세계의 선녀 유마•라고 찬사를 보냈다(불교적). 어느 시에서 그는 그녀가 옛날의 소매 긴 가무복歌舞服을 벗어던지고 불경을 읽는 일과 단약丹藥 제조 화로에 몰두한다고 적었다(도교적). 불로장생의 단약이 만들어지면, 그녀는 그에게 작별을 고하고 신선들이 사는 산으로 들어갈 것이다(도교적). 그녀는 더 이상 육체적인 결합에 연연하는 무산巫山(사천성 동남쪽의 산) 골짜기의 선녀들과 같지 않을 것이다(유교적). 종교적 감성과 인간 정서의 흥미로운 결합이 이 시의 특별한 점이다. 유마('때 묻지 않은 이름', 무구칭無垢稱)라는 불교의 극락세계 선녀 이미지가 다시 등장한다. 불교 전설에 따르면, 이 극락세계의 선녀는 하늘에서 꽃을 뿌리는데, 이 꽃잎들은 성인들의 옷이나 몸에는 붙지 않고 속세의 욕망에 집

• 산스크리트어 비말라키르티의 음역. 석가모니와 동시대를 살았던 이상적인 재가신자. 《유마경》의 주인공 — 옮긴이.

착하는 자들에게는 달라붙는다.

때가 되어 머리 하얗게 세니
지금의 나는 바로 유마의 경지,
천녀天女가 하늘에서 꽃잎을 뿌린다 한들
아무 해도 입지 않으리.
고혹적인 네 입술, 윤이 나는 네 머리,
천생이고 만생이고 변함없이 존재하라.
이런 정감 있는 사랑의 마음에서
사람의 몸짓과 속세의 인연이 나오는 법.
너는 애교 넘치는 미소 머금고
검은 머리 쪽 지고 눈썹 그리는구나.
내일은 단오절! 이리 오너라. 내 너 위해
난초 꺾어 패물 만들고
멋진 시 한 수 지어
치마끈에 써주리라.

다음해 여름에 조운은 죽었다. 그녀는 마지막 숨을 거두기 전 불경의 시구를 하나 읊었고, 소원대로 불교 사찰 근처에 묻혔다. 소동파가 그녀의 무덤에 핀 흰 오얏나무 꽃을 보고 쓴 시는 더할 나위 없이 절묘한 시로 꼽힌다.

옥 같은 몸, 새하얀 살결,
짙은 안개 끼고 습한 바람 불어도
너의 영묘한 혼은 두려워 말기를!
바다 신선이 너를 찾고
잉꼬와 앵무새가 네 친구가 되기를!
네 흰 얼굴은 분 바른 듯 곱고
네 입술, 더할 나위 없이 붉네.
옥 같은 몸, 새하얀 살결.
꿈 꾸어라, 두려움 없는 이여.
너는 이 세상에 있을 이가 아니니.

이것이 참으로 인생이다. 고통과 죽음과 외로움의 문제가 있고 영혼과 육체가 어우러져 이루어지는 인생을 위대한 인간 정신이 표현해낸 것이다. 이 인간 정신은 인생의 문제들을 그 모든 정념과 아름다움과 함께 정면으로 다루고 있다. 예수께서는 바로 이 인생의 문제를 너무도 명료하고 간단하게 해결하셨다.

인간 공자

유교철학이라는 대저택에 대해 글을 쓴 사람이 내가 처음은 아니다. 이전의 수많은 중국의 학자들이 유교철학을 논하는 글을 썼다. 그러나 나는 내가 인식하고 깨달은 내용, 나 자신의 평가와 해석을 쓸 수 있다. 나는 어떤 것도 당연하게 여기지 않고 비판적으로 검토하여, 공자와 유교에 덧칠된 특정한 개념과 신념들을 벗겨낼 생각이다. 나는 신념적으로는 유가에 가깝지만 본능적으로는 도가에 끌린다. 신유학자(성리학자)들은 불교의 눈으로 공자의 가르침을 바라보았다. 그렇다면 나라고 해서 도교의 눈으로 공자의 가르침을 보면 안 될 이유는 없을 것이다. 사람들은 유교와 도교를 중국 사상의 양극단으로 여긴다. 공자는 실증주의자였고, 노자는 신비주의자였다. 공자의 주요 관심사가 사람이었던 반면, 노자의 주된 관심사는 우주의 신비와 본성이었다. 공자는 우주를 인간의 일부로 보았고, 노자는 인간이 우주의 일부라고 보았다. 하지만 가까이서 들여다보면 이 문제는 그리 선명하지도, 단순하지도 않다. 내가 볼 때 공자는 하늘과 하늘의 뜻에 관심을 갖고 우주의 본성이 영적인 것이라고 봤지만, 유교의 통상적인 실증주의 개념이 공자의 그런 생각을 가려놓았다. 도교는 깊이를 추구하고 유교는 표면적인 것만 다루는 것으로 볼 수 있지만 그것이 전부는 아니다. 도교 정신을 가진 사람은 공자 및 그의 교리의 어떤 측면을 잘 헤아릴 수 있고, 공자가 뻔한 소리를 늘어놓고 실제적인 생활의 문제에만 관심을 보인 사람이 아니라는 사실을 설명할 수 있다. 나는 특별히 죽음과 신, 신의 뜻과 인간의 영적 본성이라는 큰 문제들에 대한 공자의 태도와 감정을 점검해보려 한다.

공자는 기원전 551년에 서출로 태어났다. 아버지는 노魯나라의 유명한 세 장수 중 한 명이었는데, 그의 위업에 대해서는 다음과 같은 이야기가 전해진다. 그가 노나라 군대를 이끌고 어떤 성읍을 공격했다. 군사 절반이 적의 성문으로 들어간 상태에서 적군이 갑자기 성문을 내리기 시작했다. 그대로 두었다간 그의 군사들이 갇힐 상황이었다. 그는 계략에 걸려들었음을 감지하고 성문이 닫히지 않도록 혼자서 붙들었고 덕분에 군사들이 무사히 빠져나올 수 있었다.

공자의 아버지는 예순이 넘은 나이에 세 자매 중 막내인 처자와 결혼했는데, 그 어린 소녀가 공자의 어머니다. 유교 근본주의자들은 공자가 '서출로' 태어났다는 역사적 기록을 어떻게든 잘 설명해서 무시해버리려고 갖은 수를 썼지만, 내가 볼 때는 굳이 그렇게 해야 할 이유가 없다. 서출로 태어난 아이들은 대단히 총명한 경우가 많은데, 이것은 자연스러운 일이다. 어느 프랑스 부인은 "모든 아이는 자연스러운 결과물이다"라고 말했지만, 사생아들이 다른 아이들보다 더 자연스럽다는 것이 내 생각이다. 그 아이는 통상 자연스러운 성적 이끌림의 법칙에 따라 이루어진 격한 로맨스의 결과 아니던가. 다른 기록을 살펴보아도 그의 아버지에 대한 부분은 사실인 것 같다. 위대한 사가 사마천司馬遷은 공자가 어렸을 때 아버지를 여의었고 어머니는 아버지의 묘 위치를 말해주지 않았다고 적었다. ("어머니는 그에게 진실을 숨겼다.") 공자는 어머니가 세상을 떠나고 그가 장성한 다음에야 동네

노파로부터 아버지가 누구였고 무덤이 어디에 있는지 들었고, 비로소 부모의 묘를 합장할 수 있었다. 공자의 키는 9척 6촌이었다고 하는데, 고대의 '척'은 한 뼘 길이였으니 요즘 도량형으로 표기하면 195센티미터 정도 된다. 어쨌거나 그의 별명은 '키다리'였다.

소년 시절 공자는 계씨(노나라의 세도가) 일가의 소와 양을 치면서 여러 가지 천한 일을 배웠다. 학교에 다니지 못하고 독학했지만 그는 자라서 당대 최고의 학자가 되었다. 쉰 살에 노나라 중도中都의 읍재邑宰(한 고을을 다스리는 사람—옮긴이)로 임명되었고 이후 사공司空(토지와 민사를 맡아보던 벼슬—옮긴이)으로 승진했다가 마침내 대사구大司寇(형조판서—옮긴이)가 되었다. 그에겐 자신의 사회정치적 교리들을 실행에 옮길 기회가 있었다. 하지만 플라톤이 시라쿠사의 왕 디오니시우스에게 환멸을 느끼고 실망했던 것처럼, 공자는 실세였던 노나라 귀족들에게 실망했다. 결국 그는 자리에서 물러났고, 고국을 떠나 14년 동안 여러 나라(도시국가들)를 다니며 방랑자로 살았다. 플라톤처럼 공자도 다시 정계에 들어가려 시도했지만 실패했다. 그의 머릿속에는 나름의 《국가론》이 들어 있었고 기회만 주어지면 국가를 다스릴 수 있다고 믿었다. 이 실패의 기간 동안 공자는 최고의 모습을 보여주었다. 그는 많은 어려움을 겪었는데, 조롱과 거절을 당하는가 하면, 몇 번이나 체포되고 잠복공격을 당하기도 했다. 하지만 그는 "부드럽고 온화했고 무엇을 어떻게 해야 하는지 몰랐다." 한 위대한 유학자는 이것이 공자의 성품에서 가장 매력적인 부분이라고 지적한 바 있다. 이 기간에 그가 인간의 진정한 힘을 보여주었기 때문이다. 어떤 통치자도 그를 심각하게 받아들이거나 권력을 부여하지 않았는데, 공자는 그런 상황에 만족하고 체념했고 심지어 행복해하기까지 해서 제자들을 경악하게 만들었다. 그는 체포되거나 구금될 때 현악기를 연주하면서 노래를 부르거나 시를 읊는 습관이 있었다. 그리고 그 와중에도 역사 연구를 계속했다. 여러 해 동안의 방랑 끝에 그는 마침내 고국으로 돌아왔는데, 당시 그의 제자 몇 명이 공직에서 일하고 있었다. 그는 예순일곱 살에 장관들의 스승인 '대로大老'가 되었고 일흔두 살에 죽었다. 최후의 사오 년 동안 그는 가장 위대한 일을 했다. 평생의 역사연구를 구현하는 고대문서 편찬 작업에 전념했고 이 작품들이 오늘날 유가의 오경五經(시경, 서경, 역경, 예기, 춘추)으로 전해지고 있다.

청교도적인 신유학자들은 공자를 빈틈없고 공경할 만한 성인으로 그려내려는 노력을 멈추지 않았다. 그들은 그를 인간적 매력은 덜한 완벽한 성인으로 만들어냈다. 하지만 공자는 당대의 새뮤얼 존슨 박사(1709-1784, 최초의 영어사전 편찬자, 평론가, 문학가) 같은 사람이었고, 존경을 받는 만큼 두려움의 대상이기도 했다. 《논어》에 따르면 공자는 정통 유학자들을 분개하게 만들 만한 일을 많이 했다. 그러나 비평가들은 이렇게 소리쳤다 "성인이 그런 일을 했을 리가 없다. 이후에 누군가가 가필한 구절들이 분명하다. 공자에게 영광을!" 이 부분은 《논어》에 기록된 사례 중 한 가지를 언급하는 것으로 충분할 것이다. 공자는 예수께서 바리새인들을 싫어하셨던 것처럼 말만 번지르르한 사람과 위선자들을 혐오했다. 어느 날 이런 부류의 학자가 공자를 만나러 찾아왔다. 그는 하인에게 자신이 외출 중이라고 이르게 했다. 그다음에 그는 자신이 유비孺悲라는 이 학자를 대단히 안 좋게 생각한다는 것을 알리고자 아주 무례한 일을 했다. 유비가 아직 문 앞에 있을 때 현악기를 꺼내들고 노래를 부른 것이다. 그더러 들으라는 뜻에서였다. 공자는 거듭 이렇게 말했다. "착한 척해서 존경받는 자들은 미덕을 훔치는 도둑이다." "나는 그들이 우리 집 앞을 지나가다 들르지 않아도 전혀 개의치 않을 것이다." 그는 당대의 통치자들을 쌀을 채우는 데만 유용한 '쌀통'이라 불렀고, 한번은 아주 안 좋게 생각하는 사람의 정강이를 지팡이로 후려치고 그를 '악당'이라고 불렀다. 이것이 유교적 공손함의 귀감이 되는 사람의 모습이었다.

그는 바위처럼 굳건한 사람이었다. 넘치는 에너지를 타고난 터라 오랜 시간 동안 지치지 않고 일할 수 있었다. 그는 자신을 이렇게 묘사했다. "일할 때는 먹는 일을 소홀히 하고, 기쁜 일이 있으면 모든 염려를 잊고, 나이 드는 것을 인식하지 못한다." 감수성이 예민하고 감정이 풍부했던 그는 얼굴만 아는 사람의 장례식 자리에 우연히 들렀다가 "이유 없이 눈물을 쏟는 자신이 싫어서" 일부러 장례식에 참여한 것처럼 보이려고 부의를 보내기도 했다. 가까운 제자들에게 상냥하고 온화했지만, 당대의 통치자들을 매섭게 규탄한 《춘추春秋》(역사서)를 쓰고 "이 책으로 나는 이름을 얻거나 죄를 얻을 것이다"라고 말했다. 권력 찬탈자들을 신랄하게 고발한 그 책 때문에 지배층 사이에서 상당한 소란이 일었다. 시대와 불화한 상황 속에서도 공자는 굳은 자부심을 잃지 않았고 유머감각을 가지고 자신의 곤란한 상황을 바라보았다. 공자와 그의 제자들이 여러 나라를 떠돌던 중에 작은 고을의 정치가들에게 붙들려 옥에 갇히고 며칠 동안 음식을 제공받지 못해 굶어 죽을 지경에 이른 적이 있었다. 그의 제자 중 상당수가 병이 들었지만, 공자는 여전히 현악기 연주를 계속했다.

자로子路가 노기 띤 얼굴로 공자에게 와서 말했다. "도덕적인 사람도 궁지에 몰립니까?"

공자가 말했다. "그렇다. 도덕적인 사람도 곤경에 처하지만 그것을 차분하게 받아들인다. 교양 없는 사람은 궁지에 몰릴 때 어리석은 짓을 저지르기 십상이다."

공자는 제자들의 마음에 불평이 있는 것을 알고 자로를 불러들여 물었다.

"《시경》에 이런 말이 있다.

'들소도 아니고 호랑이도 아니건만

들판에서 방랑한다.'

너는 내 가르침이 틀렸다고 생각하느냐? 내가 이런 상황에 처하게 된 이유가 무엇이냐?"

자로가 대답했다. "우리의 인격이 부족해 사람들의 신뢰를 얻지 못하는 것 같습니다. 우리의 지혜가 부족해서 사람들이 우리를 따르지 않는 것 같습니다."

공자가 말했다. "그러하냐? 유由(자로의 이름)야, 내 말을 들어봐라. 인격자가 언제나 사람들의 신뢰를 얻는다면, 백이伯夷와 숙제叔齊•가 왜 산에서 굶어죽었겠느냐? 사람들이 지혜로운 사람을 늘 따른다면, 어찌하여 왕자 비간比干••이 죽임을 당했겠느냐?"

자로가 나가고 자공子貢이 들어왔다. 공자가 그에게 물었다.

"《시경》에 이런 말이 있다.

'들소도 아니고 호랑이도 아니건만

들판에서 방랑한다.'

내 가르침이 틀렸느냐? 내가 이런 상황에 처하게 된 이유가 무엇이냐?"

자공이 대답했다. "스승님의 가르침이 사람들에게 요구하는 기준이 너무 높은 것 같습니다. 기준을 좀 낮추심이 어떻습니까?"

•은殷나라 제후 고죽군의 두 아들. 주 무왕이 은 주왕을 치려는 것을 말리다가 무왕이 듣지 않자 수양산에 들어가 고사리를 캐어 먹으며 숨어 살다가 굶어 죽었다 – 옮긴이.

••은나라 주왕의 친척. 그가 주왕의 실정을 지적하고 바로잡으라고 거듭 말하자 주왕은 "성인聖人의 심장에는 일곱 개의 구멍이 있다고 하는데 진실로 그러한가?" 하고 그를 죽여 배를 갈라 심장을 꺼내보았다 한다 – 옮긴이.

공자가 말했다. "사賜(자공의 이름)야, 뛰어난 농부가 밭에다 식물을 심어도 수확을 장담하지 못한다. 뛰어난 장인이 능숙한 솜씨를 발휘해도 고객을 만족시킨다는 보장은 없다. 너는 어떻게 하면 자신이 더 나아질까 생각하지 않고 사람들이 너를 받아주는 것에만 관심이 있구나. 네가 자신에게 요구하는 기준이 너무 낮지 않느냐?"

자공이 나가고 안회顔回가 들어왔다. 공자가 말했다. "회回야, 《시경》에 이런 말이 있다.

'들소도 아니고 호랑이도 아니건만
들판에서 방랑한다.'

내 가르침이 틀렸느냐? 내가 이런 상황에 처하게 된 이유가 무엇이냐?"

안회가 대답했다. "스승님의 가르침은 더없이 높은 기준을 제시했습니다. 그렇기 때문에 세상이 그 기준을 받아들이지 못하는 겁니다. 하지만 사람들이 그것을 받아들이지 못한다 해도 상관없습니다. 오히려 그 사실이 스승님의 기준이 높다는 증거가 됩니다. 우리가 우리의 이상을 소홀히 한다면 우리에게 부끄러운 일입니다. 그러나 우리가 이상을 명확하게 제시했는데 그것이 받아들여지지 않는다면, 그것은 권력자들이 부끄러워할 일입니다. 사람들이 그것을 받아들이지 않는다 해도 상관없습니다."

공자는 매우 기뻐했고 웃으면서 말했다. "안씨 집안의 아들아, 네가 내 마음을 그대로 말했구나. **네가 부자라면 나는 기꺼이 네**

집안의 청지기가 되겠다."

사생활에서 공자는 여자들과 잘 지내지 못한 듯 보인다. 그는 아내와 이혼했고 여자를 경멸하는 말을 한 적이 있다. "소인들과 여자들과는 함께 지내기가 어렵다. 가까이하면 버릇없이 행동하고, 멀리하면 원망한다." 반면, 공자는 같이 살기 만만치 않은 남자였다. 그의 아내는 공자가 별난 데가 많음을 알게 되었다. 그는 일하기 편하게 오른쪽 소매를 왼쪽 소매보다 짧게 했다. 잠옷은 몸의 기장보다 절반 정도 더 길게 했으니 옷감이 많이 들었을 것이다. 게다가 까다로운 입맛은 아내를 힘들게 했을 것이다. 공자의 시시콜콜한 습관을 알려주는 《논어》 20장을 보면 공자가 이것을 "먹지 않았다", 저것을 "먹지 않았다"는 구절이 있다. 공자의 부인에게는 매 끼니를 차리는 일이 악몽 같았을 것임을 짐작할 수 있다. "쌀은 흴수록 좋아했고, 갈아 만든 고기는 잘게 썰수록 좋아했다." 아내에게 여유가 있었다면 그의 요구에 맞출 수도 있었을 것이다. 그러나 그는 집에서 담근 술만 마시고 집에서 구운 고기만 먹었다. 어느 날 집에 고기가 떨어져 아내가 서둘러 고기를 구해왔는데 남편은 밖에서 구해온 구운 고기를 먹지 않았다. 그때 그의 아내는 어딜 봐서 '위대하다'는 건지 이해하기 힘든 이 골치 아픈 학자 곁을 떠나기로 반쯤 마음먹었다. 식탁에 생강을 올려놓는 것을 잊었다는 이유로 남편이 차려놓은 음식을 먹지 않자, 그녀는 때가 되었다고 생각했다. 그리고 어느 날, 보기 좋게 '네모반듯하게' 고기를 썰어내지 않았다고 남편이 고기를 먹지 않았는데, 그 일은 그녀에게 결정타였다. 그의 곁을 떠나 매번 고기를 네모반듯하게 썰어내는 다른 여자를 찾게 해주는 수밖에 없었다. 공자는 지독한 식도락가였다! (식도락가는 좋은 음식 맛을 아는 사람일 뿐 아니라 그 음식을 제대로 차려내라고 요구하는 사람이기도 하다.)

그런데 공자와 그의 아들과 손자가 모두 아내와 이혼했다. 이것은 간접적으로 알 수 있는 사실인데, 공자의 외아들과 손자 모두 이혼한 어머니를 위해 복상 기간을 얼마나 가져야 하는가 하는 대단히 전문적인 문제로 고민했기 때문이다. 공자의 손자의 자녀들에게도 같은 문제가 있었다. 효도를 가르친 위대한 철학자이자 공자의 손자 자사子思의 스승인 증자曾子도 부인과 이혼했다. 부인이 배 요리라는 사소한 문제에서 시어머니의 뜻을 존중하지 않았기 때문이었다. 어쨌든 공자는 생애의 많은 기간을 홀아비 철학자로 살아야 했다.

공자는 하늘과 하늘의 뜻을 믿었다. 그는 자신에 대해 쉰 살에 "하늘의 뜻을 알았다", "도덕적 인간은 차분히 하늘의 명을 기다리며 평온하게 살아간다"라고 말했다. 당시의 하늘天, God은 공자가 이해한 대로 유일신을 뜻했지만, 일반 백성 사이에는 하늘 이외의 다른 많은 신령들에 대한 믿음도 퍼져 있었다. 한번은 누군가가 공자에게 물었다. "동남쪽의 신에게 비는 것이 부엌 신에게 비는 것보다 낫다는 게 사실입니까?" 공자가 대답했다. "말도 안 되는 소리. 하늘(하나님)의 뜻을 어겼을 때는 달리

빌 곳이 없다."

한번은 공자가 중병이 들었는데 누군가가 그에게 이렇게 제안했다. "사당에 가서 빌어보지 그러십니까?" 공자가 대답했다. "나는 오랫동안 기도를 드려왔소." 그는 조상숭배에 대해 이렇게 말했다. "조상의 혼령들에게 빌 때는 그분들이 거기 계신 것처럼 존경하는 마음으로 해야 한다." 공자가 내세에 아무런 관심이 없었다는 사실은 잘 알려져 있다. 그의 가르침의 주요 취지를 생각할 때 대체로 옳은 말이다. 반면, 《논어》에는 그가 사람들의 죽음 앞에서 경외감과 경건함을 느꼈다는 기록이 거듭 등장한다. 《논어》는 그가 제사와 금식을 대할 때 "대단히 엄숙하게" 처신했다고 기록하고 있다. 다시 말해, 공자는 인간사를 모종의 미묘하고 신비한 방식으로 이끌어가는 저 위의 신을 인정했다. 그는 운명과 숙명을 강하게 믿었는데, 이것은 《역경易經》에 대한 관심에서 잘 드러난다. 그가 평생에 걸쳐 진행한 역사연구의 주제는 종교예배의 고대 형식이었다. 그는 이 종교예배에 매료되었다고 봐야 할 것이다. 그는 이렇게 말한 바 있다. "누구든지 하늘과 땅에 바치는 제사의 의미를 이해한다면, 여름과 가을에 바치는 조상제사의 의미를 헤아린다면, 나라에 평화와 질서를 가져오는 일은 손가락으로 손바닥을 가리키는 일만큼 쉬울 것이다."

그의 성품에는 미적인 면도 있었다. 열렬한 음악 사랑에서 풍부한 감수성이 드러났다. 그는 거의 매일 노래를 불렀고 다른 사람들이 부른 노래가 마음에 들면 "다시 불러달라 청하고 함께 노래했다." 공자는 젊은 시절 이웃나라에서 음악 공부를 할 때 어떤 훌륭한 음악작품을 듣고 나서 "석 달 동안 고기 맛을 잊었다"고 말했다. 이 말은 과장이겠지만, 음악에 대한 그의 열정을 짐작하게 한다. 그는 음악이 교육의 완성이라고 말하며 중요하게 여겼는데, 그가 사람의 마음과 사회의 도덕에 영향을 끼치는 눈에 보이지 않는 영향력에 늘 관심을 가진 철학자였음을 알 수 있게 하는 대목이다.

소리 없는 혁명

공자는 격언을 말한 사람으로 주로 알려져 있다. 《논어》에 공자의 말이 짤막짤막하게 나와 있기 때문이다. 《논어》는 친숙한 인용문들의 모음집 같다. 인용문들이 문맥과 배경설명 없이 나와 있고, 편집을 거치거나 일정한 순서로 배열된 것도 아니다. 그래서 서양 학생들은 물론이고 때로는 중국 학생들조차도 공자 사상의 원리를 꿰뚫어 보기가 아주 어려웠다. 하지만 공자의 사상체계는 두 가지 주요 개념, 즉 인간 문제와 사회 문제를 중심으로 살펴볼 수 있다. 공자는 근본적으로 개인의 자기수양을 통한 사회개혁에 관심을 가진 교육가이자 사회철학자였다.

공자가 말했다. "인류 갱생의 수단 중에서 요란하게 시선을 끄는 것들이 가장 덜 중요하다." 공자는 인간 관습의 본을 제시할 깊은 지혜를 갖고 있었고 법을 만드는 일은 다른 이들에게 맡겼다. 그는 법과 법 집행을 신뢰하지 않음을 거듭 밝혔다. 그의 글에는 윤리와 정치가 흥미롭게 결합되어 있다. 그가 볼 때 정치질서는 사회질서에 근거해야 했고, 사회질서는 개인의 수양에서 나와야 했다. "황제부터 평민에 이르기까지 자기수양이 모든 것의 근본이다." 그는 태어날 때는 모든 사람이 비슷하지만 습관과 관습에 따라 이후의 모습이 달라진다고 믿었다. "군자는 위로 자라는 반면, 보통 사람은 아래로 자란다." 그에게 윤리적·사회적 문제는 개인의 좋은 습관을 어떻게 격려하고 사회 안에 좋은 관습을 어떻게 세울 것인가에 달려 있었다. 그는 법 집행에 대한 불신을 이렇게 표현한 바 있다. 법과 법 집행으로 사람들을 규제하면 "감옥에 가지 않으려고 할 뿐, 명예심은 사라질 것이다." 반면 도덕과 도덕적 가르침으로 규제한다면, "사람들은 명예심을 가질 것이고 선을 추구할 것이다." 이것이 공자 가르침의 기초다.

다시 말해, 공자는 인간 사회의 문제를 다룰 때 사회적 접근보다 개인적 접근을 우선시했다. 사회의 평화와 질서나 혼란도 사회를 구성하는 개인들로부터 나온다는 것이다. 이와 관련해서 공자와 카를 마르크스는 정반대의 관점을 택했다. 공자는 개인의 개혁이 없는 사회개혁은 피상적이라고 보았다. 마르크스는 사회적 환경이 인간의 도덕적 행동을 결정하고, 물질적 환경의 변화로 유토피아를 가져올 수 있다고 믿었다. 지난 40년간 소련에서 일어난 사건들은 마르크스의 가정이 얼마나 형편없는 것이었는지를 입증해 보였다. 이데올로기의 분장을 벗기고 보면, 소련의 역사를 움직인 것은 다른 여느 나라처럼 지도자들 간의 인간적 야망과 권력욕과 질투와 무자비함, 그리고 소수의 통치 집단 사이에서 평등을 외면한 채 개인적인 안락과 특권을 얻기 위해 벌어진 투쟁이었다. 다시 말해, 사회주의 국가에 사는 사람이나 자본주의 국가에 사는 사람이나 인간의 본성은 동일하다. 모두가 다른 모두를 사랑하고 신뢰하는 유토피아는 그렇게 쉽게 오지 않는다.

그리스 철학자들을 살펴보면 플라톤이 공산주의자였고 아리스토텔레스가 반공주의자였음을 알 수 있다. 아리스토텔레스는 사회주의 개혁만으로 인간 본성이 바뀔 수 있다고 믿지 않았다. 윌 듀런트는 《철학 이야기*The Story of Philosophy*》에서 이 점을 잘 보여주는 적절한 인용문을 모아놓았다. 플라톤이 옹호한 공산주의 사회에 대해 아리스토텔레스는 이렇게 말한다. "대다수의 사람들에게 공통적으로 적용되는 것은 관심을 받지 못하는 법이다. 누구나 자기의 이익을 주로 생각하고 공익은 별로 생각하지 않는다." 이 말은 소련 집단농장의 실패에 대한 정확한 논평이요, 그 실패를 인간의 관점에서 설명해준다. 아리스토텔레스는 이런 말도 했다. 유토피아에 대한 이야기에 "사람들은 기꺼이 귀를 기울이고, 모종의 멋진 방식으로 모두가 모두의 친구가 될 거라는 말에 쉽사리 넘어간다. 그 말을 하는 사람이 기존의 악을 성토하면 더욱 귀가 솔깃해진다. … 사유재산 제도가 이 모든 악의 원흉으로 제시된다. 하지만 악의 근원은 전혀 다른 곳에 있으니, 바로 인간 본성의 사악함이다."

공자는 아리스토텔레스와 마찬가지로 인간 본성 쪽에 섰고, 본성을 바꾸려들지 말고 있는 그대로 받아들이자고 제안했다. 더 나은 사회의 도래는 생산관계의 변화가 아니라 인간 안에서 이루어지는 개혁으로 가능하다. 마르크스주의 사회는 인간의 문제를 해결하지 못했다. 오늘날 소련 사람들은 바깥세상 사람들과 다를 바 없고, 같은 동기에 이끌려 살아간다. 부모는 자식을 옆집 아이보다 좋은 학교에 보내고 싶어 하고, 노동자는 더 많은 봉급을 받으며 일하고 싶어 하고, 계급과 특권에 대한 욕구도 다를 바 없다. 사유재산과 상속이 이미 되살아났고, 계급과 특권과 급료의 차등이 점차로 간극을 넓혀왔다. 시간이 지나면 이 이례적인 국가 러시아는 자본주의 사회로 착착 '진보'하여 급기야 펄럭이는 '사회주의'의 깃발 아래서 자유노동과 사상과 여행의 자유까지 허용하게 될지도 모른다. 다시 말해, 인간 본성이 사회주의에 맞추는 것이 아니라 사회주의가 인간 본성에 맞춰야 한다. 국제 공산주의 이론과 달리 러시아는 민족의 영광과 팽창을 추구하는 엄연한 민족주의 국가가 되었고, 마르크스주의 추종자들은 '인민 사랑'을 직관적으로 불신하고 최악의 폭력정권을 세워 그 이론을 배반했다. 사건이 사람들을 결정한 것이 아니라 다시 한 번 사람들이 사건을 결정한 것이다.

따라서 소리 없는 혁명, 개인의 개혁에 근거한 사회개혁, 자기수양의 교리는 유학자에게 첫째가는 일이다. 유교는 군자君子, 요즘 식으로 말하면 신사의 종교라 할 수 있다. 군자는 자기수양을 한 사람이다. 완전함으로 가는 단계는 사람마다 다르겠지만, 자기를 개선하고 수양하려고 끊임없이 노력하는 사람을 군자라고 한다면 적절한 묘사가 될 것이다. 공자는 이렇게 자기수양이 된 사람과 반대되는 사람을 문자적으로 '작은 사람'을 뜻하는 소인小人이라 불렀다. '소인'의 정확한 번역어는 '보통 사람'도 아니고 '비열한 사람'도 아니다. 소인의 본질은 '천박한 사람', 자기수양이 안 된 사람, 교양 없는 사람이다. 《논어》에는 군자와 소인의 대조가 가득하다. 한 가지 예를 들어보자. "군자는 옳은 것을 알지만, 소인은 무엇이 이익이 될지를 안다."

유교가 편안하게 다가오는 것은 공자가 인간 본성에 불가능한 요구를 하지 않기 때문이다. 그는 죄의 문제가 아니라 예의 없음, 엉터리 가정교육, 수양이 안 된 사람들의 무지한 자기만족에 초점을 맞추었다. 그는 사람이 모종의 도덕의식을 갖고 자기개선을 위해 끊임없이 노력하는 것에 만족했다. 이런 의미에서 유학자들은 공자의 가르침이 실천하기 쉽다고 주장하는데, 일리가 있는 말이다. 한번은 공자가 비꼬는 투로 이렇게 말했다. "나는 오늘 성인을 찾으리라 기대하지 않는다. 군자를 만난다면 그것으로 만족할 것이다." 공자의 가장 비범한 면모는 그가 순전히 인간적인 기준을 제시했고 **인간의 척도는 인간 자신**이라고 가르쳤다는 점이다.

> 외부의 유인책이 없더라도 참된 인간다움의 원리에 따라 살기를 좋아하고 외부의 처벌 위협이 없더라도 참된 인간다움의 원리에 위배되는 모든 것을 미워하는 사람에게는, 모든 인류가 한 사람과 같다. 그러므로 군자는 **자신을 기준**으로 삼아 모든 행실의 문제를 논하고 보통 사람들이 따라올 규칙을 제시한다.
>
> 군자가 절대적인 의를 기준으로 사람들을 평가한다면 참된 사람이 되는 일은 매우 어려워진다. 하지만 그가 **인간의 기준으로 사람들을 평가**한다면, 좀 더 나은 사람들이 본으로 삼을 만한 기준을 마련하게 될 것이다.
>
> 《시경》은 이렇게 말한다. "도끼자루 깎네. 그 본이 멀지 않네." 나무로 도끼자루를 깎겠다고 도끼를 손에 쥐고 있으면서도 눈앞의 도끼자루 본을 못 보고 멀리서 찾는다. 그래서 군자는 사람들을 다룰 때 **인간의 공통 본성에 호소하고 사람들의 생활방식을 바꾸는 것으로 만족한다**.

공자가 이상으로 제시한 것은 '인간의 최선', 인간 최고의 상태, 즉 '참된 인간다움'이었다. 인仁이라는 철학적 개념, 또는 참된 인간다움은 공자에게는 다소 도달하기 어려운 이상이 되었다. 그는 수제자 안회라면 "한 달 내내 인을 유지할 수 있겠지만" 다른 제자들은 어림도 없다고 말했다. 제자들이 이런저런 유명한 인물들을 들어 그가 참된 사람이냐고 여러 차례 물었지만, 그의 대답은 한결같았다. 그 사람이 어떤 면에서는 훌륭하고 뛰어나지만 "인仁을 실천하는 사람, 참된 사람인지는 모르겠다"는 것이었다.

인仁에 해당하는 한자어는 '친절'을 뜻하기도 하지만, 공자는 이 단어를 '인간의 최선', 인간다움의 이상적이고 완전한 발달을 뜻하는 말로 썼다. 인仁은 인간을 뜻하는 인人과 발음이 같고 인仁을 이루는 사람은 인인仁人이 된다. 이것은 영어에서 human과 humane의 관계와 유사한 면이 있다. 영어단어 humanity도 인仁과 마찬가지로 'humaneness(인간다움)'와 'manhood〔인성人性, 'humanity of Christ(그리스도의 인성)'〕라는 이중 의미를 담고 있다. 이 인의 의미가 발전하여 '참된 인간다움'이라는 철학적 의미를 갖게 되었다.

공자가 말한 인의 의미를 밝혀주는 사례가 하나 있다. 공자가 남부 지방을 여행한 적이 있는데, 제자들이 볼 때 스승은 어느 나라든 관직에 올라 자신의 주장을 실행에 옮길 가망이 없었다. 그들은 공자의 심정을 알고 싶었다. 그들 중 하나가 공자에게 가서, 폭군을 피해 관직에서 물러나 결국 굶어 죽은 두 명의 고대 성인에 대한 의견을 물었다. 공자는 그 질문에 대답하면서 아주 비범한 말을 했고 제자는 깜짝 놀랐다. "그래, 그들은 참된 사람들이었다." 공자는 과거와 현재를 막론하고 '참된 사람'이라는 표현을 사람에게 적용한 적이 없었다. 제자가 다시 물었다. "그들이 후회했을 거라고 보십니까?" 공자는 이렇게 대답했다. "그들은 인仁(즉 참된 사람다움)을 추구했고 그것을 실현했다. 그들이 왜 후회한단 말이냐?" 그 제자는 나와서 공자가 행복해한다고 알렸다.

두 사람이 산에서 굶어죽은 사건을 이야기하는 대목에서 등장한 인仁을 '자비benevolence'나 '친절kindness'로 번역하는 것이 더 없이 부적절하다는 것을 알 수 있다. 공자는 누구나 이 참된 인간다움에 이를 수 있다고 보았다. "인仁을 원한다면 그것은 바로 내 옆에 있다." 그러나 중국 사회에서나 영국 사회에서나 '참된 사람'이 되기는 쉽지 않다. 에이브러햄 링컨 정도라면 공자가 인인仁人, 진짜 사람, 인간 최선의 모습의 본보기로서 높은 경지를 늘 유지했다고 말할 것 같다. 벤저민 프랭클린에 대해서는 천재였지만 "인인이었는지는 모르겠다"고 말할 것 같다. 토머스 제퍼슨은 위대한 지성의 소유자요 절조 있는 사람이었지만, 공자는 그를 두고 "인인인지는 모르겠다. … 의심스럽다"고 말할 듯하다. 어쩌면 세 사람 다 인인이라 불릴 만한지도 모른다. 나는 공자가 그 단어를 사용하는 데 얼마나 인색했는지 보여주려는 것뿐이다. 단어의 제한적 용례로 보자면, 공자가 말한 인인, 인간의 최선은 로마 가톨릭의 '성인聖人, saint'에 해당하는 인본주의의 이상이었다. 참된 자아의 실현, 인간의 최선을 말하는 이 인仁의 정확한 의미는 자사의 다음 논의에서 드러날 것이다.

자사: 내면의 도덕법칙

자사子思(기원전 492-431)는 공자의 손자이다. 공자가 세상을 떠나던 해에 그는 열세 살이었고 공자의 제자 중 가장 어렸던 증자에게 배웠다. 그는 유교 경전《예기禮記》중 여러 편을 집필했고 그중 하나인《중용中庸》은 중요하게 다루어지며 중국의 어린 학생들을 위한 사서四書 중 하나가 되었다. 우리는《중용》을 통해 유교의 철학적 기반을 알 수 있다. 이 책은 우주의 영적 본성과 그것을 지배하는 도덕법칙을 설명한다. 사람은 이 도덕법칙에 따라 살아감으로써 자신의 참된 자아를 실현한다. 그렇게 되면 외부의 도덕적 우주와 내면의 참된 사람다움의 법칙이 조화를 이룬다. 사람은 자신의 참된 자아를 발견하는 가운데 우주와의 조화를 경험하고, 역으로 우주의 도덕법칙과 조화를 이루는 가운데 자신의 참된 자아, 참된 사람다움을 실현한다. 이 짧은 책에서 나는 공자 철학의 완결된 진술을 발견했다.

사람이 자신에게 있는 인간 최선의 모습을 때로 실현하지 못하는 이유는 우주를 참으로 이해하지 못했기 때문이다. "참된 자아를 실현하여 참된 이해에 도달하는 것을 본성(의 도道)이라 한다. (우주를) 이해하여 참된 자아를 실현하는 것은 교화(의 도)라 한다. 참된 자아를 실현한 사람은 그로 인해 이해를 얻는다. (온전한) 이해를 얻은 사람은 그로 인해 참된 자아를 발견한다."

자사에 따르면, 우주는 도덕질서이며 사람은 자기 안에 있는 그 도덕질서를 발견하여 우주의 도덕질서를 따르고 그에 '비길 만한' 인간 최고의 모습에 이르러야 한다. "공자께서 말씀하셨다. '군자의 삶은 우주의 도덕질서(중용中庸)의 예증이 된다. 수양이 안 된 사람(소인)의 삶은 그 우주적 질서를 거스른다.'" 중中은 '중심'이고, 용庸은 '한결같음'이다. 중용은 '중심이 한결같음' 또는 '내면의 불변성'을 뜻한다. 그러므로 나는 구훙밍을 본받아 중용을 '우주적 도덕질서'로 옮기고, 《중용》에서 뽑은 여러 인용문에서도 그렇게 번역했다.

그런데 이 우주의 도덕률은 무엇이고 인간의 도덕법칙은 무엇이며, 둘 사이의 조화는 어디에서 찾을 수 있는가? 《중용》의 저자가 생각하는 우주의 도덕법칙 개념은 과학에서 말하는 우주를 다스리는 법칙과 상당히 비슷하다. 이 법칙은 보편적으로 작용하며 모든 것에 퍼져 있다.

> 우리는 존재하는 한 도덕법칙(도道)에서 한시도 벗어날 수 없다. 벗어날 수 있는 법칙은 도덕법칙이 아니다.

그것은 무한히 큰 것과 무한히 작은 것을 다 포괄한다.

> 도덕법칙은 어디서나 볼 수 있지만 비밀이기도 하다. … 아무리 큰 것이라도 도덕적인 사람(군자)은 그보다 더 큰 것, 세상 그 어떤 것도 담을 수 없을 만큼 더 큰 것을 생각할 수 있다. 아무리 작

은 것이라도 도덕적인 사람의 마음은 그보다 더 작은 것, 세상 그 무엇으로도 쪼갤 수 없는 더 작은 것을 생각할 수 있다.

이 법칙, 혹은 법칙들은 불멸하고 자존하는 것이다.

따라서 절대적 진리는 불멸한다. 불멸하기 때문에 영원하다. 영원하기 때문에 자존한다. 자존하기 때문에 무한하다. 무한하기 때문에 광대하고 깊다. 광대하고 깊기 때문에 초월적이고 총명하다. 광대하고 깊기 때문에 모든 존재를 포괄한다. 초월적이고 총명하기 때문에 모든 존재를 아우른다. 무한하고 영원하기 때문에 모든 존재를 가득 채운다. 광대하고 깊다는 점에서 땅과 같다. 초월적이고 총명하다는 점에서 하늘과 같다. 무한하고 영원하니 무한 그 자체다.

이 법칙은 불변한다.

자연의 경로와 운행의 원리는 한마디 말로 요약할 수 있다. '그것은 나름의 **불변하는** 법칙을 따르기 때문에, 그것이 어떻게 다양한 만물을 만들어내는지는 헤아릴 수 없다.'

그리고 우주를 다스리는 물리법칙에 대한 수사적인 구절이 이어진다.

자연은 광대하고 깊고 높고 총명하고 무한하고 영원하다. 우리 앞에 펼쳐진 하늘은 이렇게 밝고 빛나는 덩어리일 뿐이다. 그러나 측량할 수 없이 넓은 하늘이기에 해와 달과 별들과 별자리들을 매달고 있고, 만물을 그 안에 아우른다. 우리 앞에 펼쳐진 땅은 한 줌의 흙에 불과하다. 그러나 더없이 넓고 깊은 땅은 태산을 지고 있으면서도 무거워하지 않고 강물과 바다가 그 위를 달리지만 물이 새지 않는다. 우리 앞에 놓인 산은 바윗덩어리에 불과하다. 하지만 그 크기가 너무나 광대하기에 풀과 나무가 그 위에서 자라고 날짐승과 들짐승들이 거기 살며 값진 보물들이 거기서 발견된다. 우리 앞에 펼쳐진 물은 한 국자의 액체에 불과하다. 하지만 그것이 헤아릴 수 없이 깊기 때문에 여러 거대한 갑각류, 용, 물고기, 거북이가 그 안에서 생겨나고 온갖 유용한 산물들이 가득하다.

《시경》에는 이런 시가 있다.

"하늘의 명命은

불가해하고 영원히 그침이 없다!"

즉, 이것이 바로 하늘의 본질이다.

이러한 우주의 도덕법칙 개념이 사물의 영적 본성 개념으로 이어진다. 이 문제에서 공자의 입장은 아주 분명하다.

공자께서 말씀하셨다. "우주에서 영적 세력의 힘은 도처에서 활발히 작용하고 있구나! 눈에 보이지 않고 오감으로 느낄 수 없지만,

만물에 내재해 있고 어떤 것도 그 작용에서 벗어날 수 없다.

이 세력 때문에 천하 사람들이 금식하고 재계齋戒하고 엄숙하게 의복을 갖춰 입고 제사를 지내고 예배를 드리게 된다. 강한 물결이 몰아치는 것처럼, 보이지 않는 영적인 힘들의 존재가 느껴진다. 때로는 우리 위에 있는 것 같고, 때로는 우리 곁에 있는 것 같다.

《시경》에는 이런 시가 있다.

"영적인 존재는
헤아릴 수 없으니
어찌 무시할 수 있으랴!"

보이지 않는 것들의 증거가 이와 같으니 사물의 영적 본질을 의심할 수가 없다.

자사의 다음 인용문은 도덕법칙의 본질, 물질적 존재 배후의 영적 진리를 가르치고 도덕감각과 지성이라는 인간의 이중적 능력에 의해 본성을 '이룸'을 가르치는 유교의 철학적 토대를 가장 잘 요약해준다.

진리는 자신을 실현하는 것이고, 도덕법칙은 우리 존재의 법칙을 따르는 것이다. 진리는 물적 존재의 시작이자 끝이다. 진리가 없으면 물질적인 존재도 없다. 바로 이런 이유로 군자는 진리를 귀하게 여긴다.

진리가 우리 존재의 실현일 뿐 아니라 우리 외부의 것들도 진리에 의해 존재한다. 우리 존재를 알게 해주는 것이 도덕감각이다. 우리 외부의 것들의 본성을 알게 해주는 것이 지성이다. 도덕감각과 지성, 이 둘은 우리 존재의 능력이다. 이 둘은 정신능력의 내적·주관적 사용과 외적·객관적 사용을 아우른다. 그러므로 진리가 있을 때 모든 것이 제대로 된다.

'도덕감각'의 형태로 나타나는 인仁, 또는 '참된 사람다움'의 근거는 사람 내면과 외부 우주의 도덕적 조화다. 이 '참된 자아'가 실현될 때, "우주가 조화로운 체계가 되며 만물이 그 온전한 성장과 발전을 이룬다." 이것이 유교의 철학적 기반이다.

나는 이것이 만족스럽다. 인간 본성을 도덕법칙에 모순되는 것으로, 맞붙어 싸우고 정복하고 억눌러야 할 대상으로 여기지 않는다. 사람은 그 안에 선을 행할 능력을 갖고 있다. 불교식 '죄'의 도입으로 인해 인간의 열정을 두려워하고 제약하게 된 12세기와 13세기의 후대 신유교와 달리, 이 원시 유교 또는 고전 유교는 '우리 본성의 실현'이 도덕법칙이라고 가르쳤다. 이 말을 들으면 고전 유교의 이상주의를 이해하지 못하는 많은 학생이 놀랄 것이다. 하지만 자사는 이 인간 본성이 "하늘이 내린 것"이라고 말한다. 철학적 의미가 가득 담긴 《중용》의 첫 세 줄은 그래서 나온 것이다.

하늘이 내린 것을 **인간 본성**이라 한다.

그 본성을 따르는 것을 **도덕법칙**(도道)라 한다.

도덕법칙을 닦는 것을 **교화**라 한다.

고전 유교에서도 인간 욕망의 '규제'에 대해 말한 것은 사실이지만, 인간 본성을 싸움의 대상이 아니라 실현해야 할 잠재력으로 여겼다. 여기서 '실현'에 해당하는 단어는 말 그대로 '따르다'는 뜻이다.

이와 같이 하늘이 내린 본성을 따름과 사람의 참된 자아의 실현이 유교의 교리였다. 이 점에서 유교와 도교가 뜻을 같이했다. 도교 사상가 장자의 주된 관심사는 동물들과 사람들이 순탄하게 살게 내버려두는 것, 문자 그대로 하자면 "그들이 타고난 본성의 성향을 평화롭게 실현하게" 하는 것이었다. 유교는 좋은 습관과 풍습을 길러 사람 안에 있는 최상의 모습을 끌어내려 했고, 도교는 모든 간섭을 크게 우려했다.

여기서 유교와 도교의 몇몇 유사점을 볼 수 있다. 유교가 '도'라는 단어를 쓴다고 해서 유교가 도교에서 '내용을 빌려왔다'는 성급한 결론을 내려서는 안 된다. 고대와 근대 중국어에서 널리 쓰인 '도'라는 단어는 '진리', '길', 또는 그저 '도덕적 가르침'을 뜻했다. 오늘날 공자의 가르침을 '공자의 도'라고 말하는 것도 그 때문이다. 공자도 '도'라는 단어를 거듭거듭 썼고, 고전 시대에 흔히 쓰는 말로 "도가 없는 세상", 즉 도덕적 혼란에 빠진 세상과 "도가 있는 세상", 즉 도덕적 가르침이 힘을 떨치는 세상을 끊임없이 대비했다. 자사의 책 《중용》에는 흔히 무위無爲로 알려진 도교의 가르침에서 특징적으로 볼 수 있는 구절들이 있다. 그런 진술이 《중용》에 두 번 나온다. "절대적 진리는 본성이 그와 같아서 보이지 않고도 분명히 나타나고, 움직이지 않고 결과를 만들어내고, 행함이 없이 목적을 이룬다." 행함이 없이(무위로) 목적을 이루는 것은 전형적인 도교의 가르침이다. 이런 진술도 나온다. "그러므로 도덕적인 사람은 아무것도 하지 않을 때도 진지하고, 아무 말도 하지 않을 때도 진실하다." 아무것도 하지 않는 것과 아무 말도 하지 않는 것 운운하는 대목은 "무언의 가르침"을 끊임없이 말했던 노자와 그의 위대한 추종자 장자를 연상시킨다. 하지만 그것이 도교 사상에서 빌려온 생각이라는 추론은 부당한 부분이 있다는 점을 기억해야 한다. 자사는 공자로부터 너무 가까운 후대 사람이기 때문에 우주의 도덕법칙에 대한 그런 통합적 견해가 도가 사상가 노자에게서 빌려온 것이라고 보기는 어렵다. 우리가 유교의 가르침이 공자의 재치 있는 말과 도덕적 잠언을 뒤죽박죽 얼기설기 모아놓은 것일 뿐 그 배후에 중심 되는 도덕철학이 없다고 생각할 권리는 없다고 나는 생각한다.

맹자: 잃어버린 마음을 찾아서

공자 학파의 가장 중요한 발전은 맹자孟子(기원전 372-289)의 가르침에 있다. 공자가 죽은 후 그의 제자들은 두 학파로 나뉘었는데, 순자荀子 학파는 인간 본성의 사악함과 제약의 필요성을 믿었고, 맹자 학파는 인간의 선한 마음의 광대함을 믿었다. 맹자가 말했다. "대인大人은 어린아이의 마음을 잃지 않은 사람이다." 그는 사람이 선을 행할 능력을 타고났고 선한 것을 좋아하며, 사람은 부패하여 상태가 나빠지는 것이므로 자기수양의 핵심, 도덕성을 보존하는 핵심은 "잃어버린 아이의 마음을 발견하는 것"이라는 생각을 출발점으로 삼았다. 이것이 유교의 정통 학파가 되었다. 맹자는 공자 다음가는 자리를 얻게 되었고, 유학 교리를 흔히 '공맹의 가르침'이라 부르게 되었다.

맹자는 '호연지기浩然之氣'라는 표현을 썼는데, 다음 인용문이 맹자가 말한 바를 잘 보여줄 것이다.

> 한때 우산牛山의 숲은 아름다웠다. 그러나 큰 도성의 변두리에 있어 나무꾼들이 나무를 다 찍어버렸으니 산이 더 이상 아름다울 수 있겠는가? 비록 밤낮으로 쉴 시간이 있고 비와 이슬이 내려 계속 양분을 공급하고 땅에서 새 생명이 계속 돋아나기는 하지만, 사람들은 소와 양까지 풀어놓아 먹이기 시작했다. 그래서 우산은 민둥산이 되고 말았다. 사람들이 민둥산이 된 그 모습을 보고 그 산에

는 원래 초목이 없었다고 생각한다. 하지만 그것이 어찌 그 산의 본성이겠는가?

그런데 사람에게도 사랑과 정의의 마음이 없겠는가? 하지만 나무꾼들이 도끼로 나무를 베어내듯 매일 난도질을 당하면 본성이 어떻게 아름다움을 유지하겠는가? 물론 밤낮으로 치료가 이루어지고 이른 새벽의 청명한 공기가 본성이 건강하고 정상적으로 유지되도록 돕지만, 이 새벽 공기는 희미하고 그가 낮에 하는 일로 이내 파괴되고 만다. 사람의 정신을 이렇게 끊임없이 난도질하면 밤 시간에 휴식과 회복이 이루어진다 해도 그 본성을 제대로 유지하기에는 역부족이 되고, 사람은 짐승과 그리 다르지 않은 상태로 전락하게 된다. 사람들은 그가 짐승처럼 행동하는 것을 보고 그 안에 참된 인격이 없었다고 생각한다. 그러나 이것이 인간의 참된 본성이겠는가?

그러므로 적절히 양분을 주고 보살피면 모든 것은 자라고, 적절히 양분을 주고 보살피지 않으면 모든 것은 썩어버린다. 공자께서 이렇게 말씀하셨다. "주의 깊게 보존하면 얻을 것이고, 손을 놓아버리면 잃어버릴 것이다. 그것은 시시때때로 나타났다가 사라지는데 우리는 그 방향조차 감을 잡지 못한다." 공자께서 사람의 마음을 두고 하신 말씀이다.

후대의 유학자들은 인간 본성의 타고난 선량함에 대한 이 믿음을 너무나 좋아해서 유교 인본주의의 체계에 편입시켰다. 송宋

대의 신유학자들은 맹자의 엄청난 중요성을 파악하고 결국 그의 책을 어린 학생들이 배워야 할 유교 사서四書에 포함시켰다.

맹자는 군자, 즉 '신사' 대신 '위대한 사람大人'에 대해 가르쳤다. 그는 사람의 높은 자아와 낮은 자아에 관한 이론을 발전시켰다.

> 공도자公都子가 맹자에게 물었다. "다 같은 사람 아닙니까? 그런데 왜 위대한 사람도 있고 하찮은 사람도 있는 것입니까?" 맹자가 답했다. "자신의 중요한 자아를 돌보는 사람은 위대한 사람이 되고, 사소한 자아를 돌보는 사람은 하찮은 사람이 된다."

"이른 새벽공기", 이 호연지기는 베르그송(1859-1941, 프랑스의 철학자)의 엘랑비탈élan vital(생명의 도약)과 비슷하다. 맹자는 엘랑élan(도약)이 많았던 것이 분명하다. 그는 능히 "온 우주를 가득 채울" 수 있을 만한 이 호연지기가 사람에게서 빠져나가고 점차 고갈되는 것에 관심을 가졌다. 그리고 이렇게 물었다. "사람들은 손가락 하나만 기형이어도 부끄럽게 여기고 수백 리를 마다않고 좋은 의사를 찾아가 고침을 받으려 한다. 그렇다면 원래의 선한 마음을 잃어버린 사람들이 자신을 부끄럽게 여기지 않는 이유가 무엇인가?" 맹자는 더 나아가 '사람이 내린 벼슬(인작人爵)'과 구별되는 '하늘이 내린 벼슬(천작天爵)'에 대해 말했다. 아버지가 이 주제로 즐겨 설교하시던 기억이 난다. 그럴 때면 아버지는 교회 설교단에서 맹자가 말한 하늘이 내린 벼슬에 대해 눈을 빛내며 말씀하셨다.

> 맹자가 말했다. "하늘이 내린 벼슬이 있고 사람이 내린 벼슬이 있다. 친절하고 의롭고 충실하고 덕을 사랑하는 이들은 틀림없이 하늘이 내린 벼슬을 받은 이들이고, 공작·장관·기관장들은 인간이 내린 벼슬을 받은 이들이다. 옛날 사람들은 하늘이 내린 벼슬에 해당하는 특성을 갈고닦았고 인간이 만든 고귀한 지위는 저절로 따라왔다. 반면 오늘날의 사람들은 인간이 만든 명예를 얻기 위해 하늘이 내린 벼슬에 속한 특성들을 기르고, 인간이 주는 명예를 얻은 후에는 하늘이 내린 벼슬에 해당하는 요소들을 내버린다. 그러다 완전히 길을 잃고 결국 얼마 못 가서 멸망하고 만다.
>
> 맹자가 말했다. "명예로운 지위에 오르고 싶은 마음은 누구나 갖고 있다. 하지만 모든 사람이 자기 안에 더욱 고귀한 것을 가지고 있는데 그것을 알지 못한다. 사람들이 보통 지위나 명예라고 생각하는 것은 참된 명예가 아니다. 조맹趙孟(진나라의 권세가)이 귀하게 만들어준 사람은 조맹이 천하게 만들 수도 있기 때문이다.

이런 유쾌하고 고결한 낙관주의에 힘입어 맹자는 **모든 사람 안에** 위대하게 될 능력이 있다고 가르칠 수 있었다. 그는 "모든 사람이 요순(공자가 이상적인 성인으로 여긴 황제들)처럼 될 수 있다"고 말했다. 그는 그것을 이렇게 증명했는데, 같은 종류의 동식물은 본질이 동일하고, "성인과 우리는 같은 종류의 사람"이기에 따라서 성인과 우리의 본질 또한 동일하다고 했다. 맹자는 이렇게 물었다. 모든 사람이 같은 미각을 갖고 있지 않다면 어떻게 세상 사람이 유명한 요리사 역아易牙(춘추시대 제나라 환공의 요리사—옮긴이)를 최고의 요리사라고 다 한목소리로 인정하겠는가? 음악에 대한 사람들의 감각이 같지 않다면 왜 세상 사람들이 한목소리로 위대한 음악가 사광師曠(춘추시대 진나라의 악사—옮긴이)에게 찬사를 보내겠는가? 사람들이 아름다움을 알아보는 안목이 같지 않다면 왜 세상 사람들이 입을 모아 자도子都(춘추시대 정나라 소공 때의 미남—옮긴이)를 최고의 미남자라 부르겠는가? "그러므로 우리 입에는 맛있는 것을 좋아하는 공통의 미각이 있고, 귀에는 소리에 대한 같은 감각이 있고, 눈에는 아름다움을 알아보는 공통의 안목이 있다고 말해야겠다. 그렇다면 왜 우리 영혼에도 공통된 것이 있다는 사실을 인정하지 않겠는가? 그것은 이성理性과 정의감이다. 성인은 사람들 영혼에 공통적인 것을 처음 발견한 사람이다. 그러므로 쇠고기와 양고기와 돼지고기가 우리 입을 기쁘게 하는 것처럼, 이성과 정의감은 우리 마음을 기쁘게 한다." 맹자는 우리가 이성과 정의감을 타고난다고 생각했다.

맹자가 정의감을 애기할 때면 늘 도덕적 열의가 불타올랐다. 한번은 그가 어떤 임금을 방문했는데, 임금이 그에게 물었다. "노 선생님, 우리 나라에 오셨는데 어떻게 우리 나라를 이롭게 해주시겠습니까?" 맹자는 즉시 이렇게 대답했다. "폐하, 어찌하여 이익을 말씀하십니까? 자비심과 정의감도 있지 않습니까?" 맹자는 이렇게 말한 적도 있다. "나는 생선 요리도 좋아하고 곰 발바닥 요리도 좋아한다. 둘 중 하나를 골라야 한다면 생선을 포기하고 곰발바닥 요리를 먹겠다. 나는 생명도 소중하지만 의로움도 소중하다. 둘 중 하나를 골라야 한다면 생명을 포기하고 옳은 일을 행하겠다." 이런 고상한 이상주의는 유학자들에게 자부심과 명예의식을 길러준 원천이다. 솔직히 말해 이것은 상당히 높은 기준이다. 어느 나라나 그렇지만, 중국에도 부패한 관료가 많았다. 하지만 참된 유학자들은 언제나 부패한 관료들의 처신을 불신의 눈으로 바라보면서 공자가 정해준 엄격한 도덕적 기준을 지켰다.

이것의 한 가지 사례가 황제에게 '죽음의 간언'을 보내는 사간死諫이란 방법이다. 폭군의 시대에 황제가 옳은 일을 하기를 바라는 마음에 황제의 뜻에 어긋나는 간언을 올리는 학자들은 자신이 죽음을 자초하고 있음을 알았다. 예를 들어 7세기, 과대망상이 심했던 여황제 측천무후 시절에 위대한 황실 비서관이 있었다. 요즘으로 말하면 재상, 대법관, 비서실장에 해당하는 이들을 포함해 많은 고위관료들이 이미 여황제에게 반대하다 죽음을 당한 뒤였다. 유씨 성의 이 관리는 이러한 싸움을 이어갔다. 그는 황궁의 공식문서 접수처에 사간을 올렸는데, 그곳에서는 접수된 문서를 무시할 수 없도록 북을 치게 되어 있었다. 이 관리는 자신의 운명을 알았다. 그러므로 가족과 함께 마지막 저녁식사를 하고 가족들에게 최후의 지시와 유언을 남기고 침착함과 위엄을 갖춘 채 관복을 갖춰 입고 자살을 했다.

사회의 구성단위: 가족

공자가 군자, 즉 수양이 된 도덕적인 사람의 이상을 가르친 도덕 철학자에 불과했다면 중국 사회 전체에 그렇듯 큰 영향을 끼칠 수 없었을 것이다. 그러나 공자는 사회철학자이기도 했다. 그가 이루어낸 영구적인 결과로 보자면, 그는 아마 역사상 가장 성공한 사회철학자일 것이다. 그가 꿈꾼 사회질서는 2,500년 동안 중국인들에게 받아들여져 그들의 예절과 관습, 가족생활, 사회적 관습과 제사에도 영향을 끼쳤다. 공자는 도덕적인 중국을 대표했다. 그가 바로 도덕적인 중국이었고 중국 사회와 정부부터 부부 관계와 부모자식 관계를 아우르는 중국의 여러 사회제도에 형태를 부여했다. 그리스 시대 이후 오늘까지 많은 사회철학자들이 등장해 더 나은 사회를 향한 사회주의 프로그램을 내놓았다. 생시몽(1760-1825, 프랑스의 공상적 사회주의자)과 푸리에(1772-1837, 프랑스의 공상적 사회주의자)의 기획도 그런 것 중 하나였다. 그 어떤 것도 성공하지 못했다. 그중 일부는 몇 년 내에 조롱거리가 되어버렸다.* 사회주의 기획 중 적어도 하나는 여전히 남아 있지만, 인간 심리를 완고하게 무시하는 바람에 독재와 전제정치로 되돌아가는 재앙이 따라왔다. 다시 말해, 사회주의의 목표를 부정해버린 것이다. 반면, 공자는 올바른 사회질서를 꿈꾸면서 경제학은 멀리하고 인간 심리, 특히 여자에 대한 남자의 사랑과 아이에 대한 부모의 사랑을 꽉 붙들었다. 이 법칙을 무시하는 사람은 총검과 감옥을 갖고 있어도 곧 망하게 마련이다. 오늘날에도 여전히 공자는 공산 중국에서 가장 막강한 지하세계의 지도자다. 반란을 부추기는 감정이 유교적인 것이기 때문이다. 중국에서 유교가 죽었다고 말하는 사람은 어머니의 자식 사랑이 죽을 수 있다고 말하는 것이다. 시간이 흘러, 지하에 잠겨 있던 인간 감정의 홍수가 솟구쳐 터져 나올 때 그것은 정치경제적인 구호가 아니라 이런 간단한 구호를 걸고 나올 것이다. "모든 남자에게 아내를, 모든 엄마에게 자녀를 돌려주자. 모두에게 가정을 돌려주자."

분명 공자는 사회적인 꿈을 꾸었다. 그는 주공周公이 나오는 꿈을 거듭해서 꾸었는데 노년에 이렇게 말한 것을 보면 그것을

• 에머슨의 '뉴잉글랜드 생활에 대한 역사적 기록들과 편지들'에 나오는 브룩 농장Brook Farm에 대한 정말 재미있는 기록을 보라. 에머슨은 그곳을 "끊임없는 소풍, 소규모의 프랑스 혁명, 피자 굽는 냄비에서 이루어진 이성의 시대"라고 불렀다. "숙녀들은 빨래하는 날에는 감기에 걸렸다. 신사 목동들이 옷을 짜서 걸어야 한다는 규정이 있었고 그 규정을 정확히 지켰기 때문이다. 그리고 가끔 그들이 저녁에 춤을 출 때는 호주머니에 들어 있던 빨래집게가 잔뜩 떨어졌다." 모두가 할 수 있는 일을 하고 필요한 것을 받았던 푸리에식 이상주의 사회에서 가장 심각한 사회학적 문제는 이것이었다. '식탁은 누가 치우며 설거지는 누가 하는가?' 에머슨의 글은 보통 읽기가 쉽지 않지만, 이 글만큼은 읽기 쉽고 에머슨답지 않게 끊임없이 재치가 넘친다.

알 수 있다. "세상에! 내가 정말 나이가 들었나보다! 주공께서 꿈에 보인 지가 오래되었으니!" 주공은 주나라 무왕武王의 형이었고 주나라 문명의 사회 종교적 제도, 노래와 제사, 계급과 의식儀式, 마을축제, 사교의 예절과 규칙의 기초를 세웠다. 물론 주공이 그 모든 일을 다 한 것은 아니었다. 그러나 공자의 머릿속에서 주공은 춤과 음악, 의복과 수레, 사당으로 꾸며진 사회질서의 상징이었다. 주공의 시대가 공자에게는 '황금 시대', 즉 사회가 안정되고 모두가 자신의 권리와 책임을 알아 꿈같은 사회질서가 펼쳐진 시대였다. 공자는 당대의 끔찍한 사회 해체에 맞서 이런 사회질서가 회복되는 것을 보고 싶어 했다. 공자는 이렇게 말했다. "나는 창조하지 않는다. 과거에 대해 말할 뿐이다."

유교의 해설자들은 언제나 유교가 인간관계人倫에 대한 가르침, 그중에서도 '기본적인' 인간관계에 대한 가르침이라고 소개했다. 다섯 가지 '기본적인' 인간관계에 대해 각각 구체적인 덕목을 가르쳤다. 왕과 신하 사이에는 충성, 부모와 자식 사이에는 사랑과 존경, 남편과 아내 사이에는 애정, 나이가 적은 이와 많은 이 사이에는 겸손, 친구들 사이에는 정직이다. 이 모두가 모든 것을 포괄하는 큰 개념인 예禮 아래 놓이는데, '올바른 형식'을 뜻하는 예는 중국 사회질서의 원리이다. 이것은 유교가 개인행동에서는 '올바른 품행'을, 사회관계에서는 올바른 예식을 가르쳤다는 말로 요약할 수 있겠다. 이런 넓은 의미에서 유교는 성공적이었다고 말할 수 있을 것이다. 중국인들 중에는 거짓말쟁이, 도둑, 부패한 관료들도 있겠지만, 중국의 평범한 일꾼이나 농부들 중에서 좋은 인간관계와 올바른 예절을 중요하게 여기지 않는 사람, 무례하거나 버릇없는 사람을 찾기는 힘들 것이다. 사회적 알력을 부드럽게 할 수 있는 최고의 윤활유는 예절바른 모습이다. 도둑맞는 것을 좋아할 사람은 없겠지만 도둑이 "죄송합니다만, 이 양탄자 좀 빌려가야겠습니다"라고 말한다면 한결 기분이 나을 것이다. 옛이야기에서 부잣집 양탄자 주인은 도둑을 '대들보 위의 군자梁上君子'라고 불렀다.

유학자들은 공자가 인간 본성에 대한 몇몇 불가피한 심리적 진리를 포착했기 때문에 자신들이 영원한 진리를 소유했다고 주장한다. 인간의 심리, 인간의 감정이 변하지 않고 변할 수도 없다면, 이 진리들도 영원하다. 다른 학파의 교사가 뭐라고 가르치든 간에, 조만간 가족에 담긴 여러 공통적인 인간의 진리로 돌아올 수밖에 없다. 그렇게 해서 가족제도가 유교 가르침의 핵심이 되었다. 사회적 행동은 훌륭한 가정교육에 자연스럽게 따라온다. 가정에서 좋은 아이, 좋은 아들, 좋은 형제가 되는 법을 배우면, 다른 모든 선善은 더해질 것이다.

독자가 내가 풀어쓴 어떤 내용보다 원문을 직접 접하고 친숙해지는 것이 더 바람직하다는 게 나의 한결같은 생각이다. 이런 이유로 나는 공자와 그의 나라 임금 애공哀公이 나눈 긴 대화(유교 경전《예기》27장)에서 몇 개의 글을 인용하려 한다. 대화의 주제는 사회의 올바른 형식을 알려주는 대단히 폭넓은 원리 '예禮'

였다. 유교는 흔히 '예의 종교(가르침)禮教'라고 불린다.

애공이 공자에게 물었다. "위대한 예가 무엇입니까? 어찌하여 선생님은 예가 그렇게 중요한 것처럼 예에 대해 말씀하십니까?"

공자가 대답했다. "소인은 예를 이해할 만한 자가 못됩니다."

"하지만 늘 예에 대해 말씀하시지 않습니까."

공자가 말했다. "제가 배운 바는, 사람들이 삶의 기준으로 삼는 것 중에서 예가 가장 위대하다는 것입니다. 예가 없으면 우주의 신들에게 제사하는 법을 알 수 없습니다. 임금과 신하, 지배자와 피지배자, 연장자와 연소자 사이의 올바른 위치를 정하는 법, 남녀와 부모자식, 형제 간의 도덕관계를 수립하는 법, 가족 내 다양한 관계의 가깝고 먼 정도를 구분하는 법도 알 수 없습니다. 그렇기 때문에 군자는 예를 그렇게 귀하게 여기고 그 원리를 백성에게 가르치며 그들의 사회생활의 형식을 규제하는 것입니다. 이런 것들이 확립되면, 군자는 이런 제도를 굳건히 하는 권위의 상징으로 여러 휘장과 예복을 만듭니다. 모든 것이 제자리를 잡으면, 군자는 더 나아가 장례와 복상服喪 기간을 정하고, 제기祭器와 적절한 제물을 마련하고, 종묘를 아름답게 꾸밉니다. 매년 적절한 시기에 제사를 드려 문중과 가문에 질서를 가져오려 합니다. 그다음에 군자는 자기 거처로 돌아가 검소한 집에서 검소하게 입고 화려한 수레나 화려한 그릇을 쓰지 않고 백성과 동일한 음식을 먹고 동일한 즐거움을 누리는 것으로 만족하며 삽니다. 이것이 고대의 군자君

子들이 예에 따라 살아간 모습입니다."

애공이 물었다. "오늘날의 군자들은 왜 그와 똑같이 하지 않습니까?"

공자가 말했다. "오늘날의 군자들은 탐욕스럽게 물질적인 재화를 추구합니다. 쾌락에 탐닉하고 의무를 소홀히 하고 오만하게 처신합니다. 백성으로부터 빼앗을 수 있는 것은 다 빼앗고, 백성의 뜻을 외면한 채 선한 통치자들이 다스리는 지역을 침략하고, 옳은 것이 무엇인지 개의치 않고 나가서 원하는 것을 얻습니다. 이것이 오늘날 통치자들의 모습입니다. 옛 통치자들이 어떤 모습이었는지는 방금 말씀드렸습니다. 오늘날의 통치자들은 예를 따르지 않습니다."

공자는 애공과 함께 앉아 있었다. 애공이 물었다. "인간 문명에서 최고의 원리가 무엇이라 생각하십니까?" 공자는 대단히 심각한 얼굴로 대답했다. "폐하께서 이 질문을 하시다니, 백성에게 참으로 다행한 일입니다. 최선을 다해 대답해보겠습니다. 인간 문명의 최고의 원리는 정치입니다."

애공이 물었다. "정치의 기술이 무엇인지 여쭤도 되겠습니까?"

공자가 말했다. "정치의 기술은 일을 바로잡고, 만물을 제자리에 두는 것입니다."

여기서 정치와 남녀관계를 연결 짓는, 너무나 뜻밖이면서도 유교다운 대답이 나온다.

애공이 물었다. "이 정치의 기술에 대해 좀 더 자세히 말씀해주십시오."

공자가 말했다. "남편과 아내는 각기 다른 의무가 있습니다. 부모와 자식은 서로 애정이 있어야 합니다. 임금과 신하는 엄격한 규율이 있어야 합니다. 이 세 가지가 올바르면 나머지는 다 따라옵니다."

애공이 물었다. "부족한 제가 이 세 가지를 실천할 방법을 좀 더 밝혀주시겠습니까?"

공자가 말했다. "옛 통치자들은 백성 사랑을 정치의 최고 원리로 여겼고, 사랑하는 백성을 다스릴 최고 원리가 예라고 여겼습니다. 예를 기르는 데 있어서 존경심이 가장 중요합니다. 이 존경심의 최고 상징으로서 왕실의 결혼식이 가장 중요합니다. 왕실의 혼례는 존경의 최고 상징이며, 그렇기 때문에 왕은 왕관을 쓰고 왕비를 맞이하고자 신부의 집까지 직접 갑니다. 신부가 자신과 가장 가까운 관계라 여기기 때문입니다. 그가 직접 가는 이유는 그 관계가 개인적인 것이라 여기기 때문입니다. 최고 통치자는 그렇게 해서 존경심과 개인적인 관계를 함양합니다. 사랑이 없으면 개인적인 관계는 없을 것입니다. 존경이 없이는 올바른 관계가 없을 것입니다. 그래서 사랑과 존경이 정치의 근본입니다."

애공이 말했다. "드릴 말씀이 있습니다. 임금이 왕관을 쓰고 왕비의 집까지 가서 그녀를 맞아들이라고 하는 건 왕실 결혼을 너무 심각하게 만드는 것 아닙니까?"

공자는 아주 심각한 얼굴로 대답했다. "어찌하여 그런 말씀을 하십니까? 왕실 결혼식은 왕실의 혈통을 이어가고 천지와 조상 혼령과 땅과 곡식의 신들에게 바치는 제사를 관할할 후손을 낳기 위해 두 지배 가문이 결합함을 뜻합니다."

애공이 말했다. "질문을 계속하는 것을 양해해주십시오. 질문을 계속하지 않으면 이 문제에 대한 선생님의 고견을 들을 수가 없을 터라 그렇습니다. 여쭙고 싶은 것이 있는데 어떻게 표현해야 할지 모르겠습니다. 하던 말씀을 마저 해주시겠습니까?"

공자가 말했다. "아시다시피, 하늘과 땅(음양陰陽을 상징)이 결합하지 않으면 이 세상에는 생명이 없습니다. 왕실의 결혼은 왕가가 수천 대에 걸쳐 지속되게 하려는 것입니다. 어떻게 이것을 너무 심각하게 여긴다 할 수 있겠습니까?"

그다음에 공자가 말했다. "정치의 기술에서 예가 가장 중요합니다. 예를 방편으로 제사의 형식이 확립되고 한편으로는 통치자가 제사 때에 천지의 신들 앞에 설 수 있게 됩니다. 반면, 예를 통해 조정에서의 교류 형식, 지배자와 피지배자 간의 존경심이 확립됩니다. 예는 사회생활과 정치생활을 수치스러운 혼란 상태에서 회복해줍니다. 그러므로 예는 정치의 근본입니다."

공자는 더 나아가 이렇게 말했다. "옛 위대한 왕들은 언제나 합당한 원칙에 따라 아내와 자녀들에게 존경을 표했습니다. 가정의 중심인 아내를 어떻게 무시할 수 있겠습니까? 자녀가 있어야 가문이 이어지는데 자녀를 어떻게 존중하지 않겠습니까? 군자는 언제나 모든 것을 존중합니다. 무엇보다 그는 자신을 경건하게 존중합니다. 가족 계보의 가지 하나를 이루는 자신을 어떻게 감히 경건하게 존중하지 않겠습니까? 자신을 존중하지 않는 것은 가족을 훼손하는 것이며 가족을 훼손하는 것은 뿌리를 훼손하는 것입니다. 뿌리가 훼손되면 가지는 죽고 맙니다. 이 세 가지, 아내와 자녀와 자신과의 관계가 백성들 사이의 인간관계를 상징합니다." …

애공이 물었다. "'조상에게 영광을 돌린다'는 말이 무슨 뜻입니까?"

공자가 말했다. "사람이 두드러진 이름을 얻으면, 우리는 그를 '군자'라 부르고, 백성은 그를 '군자의 아들'이라 부르며 그를 따르고 높입니다. 따라서 그의 아버지는 아들 덕분에 군자라 불리게 되니 그 이름이 영광을 얻습니다."

애공이 물었다. "'온전한 삶을 산다'는 말씀의 뜻을 여쭙고 싶습니다."

공자가 말했다. "만물의 자연법칙을 따르는 것일 뿐입니다."

애공이 물었다. "군자가 하늘의 법칙을 왜 그렇게 강조하는지 여쭤도 되겠습니까?"•

공자가 말했다. "군자가 하늘의 법칙을 강조하는 이유는 그것이 영원하기 때문입니다. 예를 들어, 해와 달은 정해진 경로대로 영

• 자사를 다룬 앞부분을 보라.

원히 서로를 좇아갑니다. 그것이 하늘의 법칙입니다. 이 우주의 생명은 결코 영원히 멈추거나 계속되지 않습니다. 그것이 하늘의 법칙입니다. 만물은 아무런 수고 없이 창조되거나 만들어집니다. 그것이 하늘의 법칙입니다."

애공이 말했다. "저는 우둔합니다. 제가 기억할 수 있게 그 내용을 더 분명하고 간단하게 말씀해주시겠습니까?"

공자의 표정이 달라졌다. 그는 자리에서 일어나 이렇게 말했다. "위대한 사람은 사물의 자연법칙을 따를 뿐입니다. 효자는 사물의 자연법칙을 따를 뿐입니다. 그러므로 위대한 사람은 부모를 섬길 때도 하늘을 섬긴다고 느끼고, 하늘을 섬길 때도 부모를 섬기고 있다고 느낍니다. 그러므로 효자는 온전한 삶을 삽니다."

애공이 말했다. "선생님께 이런 말씀을 들을 수 있어서 얼마나 다행인지 모르겠습니다. 앞으로 제가 이 말씀대로 살지 못한다 해도 저를 용서해주십시오."

공자가 말했다. "저야말로 더없이 기쁩니다."

심리학적으로 가족은 사회 단위로서 만족스럽다. 가족은 반半종교적인 의미에서도 만족스럽다. 이 세상에 혼자 사는 사람은 없고 모든 종교는 인간 영혼의 외로움이라는 문제에 대처해야 하기 때문이다. 인간 영혼이 개별적이고 외롭기 때문에 모든 종교와 클럽, 협회, 교회, 국가 같은 온갖 조직들이 생겨난 것이다. 한편에서는 양주楊朱가 '자기애爲我' 또는 이기주의를 가르치고 다른 한편에서는 묵적이 '보편적인 사랑兼愛'을 가르쳤을 때, 맹자는 두 입장을 다 공격하며 인간의 사랑은 그 강조점에서 자연적인 '차등'이 있고 사랑이 실질적인 것이 되기 위해서는 존경과 애정의 자연적인 유대관계에 근거를 둬야 한다고 주장했다. 그러므로 유학자들은 사람이 어떤 사회단위 안에서 살면서 올바른 행실을 배워야 한다면, 가장 자연스러운 최고의 단위는 가족이라고 단언했다. 가족이야말로 생물학적으로 자연스러운 사회단위이기 때문이다.

물론 가족생활의 기초는 생물학적인 것이다. 가족의 토대는 공자 말씀대로 남자와 여자 사이의 기본적인 관계, 다시 말해 성性이다. 성, 즉 남녀 간의 사랑은 아름다운 것이다. 나는 성을 그렇게 본다. 남자가 태어나면 부모에게 의존하지만, 나이가 들어 십 대가 되면 독립심을 기르고 자기만으로 완전하다고 느낀다. 흔히 열두세 살 소년은 소녀에게 거의 무관심하고 소녀의 경우도 마찬가지다. 그러다 성숙한 시기가 오면 남자와 여자는 갑자기 자신이 불완전하고 외롭다고 느낀다. 그러다 구애가 이어지는데, 이것은 한 영혼이 다른 이성의 영혼을 찾는 행위일 뿐이다. 결혼이 이루어지고, 남자는 여자 안에서 여자는 남자 안에서 자신이 채워지는 것을 느낀다. 그러다 이상한 일이 벌어진다. 남녀 모두 별개의 고유한 의지를 가진 사람 또는 개인이다. 하지만 물리적으로는 별개이지만, 행복한 부부관계에서 두 사람은 점차 서로를 보완하여 하나의 완전한 존재를 이룬다. 행복한 부부관계에서는 인격의 융합, 두 의지의 결합이 나타나 서로가 곁에 있고 서로 보완해줌으로써 두 존재가 하나가 되고 완전해진다. 남자가 머리와 한 쌍의 눈을 더 달고 태어난 것처럼, 하나가 보지 못하는 곳에서 다른 하나는 보는 식으로 서로의 결점을 보완해준다. 이 과정은 매일 꾸준히 이어져 취향, 기호, 생각의 방향을 바꾸고 감정과 시야의 새로운 영역을 열어준다. 두 사람이 똑같이 생각해서가 아니라 다르게 생각하기 때문이다. 따라서 결혼한 남녀는 인생의 선물과 기쁨에서 유익을 얻는 데서나 위험을 감지하는 데서도 영혼에 창이 하나 더 달린 사람, 심령의 힘이 강화된 사람과 같다.

남자와 여자는 생각하는 것이 다르다. 여기에 남녀가 함께 생각하는 것의 가치가 있다. 남자가 여자에게 원하는 것은 그녀의 여자다움 전체이고, 여자가 남자에게 원하는 것은 그의 남자다움 전체이다. 여러 나이 든 부부에게서 서로에 대한 완전한 결합감과 소속감을 볼 수 있다. 남자의 경우보다 여자 안에서, 심지어 젊은 여자 안에서도 나는 완전한 소속감이 '사랑'과 더욱 긴밀히 연결되어 있음을 느끼는데, 이것은 여자가 더 직관적이기 때문에 성性의 총체적 의미를 더 잘 포착한다는 뜻이다. 따라서 슬플 때 위로를 얻고 성공할 때 행복을 나눈다. 이런 완전한 결합, 심지어 부분적인 결합이라도 나타나지 않을 때 불화와 갈등이 있을 수밖에 없다. 한쪽이 그런 결합을 거부하거나 자신의 의지를 상대에게 강요할 때, 혹은 결합을 이루는 데 필요한 자질을 갖추고 있지 않을 때 그런 일이 벌어진다. 그래도 공자의 말씀에 따르면, 인간 영혼의 외로움과 이성異性의 보완에서 완성을 추구하는 법칙의 작용에서 "벗어날 길은 없다." 따라서 이 타고난 외로움, 자신의 불완전성에서 벗어나야 하는 필요성은 어떤 형태로든 나타난다. 이것이 내가 말하는 남자와 여자의 성의 총체성이다. 요즘 나오는 결혼에 대한 책들을 보면 사랑의 육체적 만족이 성의 전부라고 생각하게 될 것이다. 이것이 바로 서양식 방법론의 위험인데, 삶을 별개의 부분들로 잘라내어 한 부분만 보고(모성애를 '고립시켜'놓고 그것을 유선乳腺에서 나오는 호르몬의 작용으로 못박거나 그 사실을 '입증'하는 것처럼), 어떤 주제이든 나눌 수 없고 쉽게 가늠할 수 없는 본질을 총체적으로 평가하지 못하는 것이다.

중국에서 발달한 가족제도는 특별한 사회집단이 되었다. 사람이 그 안에서 자라나고 인생 최초의 교훈을 배우고 평생 그 틀 안에서 살아갔다. 가족은 안정감을 제공했다. 여자가 과부가 되면 가족이 보살폈다. 아이가 고아가 되면 가족이 길렀다. 남자가 직업이 없으면 가족이 음식과 거처를 제공했다. 무엇보다, 사람이 나이가 들었을 때 경제적 부양 문제에 대한 아무런 고민 없이 편안하고 여유 있고 존경받는 삶을 느긋하게 기대할 수 있었다.

이런 연유로 유교는 효孝를 그토록 중요하게 여기게 되었다. 효 개념이 왜 영어로 'filial piety'처럼 길고 복잡하게 옮겨졌는지는 모르겠다. 효를 행하는 것은 좋은 아들딸이 되는 것일 뿐이다. 유교는 삶의 동기를 부여해주는데, 추상적으로 좋은 사람이 되라는 것이 아니라 좋은 아들, 좋은 형제, 좋은 삼촌, 좋은 할아버지가 되라고 구체적으로 가르친다. 그러나 무엇보다, 사람은 아이로 인생을 시작하니, 가정에서 좋은 아들이 되는 문제가 가장 중요해진다. 어린 시절에 사람의 습관이 형성되고 다른 사람들에 대한 일반적인 태도도 확립되기 때문이다. 반항적이고 다른 사람을 배려하지 않고 올바른 사회적 행동의 형식을 존중하지 않는 사람도 있고, 다른 사람을 배려하고 존경하며 사랑해야 할 이들을 존경하고 사랑하는 사람도 있다. 공자는 집에서 착한 아들이 국가에서 선량한 시민이 된다고 생각했다. 질서와 규율, 의무와 충성에 대한 감각을 어린 시절 집에서 체득했기 때문이다. 유교 철학은 가정에서의 이런 습관과 태도가 사회 일반으로 확장된다고 거듭 강조하고 있다. "집에서 어르신을 존경하고 더 나아가 사회의 어르신들을 존경하라. 자식을 사랑하라. 그러면 다른 이들의 자녀들도 사랑할 수 있게 될 것이다"(맹자). filial piety를 쉬운 영어로 말하자면 'good breeding(올바른 품행)'을 뜻한다. 젊은이의 올바른 품행, 사회에서 사람들과 어울릴 때의 예절, 습관과 풍습의 형성, 몇 가지 기본적인 인간관계에 대한 강조. 이것들이 처음부터 끝까지 유교 사회철학의 씨실과 날실을 이루는 핵심요소다.

지배계급

유학자들은 고대 중국의 지성인 귀족계층이 되었고, 유능한 관료 선발을 위한 과거제도를 통해 중국의 지배계급이 되었다. 유학자들이 계급을 이루었고 학식 있는 귀족이라는 계급의식을 갖추었다. 과거제도에 대해서는 할 말이 많다. 이발사와 백정의 자식을 제외하고 누구나 과거에 응시할 수 있었고 과거 합격자는 조정에서 상을 내리고 전국적인 명성을 얻었다. 과거제도는 중국에서 시행한 특별한 제도였다. 최고의 문사文士를 뽑기 위한 몇 차례의 경쟁이 치러지는데 특혜와 부정을 막기 위한 엄격한 통제조치가 이루어졌다. 첫째로 지방시험(현시縣試)이 있었다. 자격을 갖춘 응시자들이 이중으로 점검되는 시험을 치렀는데, 운이 좋아 통과하는 사람이나 재능이 있는데 떨어지는 사람이 없도록 지방 감독관이 책임지고 살폈다. 재능 있는 문사들을 찾기 위해 젊은 학자들에게 장학금을 걸거나 해서 응시를 권장했다. A와 B 등급을 받은 이들[말하자면 대학 졸업생들. 프랑스의 리쌍스(학사학위) 소지자, 독일의 김나지움 졸업자에 더 가깝다]은 향시鄕試에 응시할 자격을 얻었는데, 향시는 3년에 한 번씩 열렸다. 주시험관은 신중하게 선출된 다른 열여덟 명의 감독관의 도움을 받아 시험 감독을 맡도록 수도에서 직접 임명된 관리였다. 수도에서 파견된 시험 감독관은 응시자들에게는 생사여탈권을 가진 사람과 같았다. 이 시험에 합격한 이들(석사학위 소지자에 해당)은 수도에서 치르는 국가시험에 응시할 자격을 얻었는데, 이 시험은 회시會試('마지막 시험')라 불리기도 했고 전국의 모든 재사才士가 다 모여 경쟁한다는 뜻에서 대비大比('대경쟁')로도 불렸다. 회시는 3년에 한 번 가을에 수도에서 열렸고, 그다음 해 봄에는 황제가 직접 감독하는 궁전시험殿試이 열렸다. 여기서 급제자들은 진사進士(박사학위에 해당)가 되었는데 A, B, C 세 등급으로 구분되었다. 진사는 생활의 기반이 잡힌 것과 같았다. 석사와 학사에 해당하는 과거 급제자도 유교의 학자 서열에서는 분명한 자리를 차지했다. 급제 연도는 사람의 생애에서 가장 중요한 날이었다. 중국인의 전기에서 출생과 사망 일시는 없는 경우가 많지만, 석사나 박사학위 취득 연도에 해당하는 급제 연도는 빠지지 않았다.

진사들이 치르는 전시에서 1등을 한 사람은 '전국 최고의 문사', 즉 장원壯元이 되었다. 장원이 되는 것은 모든 뛰어난 학자의 꿈이었다. "죽은 진사보다 산 거인擧人(석사학위에 해당)"이라는 생생한 문구에 이런 심정이 잘 담겨 있다. 거인擧人으로 있는 동안에는 장원이 될 희망이 남아 있지만, 진사가 되고 나면 그 희망은 사라진 것이기 때문이다. 시험 감독은 매우 엄격했다. 매 시험마다 응시자의 신체수색이 이루어졌다. 지방시험을 치르는 동안에는 3일 동안 작은 방에 갇혀 있었고 음식은 가져온 것으로 먹었지만 뜨거운 음료는 제공이 되었는데, 변소에 갈 때도 감시를 받아야 했다. 전국시험에서는 감독관들도 궁전에 갇혀 있어야 했다. 궁전시험은 궁전 정전에서 열렸고 시험관들은 채점이 끝나고 결과 발표가 날 때까지 외부세계와 연락하는 것이 금지되었다. 최소한 몇 주 동안 바깥세상과 완전히 고립된 채 지내야 했다. 시험 답안지를 관리하는 부서가 넷이었다. 답안지 접수 등록을 맡는 부서, 응시자의 이름을 일련번호로 고치고 봉인하는 또 다른 부서, 응시자의 필체를 알아보고 특혜를 주는 일을 피하기 위해 붉은 글씨로 답안지를 베껴 쓰는 세 번째 부서, 붉은색으로 베껴 쓴 답안지와 검은색 원본 답안지를 대조하는 네 번째 부서가 있었다. 주시험관은 교육부 장관禮部尙書이나 한림원 원장이 맡았고, 차관들이나 황제가 친히 뽑은 고위관료들이 그를 보좌했다. 끝으로, 심사위원들이 이렇게 해서 '금방金榜'에 들어간 급제자들의 명단에 합의했다. 장원 후보가 되는 상위 열 개의 답안지를 뽑아 해당 답안 작성자의 이름을 밝혀 황제에게 제출한다. 그다음 황제는 상위 열 명을 상대로 구술면접을 하여 그들의 외모와 지성, 성품과 대답 능력을 적고 가장 뛰어난 삼등까지 등수를 매겼다. 끝으로 결과 발표가 나오고 황제가 직접 장원을 꾸며주고, 때로는 그에게 공주를 아내로 주었으며, 관을 씌우고 흰말에 태워 수도 거리를 행진하게 했다.

이 모두가 고대 중국에서 지배계급, 지성인 귀족계급, 학문을 존경하는 분위기의 형성과 관련이 있었다. (과거제도는 8세기 당나라에서 시작되었고 이후 여러 왕조에서 조금씩 변화가 있었다.) 지배계급은 물론 모두 유학자였고, 그들은 유교의 규율을 다른 이들보다 더 엄격하게 지켜야 했고 법정에서 체형이 면제되었다. 대체로 중국사회는 학문과 이성의 우월성을 믿고 그 힘과 책임을 인식하는 지성인 귀족들의 사회였다.

라이프니츠, 볼테르, 디드로 등 18세기 유럽의 합리주의자들은 예수회의 보고를 통해 이런 사실을 접하고 열광했다. 유교 인문주의는 유럽의 계몽주의 철학자들에게 상당한 영향을 끼쳤다. 이들은 과학의 진보를 믿었고 이성으로 인간 사회의 질서를 만들어갈 수 있다고 믿었다. 유교가 다스리는 중국은 그들에게 그런 사례를 대표하는 것처럼 보였다. 라이프니츠의 단자單子, monad와 예정조화 개념은 신유학파의 개념에 직접적인 영향을 받지는 않았더라도 상당히 유사하다. 그는 실생활을 강조하고 사회적으로 유익한 활동을 하기 위한 교육을 강조하는 유교의 가르침에 감탄했다. 라이프니츠는 이 유교 사상체계에 넋을 잃었다. 그는《최신 중국학*Novissima Sinica*》서문에 이렇게 썼다. "내가 볼 때 우리의 상태는 도덕의 부패가 너무나 심각하게 진행되었기 때문에, 우리가 그들에게 선교사를 보내어 계시신학을 가르치듯 중국의 선교사들이 우리에게 파송을 받아 자연신학의 목표와 실제를 우리에게 가르쳐야 할 것 같다는 생각이 들 정도이다. 지혜로운 사람이 어느 여신이 아름다운지 뽑는 것이 아니라 어느 나라 사람들이 선한지 판단하는 재판관이 된다면, 그는 황금사과를 중국인들에게 줄 것이다.• 물론 우리가 초인적인 선을 베푼다면, 즉 하나님이 내리신 기독교라는 선물을 그들에게 전해주는 더욱 고귀한 일을 한다면 얘기가 달라질 것이다."

생활 전반에서 교권의 개입에 반대하고 초자연적인 신학을 거부하며 이성을 신뢰했던 볼테르도 《풍속에 관한 시론》과 《철학사전》에서 중국에 대해 방대한 내용을 썼다. 다른 여러 이야기 중에서 그는 이런 말도 했다. "중국인들의 제국이 실제로 세계 역사상 최고의 조직이고 부권父權에 근거해 세워진 유일한 국가 조직임을 알게 된다고 해서 중국인들의 장점에 부담을 느낄 필요는 없다." 볼테르는 중국을 실제보다 더 나은 모습으로 상상한 것 같지만, 만약 그가 강희제康熙帝(1654-1722)나 건륭제乾隆帝(1711-1799) 치하의 중국에 살았다면 그의 생각은 옳았을 것이다. 그는 이렇게 물었다. "우리 유럽의 군주들은 그런 사례에 대한 이야기를 들을 때 어떻게 해야 할까? 흠모하고 얼굴을 붉혀야 하겠지만, 무엇보다 본받아야 할 것이다."

디드로는 《백과전서》에서 이렇게 말한다. "만장일치의 동의에 이르는 재주가 있는 중국인들은 지식, 예술, 지혜, 정책, 철학적 소양에 있어서 아시아의 다른 모든 민족보다 우월하다. 일부 저자들의 판단에 따르면, 그들은 이런 문제들에서 유럽의 가장 계몽된 민족들과 우열을 다툴 만하다." 건륭제 치하의 평화롭고 예술이 꽃피던 시기에 그 말은 참으로 옳았다.

• 트로이의 왕자 파리스는 헤라, 아테나, 아프로디테 중에서 가장 아름다운 여신에게 황금사과를 건네는 일을 맡는 심판이 되었다 – 옮긴이.

로코코 시대(18세기)에 중국은 이성의 땅으로 제시되었고 중국 것을 떠받드는 유행이 생겼다. 1701년 라이프니츠의 베를린 과학협회는 누에를 먹이기 위해 뽕나무를 심어도 좋다는 허락을 받았다. 18세기 영국의 정원에서는 중국식 조경이 유행했다. 사회적으로는 남자들이 변발을 했고(조지 워싱턴의 경우처럼), 색깔을 넣어 수놓은 비단옷을 입었고, 일부 조신朝臣과 그 부인들이 가마를 타고 다녔다.•

이성의 시대를 뒤이은 다음 세기에 기계론적 유물론이 나타나 득세하지 않았다면 유럽 사상이 어떻게 흘러갔을지 추측하기는 어렵다. 중국의 유산과 유럽의 유산(그리스 철학, 스콜라주의 신학, 갈릴레오, 베이컨, 데카르트 등)은 달랐고 다른 식으로 발전했다. '뇌에 칼을 품고' 태어난 서양인들은 너무나 날카로운 논리의 무기를 휘둘러 접촉하는 거의 모든 것을 잘라내고 온전한 진리를 훼손했다. 초자연적인 종교는 기반을 잃었지만 스콜라철학적인 정신의 습관은 남았다. 인간은 스스로를 해부하여 인간을 연구하기 시작했다. 그는 유치한 사이비 과학적인 유물론의 괴물들을 만들어냈고 그 후 정작 자신은 밀려나버렸다. 그러나 적어도 한 가지 점에서 동양과 서양은 일치했다. 합리주의에 이어 낭만주의가 나타났던 것이다. 중국에서 유교의 합리주의와 점잖음과

• Adolph Reichwein, *China and Europe*(Kegan Paul, 1925) 참조.

'예절'에 대한 낭만주의적 반동은 노자와 장자의 도교 형태로 찾아왔다. 낭만주의는 황량한 이성에 맞서 꼭 필요한 심리적 반동이었다. 이성이 지긋지긋해질 수 있다. 유능한 집사와 하녀들이 열심히 쓸고 닦아 티 하나 없이 깨끗하고 잘 정돈된 대저택이 평범한 어린아이에게는 지루한 곳이 될 수 있는 것처럼, 다들 늘 이성적으로 행동하는 합리적인 사회는 어른에게 대단히 지루한 곳이 될 수 있다. 사람은 감정이 있고 때로는 그럴듯한 꿈도 꾼다. 그러므로 합리주의 다음에는 낭만주의가 와야 했다.

중국의 합리주의에 해당하는 내용은 세계의 모든 합리주의 철학과, 미래 사회를 위한 어떤 기획에도 그대로 해당한다. 생활과 사회를 조직화하자. 하지만 지혜로운 사람은 생활과 사회가 지나치게 조직화되지 않도록 손을 쓸 것이다. 모든 중국인이 유교적인 의무를 다하고 이성의 빛에 비추어 모든 조치가 취해졌다면 중국은 2천 년 동안 살아남지 못했을 것이다. 유교의 경우와 달리 기계론적 방법론을 채택하는 모든 유물론 철학은 반드시 유교의 합리주의보다 더 멀리 나아가 생산자와 생산물을 수행된 작업 단위의 관점에서 볼 것이다. 기계론적 정신은 기계론적 우주를 만들어낼 것이고 더 나아가 개미와 벌 같은 순전히 합리적인 사회 모델에 근거해 인간의 삶을 조직화하고 나설 것이다. 그렇게 해서 생겨나는 마르크스주의 사회에서는 생산만이 신神이고 인간 개개인은 그 앞에서 희생될 수밖에 없다. 공산화된 중국 사회의 모습은 벌써 벌들의 세계에 근접하고 있다. 나는 서구 사회에서도 기계적인 정신의 소유자들을 많이 본다. 이 문제는 유물론을 다루는 장에서 다루겠다. 중국으로선 다행히도, 중국인들은 늘 절반의 시간에는 도가道家였다.

林語堂

4

From Pagan to Christian

도교의 산봉우리

From Pagan
to
Christian

에머슨은 이렇게 말했다. "아리스토텔레스와 플라톤은 각기 두 학파의 우두머리로 인정을 받는다. 지혜로운 사람이라면 아리스토텔레스가 플라톤의 그늘 아래 있음을 알아볼 것이다. … 아무리 시대를 거슬러 올라간다 해도 현상계 너머를 보는 시각을 배제할 수는 없다." 독자들은 3장에서 내가 유학자들에게 현상계 너머를 보는 시각이 전혀 없는 것이 아니었음을 보여줌으로써 공자를 '관념화시켰다'고 말할 수 있을 것이다. 육구연陸九淵(1139-1192, 남송南宋의 유학자)의 신유학파는 칸트와 헤겔보다 7세기나 앞서 철저히 '초월적인 관념론'을 발전시켰다. "하늘과 땅이 무너진다 해도, 우주적인 이성은 여전히 제자리를 지킬 것이다."

나는 《도덕경道德經》으로 유명한 노자에 대해 글을 쓰거나 강연을 앞두고 있을 때마다 제대로 된 마음가짐을 갖추기 위해 에머슨의 글을 읽는다. 두 사람의 표현방식이나 문체가 비슷해서 그런 것은 아니다. 번역하면 말 그대로 '늙은이'가 되는 노자老子의 글에는 역설이 가득하다. 에머슨의 글에서 역설은 가끔씩만 등장한다. 에머슨의 금덩이들은 긴 단락들로 펼쳐지는 투박한 돌멩이들 사이에 박혀 있다. 노자는 5천 단어 분량으로 탁월하게 압축된 글에 신탁 같은 지혜를 담아냈다. 이제껏 하나의 철학을 그보다 짧은 글로 구현해내고, 한 나라의 사상에 그만큼 큰 영향을 끼친 사상가는 없었다. 에머슨의 에세이 〈원圓에 대하여〉, 〈보상에 대하여〉에 도교의 사상이 많이 들어 있기는 하지만, 에머슨과 노자가 펼친 사상의 내용에 유사성이 많아서 그런 것이 아니다. 에머슨의 글을 읽으면 노자를 읽을 때처럼 대학 시절에나 느낄 법한 영혼의 흥분을 맛보게 된다. 늘 뇌리에 맴도는 에머슨의 말이 있다. "나는 의심의 주체이자 대상이다." 정신은 통상적인 실증적 지식의 영역 너머에 있는 무엇인가를 찾아 어딘가를 더듬는다. 그것은 달빛 아래, 미지의 세계에서 불어오는 뜨거운 바람을 맞으며 아열대 산호초에 오르는 기분과 같다. 에머슨의 글을 읽는 것은 농부가 밭고랑을 곧게 파는 모습을 멀찍이서 지켜보는 것과는 다르다. 그것은 위대한 조각가가 불꽃을 튀겨가며 화강암에다 문장을 하나하나 새기는 모습을 바로 옆에서 지켜보는 일에 가깝다. 몽테뉴(1533-1592, 프랑스의 철학자, 문필가. 대표작 《수상록》)의 글을 읽는 것은 농부가 일하는 모습을 멀리서 지켜보는 것과 같다. 그의 글을 보다 다칠 염려는 전혀 없다. 하지만 에머슨에게 너무 가까이 다가가면 파편이 튀어 얼굴이 따끔거린다. 독자가 창조적인 과정에 참여하고 있다는 느낌을 받게 된다. 그가 다음번에 어디를 때릴지 조심해서 지켜봐야 한다. 그리고 뜻밖에도 독자는 자신의 마음이 새로운 방향으로 출발하는 것을 발견하게 된다. 존 제이 채프먼(1862-1933, 미국의 소설가)도 에머슨과 비슷한 특성을 가지고 있다. 에머슨은 흥분한 독자를 진정시켜주지 않는다. 그래서 그의 글은 오래 읽을 수가 없다. 흥분과 진정이 공존하는 글이 보고 싶을 때 나는 산타야나의 《잉글랜드에서의 독백*Soliloquies in England*》을 본다.

나는 노자를 읽을 때의 느낌을 전달하기 위해 이 모든 얘기를 끄집어냈다. 노자를 읽을 때 바로 그런 느낌이 든다. 도교 사상의 가장 위대한 해설자 장자의 글도 그렇다. 도교 사상에는 적절한 생각과 개념이라는 것을 날려버리는 사상체계가 들어 있다. 공자는 대단히 견실한 사람이다. 그의 관심사는 좋은 아버지, 좋은 아들 등 인간관계의 모든 의무를 다하는 것과 사람을 좋은 시민으로 붙들어놓는 온갖 미덕이다. 모두가 양식 있는 처사라는 점, 인정한다. 하지만 착실한 시민들이 너무 착실해지면 일체의 생각과 기발한 상상, 진리의 통찰 따위와 완전히 작별할 위험이 있다. 좋은 아버지, 좋은 아들, 그 이상은 아무것도 바라지 않는 죽어버린 영혼이 느껴지지 않는가? 모든 빚을 갚고 아이들을 최고의 대학에 보내고 나면 '나는 누구인가? 나는 어떤 사람이 되었는가?' 같은 질문도 함께 사라지는가? 그는 참으로 만족하는가, 아니면 내면 깊은 곳 미지의 영역 어딘가에서 의심이 솟구치는가? 나는 의심의 주체이자 대상이다. 나는 누구인가? 우주는 어떻게 시작되었을까? 보이는 세상 너머에는 무엇이 있을까? 아무리 충실한 의무감을 가졌다 해도, 사람은 가끔 저 너머를 탐험하고, 어두운 허공 속으로 뛰어들고, 신에 대한 한두 가지 질문을 던지고 싶은 마음을 남몰래 느낀다. 공자는 귀신이나 신과 멀찍이 거리를 유지했다. "어떻게 살아야 하는지도 모르거늘 죽음을 어떻게 알겠느냐?" 공자가 남긴 분별 있는 말이다. "뭔가 알 때는 아는 것을 붙들고, 모를 때면 모른다고 인정하라. 그것이 지식이다." 그러나 이 '알 수 있는' 지식의 한계를 뛰어넘고, 고통과 고뇌, 어쩌면 좌절의 위험까지 감수하면서 알 수 없는 것을 추구하는 사람에게 그런 진술은 만족스러울 수가 없다. 내 경우도 그러했다.

"그대 마음을 깨끗이 씻게!" 노자가 조언을 구하러 온 젊은 공자에게 했다는 말이다. 이 말은 노자가 중국 사람들, 생각하는 중국인들에게 준 조언이었고, 그들에게 꼭 필요한 조언이었다! 흔쾌히 자신을 씻고 깨끗이 하여 자비와 의 같은 미덕들을 몰아내라. 그러면 구원을 받을 것이다. 예수께서도 사실상 동일한 말씀을 하신 바 있다. "너희 의가 서기관과 바리새인보다 더 낫지 못하면 결코 천국에 들어가지 못하리라"(마태복음 5:20). 가끔 그렇게 자신을 싹 씻어 선량한 시민의 독선적인 미덕을 몰아내고 영혼을 깨끗하게 하여 다시 시작할 수 있다. 에머슨은 이렇게 말한다. "나는 모든 것을 불안정하게 만든다." 더 나아가 이렇게도 말한다. "사람들은 안정되기를 바란다. 하지만 안정되지 못한 상태에서만 그들에게 소망이 있다." 위대한 사상가치고 사람의 마음을 '불안하게' 만들지 않는 이, 가치체계를 뒤집어놓지 않은 이는 없었다. 스승의 말이 제자의 자신만만하고 안일한 개념들과 자기만족을 불안하게 뒤흔들수록 스승의 영향력은 더 커진다.

노자의 영향력이 컸던 이유는 유교의 실증주의와 상식이 남겨놓은 빈자리를 그가 채웠기 때문이다. 사람의 정신, 또는 지성으로 판단하건대, 노자는 공자보다 깊이가 있다. 중국이 공자만 배출하고 그와 상반된 사상가 노자를 낳지 못했다면 나는 중국 사상을 부끄럽게 여겼을 것이다. 아테네에 아리스토텔레스뿐만 아니라 플라톤도 있었던 것이 반가운 이유와 같다. 철학자로서 플라톤은 더 위험하고 사변적이고 아리스토텔레스는 더 확실하고 논리적이지만, 한 나라에는 둘 다 필요하고 둘 다 쓸모가 있다. 동생 마리아는 요리가 서툰데다 옷차림도 단정하지 않았겠지만, 집 안에는 마르다와 마리아가 모두 있어야 한다.

도교와 유교는 중국 영혼의 두 측면일 뿐이다. 이 사실은 중국인들에게 훌륭한 상인의 기질이 있는데도 '상업국가'를 이루지 못한 이유를 알려준다. 중국인들이 철학적이 된 것은 누구 때문인가? 공자가 아니라 노자 때문이다. 누가 중국의 대중사상에서 회자되는 최고의 잠언들을 내놓았는가? 공자가 아니라 노자다.

나는 중국인들이 철학적이고 인생을 경쾌하고 낙천적으로 받아들인다는 것을 안다. 공자는 인생을 경쾌하게 받아들이라고 가르치지 않았고 독일인처럼 분명한 목적을 추구하며 심각하고 진지하게 살라고 가르쳤다. 하지만 중국인들의 영혼에는 노자에게서 나온 동경, 입 다물고 꾹 참는 엄청난 힘, 권위를 조롱하면서도 받아들일 줄 아는 여유, 아무리 강력해 보이는 폭군이라도 견디고 더 오래 살아남기로 결심하는 강력한 무저항 정신이 있다. 세계 최초의 위장어법 철학자인 노자가 부드러운 물의 힘을 가르쳤기 때문이다. 동경하는 눈빛, 반쯤 감긴 눈, 무심하고 차분한 어조로 말하는 진정한 철학자의 풍모. 사람들은 '중국인'을 생각하면서 이 모두를 연상했는데, 다 맞는 말이다. 이 모두가 도교다. 그런데 짚고 넘어갈 것이 있다. 사람들이 '중국인'을 생각하며 떠올리는 무심하고 활기 없는 눈빛이 반드시 철학적인 것은 아니라는 사실이다. 어떤 사람은 차이나타운 모퉁이에 시간이 멈춘 듯 가만히 서 있는 중국인들을 보면서 분주한 세상의 움직임을 무심하게 바라보는 철학적인 민족이라고 생각하는데, 사실은 그렇지 않다. 그 눈빛은 그저 영양실조 때문에 생긴 것일 가능성이 높다. 심신의 움직임이 둔해진다고 해서 철학자가 되지는 않는다.

앞서 말했다시피 도교와 유교는 중국 영혼의 두 측면에 불과하다. 행동과 행함과 믿음의 측면이 있다면, 존재의 측면, 회의하고 호기심을 발하는 또 다른 측면은 삶에 꿈 같은 특성을 부여한다. 이것은 좋은 일이다. 맹자는 "불쌍히 여기는 마음惻隱之心이 모든 사람 안에 있고, 옳은 것을 아는 마음是非之心도 모든 사람 안에 있다"고 말했지만, 경이감도 모든 사람에게 있다. 생각할 권리가 있는 것처럼, 사람에게는 경이감을 느낄 권리가 있다. 궁금하게 여겨도 아무 결과를 얻지 못하고, 그 너머에 놓인 것을 이해하지 못할 수도 있다. 그러나 이 경이감을 느끼는 것 자체가 해방의 경험이다. 강아지도 주인이 하는 일을 보고 신기하게 여기는데, 인간이 푸른 하늘 저 너머를 보고 경이를 느끼지 않겠는가? 아무것도 궁금해하지 않는 것보다는 궁금증을 품었다가 아무 결론에 이르지 못하는 쪽이 낫다.

도교는 경이감에 사로잡히고 해방을 맛보아야 할 필요성에 답하고, 장자의 말대로 사람의 정신을 해방시키고 "무하유無何有, Nowhere의 영역에서 노닐" 권리를 부여한다. 올리버 크롬웰은 멋진 말을 했다. "사람은 자기가 어디로 가고 있는지 모를 때 가장 높이 올라간다." 크롬웰의 말에는 장자의 향기가 풍긴다.

도교와 유교는 중국인의 영혼에 교대로 나타나는 두 정서이다. 모든 중국인은 성공할 때는 착실한 유가에 속하다가, 곤란을 겪거나 어려움과 실패로 괴로워할 때는 도가에 속한다. 사람이란 성공할 때보다 실패할 때가 더 많고 겉보기에 성공한 사람들도 한밤중에는 은밀한 의심에 시달리는 법이므로, 유교보다 도교의 영향이 더 빈번하게 작용한다. 공직에서 쫓겨난 관리는 온천으로 가서 자녀들과 놀며 스스로에게 이렇게 말한다. "난 다시 자유로워졌다! 멋지구나. 이렇게 사는 게 바로 신의 뜻대로 사는 거야." 이 관리가 정부 부처에서 중요한 직무를 맡고 있을 때는 아마도 불면증에 시달렸을 것이다. 이제 그는 도교적 우주의 품 안에서 편히 쉰다. 내가 다른 책에서 설명한 상황이 벌어지는 것이다. "관리들은 공자를 좋아했고 문인과 시인들은 장자와 노자를 좋아했다. 문인과 시인들이 관리가 되면 겉으로는 공자를, 속으로는 은밀히 노자와 장자를 좋아했다."

✣✣✣

전승에 따르면 노자는 공자와 같은 시대 사람으로 스무 살 정도 위였던 것 같다. 공자와 같은 시대에 석가모니 부처도 살았다.

노자	기원전 570(?)-(?)
석가모니	기원전 563경-483
공자	기원전 551-479

동양 사상의 위대한 창시자 세 사람이 같은 세기에 거의 십 년 간격으로 태어났다. 출생연도 이야기가 나온 김에 말하자면, 장자는 맹자, 플라톤과 같은 시대 사람이었다. 장자와 노자의 관계는 맹자와 공자, 플라톤과 소크라테스, 사도 바울과 예수의 관계와 같았다. 세 경우 모두 스승은 글을 거의 또는 전혀 남기지 않

았고 한 제자가 나타나 엄청난 양의 뛰어난 글을 거침없이 써냈다. 그들의 생존연대를 비교하면 다음과 같다.

묵적	기원전 501경-416
소크라테스	기원전 469-399
플라톤	기원전 427(?)-347(?)
아리스토텔레스	기원전 384-322
맹자	기원전 372-289
장자	기원전 335경-275

장자와 맹자는 양梁나라와 제齊나라의 같은 임금들과 이야기를 나눴지만, 저작에 서로의 이름을 남기지는 않았다. 세기별로 거칠게 나누면 사상가들은 등장 시기는 이렇다.

노자, 석가모니, 공자	기원전 6세기
묵적, 소크라테스	기원전 5세기
플라톤, 아리스토텔레스, 맹자, 장자	기원전 4세기

노자와 장자에 대해서는 알려진 바가 거의 없다. 노자는 관리 집안 출신이었고 주周나라 황실의 공식기록물 관리자였다. 중년의 어느 시점에 그는 해당 직책에서 물러났다. 전승에 따르면, 노자가 은퇴한 후 중국 중서부로 가는 길에 중요한 관문을 지나

게 되었는데 그의 추종자였던 관문 책임자가 후세를 위해 지혜를 남겨달라고 청했다. 그렇게 해서 나온 책이 유명한 《도덕경》이다. 그는 백 살까지 살았는지도 모른다. 어떤 기록에 나와 있는 대로 백육십 살까지 살았는지도 모르고, 후대에 비술秘術, occultism을 받아들인 도교 신자들의 주장대로 몸 그대로 승천해 '불멸'의 존재가 되었는지도 모른다. 우리가 아는 바는 검은 소를 타고 관문을 통과하던 모습이 전부다. 하지만 그의 후손들은 《사기史記》에 세대별로 죽 밝혀져 있다.

공자와 맹자가 같은 산둥 출신이었던 것처럼, 장자와 노자도 그렇다. 그들은 현대의 하남河南 호북湖北 지방에 해당하지만 당시에는 고대 중국의 '남부'로 여겨졌던 양쯔강 북쪽 초나라 출신이다. 장자는 물리적 우주에 대한 위대한 사변을 펼친 유명한 궤변론자 혜시惠施와 몇 차례 멋진 논쟁을 펼쳤고 몇몇 왕과 이야기를 나누었다. 그는 한때 "칠원漆園의 관리"였다. 초나라 왕이 높은 벼슬을 제안했지만 그가 거절하면서 자기를 돼지처럼 잘 먹이고 살을 찌워서 제사상에 올리려는 것이냐고 물었다고 한다. 장자의 자질과 기질을 아는 사람은 그 말에 놀라지 않는다. 이런 일화가 있다. 장자가 결혼을 했는데 아내가 죽었다. 아내의 관이 방 한구석에 놓여 있는데 제자들이 위로한다고 와 보니 스승이 대야를 두드리며 노래를 부르고 앉아 있었다. 도대체 어떻게 된 일이냐는 제자들의 질문을 받고 장자는 죽음에 대한 위대한 가르침을 전했다. 생사의 문제는 장자를 사로잡았고 그의 철학의 중요한 일부가 되었다. 여기에 대해서는 곧 살펴보기로 하자.

우선은 노자와 장자와 관련한 중국학자들의 비판적 연구에 대해 몇 마디 하고 싶다. 최근 일부 학자들은 노자가 공자와 같은 시대 사람이 아니라 여러 세기 후, 아마도 기원전 3세기나 2세기 사람일 거라고 주장했다. 《장자》에 실린 33편의 글 가운데 7편까지만 그의 작품이고 나머지 〈외편外篇〉은 위작일 가능성이 있다는 내용의, 불분명하게 '떠도는 의심'도 있다. 지난 20년간 노자가 어느 시대 사람인가를 주제로 학자들은 30만 단어가 넘는 분량의 글을 써댔다. 그 허튼소리의 분량은 정말 놀라울 정도이다.

내가 이 부분을 거론할 필요가 있다고 느낀 이유는 이들의 말이 텍스트 일반의 진위를 논함에 있어서 진정한 비평의 수준에 미치지 못하고 서구의 중국학자들을 오도할 만한 부정확한 표현이 많이 등장했기 때문이다. 아주 사소한 구실만 있어도 위작이라고 주장하는 것이 유행이 되었고, 일부 학자들은 몇몇 문장이 삽입된 것과 글 전편의 위작을 구분하지 못하는 지경에까지 이르렀다. 공자를 공경하는 마음이 지나쳐 그렇게 되는 이들도 있고, 편파적인 추론에 몰두하면서 근거를 제시하기보다 학식을 과시하는 이들도 있다. 무엇보다, 이 '비평'의 유행은 한학파漢學派•의 협소한 분파주의와 관련이 있다. 그러면서 어떤 텍스트에서 일관성 없는 부분, 부정확한 대목, 시대착오적인 내용(필사되던 옛날 책에서는 이런 부분이 흔했다)을 찾아내어 이것도 '위작'이라고 선언하는 것이 학자들 사이에서 유행이 되었다. 이런 노력들은 1900년 무렵에 위대한 개혁가였던 캉유웨이康有爲(1858-1927, 청말 혁신파의 대표자)가 허튼소리를 내세우는 것으로 절정에 이르렀다. 그는 두 권의 책을 써서 유교의 모든 경전은 위작이고 공자야말로 최고의 위작가라고 주장했다. 그의 제자였던 유명한 학자 량치차오는 그 전통을 민국시대民國時代(1912-1949년. 국민당이 중화민국을 수립하면서 시작된 시대)까지 끌고 왔다. 노자가 공자보다 훨씬 이후의 사람이자 장자보다도 후대 사람이라는 대단히 독창적이고 매력적인 이론을 처음 제시한 이가 그였다. 이 주장은 사람들을 깜짝 놀라게 했고 '좋은 화젯거리'가 되었다. 그러나 그의 주장이 사실이라면 장자가 어떻게 후대에 태어난 사람에 대해 그의 저작에서 거듭거듭 말할 수 있었는지는 밝혀지지 않았다. 아, 그럼 노자는 장자가 만들어낸 인물이었을 수도 있겠고, 장자의 작품이 기원전 3세기에 만들어진 위작일 수도 있겠다. 여기에서 온갖 현학적인 주장들이 뒤따라 나온다. 이런 식의 부정확한 이야기는 아무 도움이 안 된다. 그런데 이런 위작선언의 중요한 점은, 어떤 문서를 허위로 규정하고 내치는 주장이 학문적으로 우월하게 들리면서 일종의 '전문가'까지 생겼났다는 것이다. 이 일이 소위 "유행"이 되었고 정당한 것으로

•유교 경전의 해석과 고증에 치중한 학파. 유학의 이상과 형이상학적인 문제를 다룬 송학파宋學派와 대비된다—옮긴이.

받아들여졌다. 모두가 "최신 유행에 발맞추고" 싶어 했다. 예를 들어 평유란馮友蘭(1895-1990, 철학자)은 《장자》의 7편까지만 가지고 그 이론을 논했는데, 그것이 대단한 과학적 신중함을 발휘한 것이자 정말 '교수다운' 설명으로 들렸다.

노자에 대해서는 그가 3세기에 살았다는 확실한 증거는 전혀 없고 극단적인 추측만 난무하고 있다는 것으로 상황을 요약할 수 있다. 증거의 무게는 노자가 공자와 같은 시대의 인물이라는 전통적인 견해를 지지하는 듯 보인다. 공자와 노자의 대화는 장자의 책에만 기록된 것이 아니라 유교 경전인 《예기》에도 적어도 한 번은 나와 있다. 《도덕경》과 《장자》의 저자인 노자와 장자에 대해 알려진 바가 별로 없는데, 비판자들의 추측은 그보다 더욱 모호하고 근거가 없다. 예나 지금이나 어느 쪽으로든 엄밀한 문헌학적 증거는 없다. 비판자들이 내세우는 논증이 얼마나 사변적이고 건전하지 못한지 보여주는 시례를 한 가지 들어보겠다. 오늘날 활동하는 한 교수는 다음과 같이 펼쳐지는 순전히 이론적인 논거에 근거해 노자가 장자 이후의 사람인 것이 분명하다는 이론을 받아들인다. "공자의 도는 사람에게만 관심을 보였다. 이후 장자의 도는 사람과 하늘 모두를 품었다. 그러니 순전히 하늘의 도에 해당하는 노자의 도는 도 개념의 점진적인 '진화'의 절정에 해당하므로 제일 끝에 나타난 것이 분명하다." 왜 묵적과 공자 같은 새로운 사상의 샘들을 배출한 세기가 노자는 배출할 수 없는 것인지, 공자와 묵적은 어디서 갑자기 '진화'한 것인지는 해명하지 않았다. 량치차오는 노자를 후대 사람으로 봐야 하는 이유로 3세기의 사회정치적 상황을 거론했다. 당시의 사회정치적 상황이 워낙 악화일로를 걸었던 터라 노자의 자연회귀 이론이 "나올 만하고" 그런 이론이 "설득력 있게 들렸을" 거라는 주장을 과감하게 제시한 것이다. 그런데 량치차오가 잊어버린 사실이 하나 있다. 공자 시대에도 세상은 충분히 혼란스러웠다는 점이다. 오죽했으면 그 때문에 공자가 크게 분개했고, 《논어》에 나오는 미지의 현인 한 사람은 "세상은 새로운 이론들을 떠벌리며 돌아다니는 사람들로 가득하다"고 평했다.

평유란 교수가 만지기도 싫어하는 《장자》의 소위 〈외편〉의 경우에도 상황은 비슷하다. 시대착오적인 대목은 〈외편〉 전체에 걸쳐 하나뿐인데, 필사자의 실수로 생겨난 오류일 가능성이 다분히 있다. (장자의 시대에 '9세대' 전에 있었던 일이, 필사자의 시대에 와서 '12세대' 전의 일이라고 적힌 것이다.) 하나의 가필이 발견되었다 한들, 그것을 근거로 전편을 위작이라고 내버리는 것은 정당하지 않다. 장자가 아니라면 어느 누가 〈추수秋水〉와 〈마제馬蹄〉 같은 작품을 썼겠는가? 이제껏 누구도 단 한 사람의 후보조차 제시하지 못했다. 젊은 학자가 독창적인 이론을 개진하고 각주와 참고서적과 자료를 늘어놓는 것은 어렵지 않고 해보고 싶은 마음이 들 만한 일이다. 나는 《장자》의 〈외편〉이 위작임을 입증하는 내용으로 이루어진 책을 본 적이 있다. 저자는 그 사실을 어떻게 입증했을까? 문헌학적 증거도 아니고, 문체나 내용상의 불일치도 아니고, 외적 증거도 아니었다. 그는 《장자》의 첫 일곱 편을 논의를 전개할 확고한 근거로 받아들인 후에 그 첫 일곱 편에 나오지 않는 구절이 외편에 등장하면 바로 위작의 증거로 간주했다. 장자의 첫 일곱 편에는 "아무 일도 하지 않음無爲"이 나오는데, 〈외편〉에는 "아무 일도 하지 않음으로 모든 일이 이루어졌다無爲而無不爲"라는 도교의 기본 문구가 나온다. 저자는 이것을 "장자의 글이 아니라는" 증거로 제시했다. 다시 말해, 개념의 모순이 아니라 보충하거나 보완하는 내용이 증거로 제시된 것이다. 《장자》의 첫 일곱 편에 나온 내용을 벗어나는 모든 구절은 장자의 붓에서 나온 것으로 받아들일 수 없다는 것이다. 이 말은 쇼펜하우어(1778-1860, 독일의 철학자)는 《의지와 표상으로서의 세계》만 썼을 뿐, 《소품과 단편집》은 썼을 리가 없다는 것과 같다. 《소품과 단편집》에 나오는 내용은 그의 주저 《의지와 표상으로서의 세계》에서 말하지 않은 내용들이 들어 있기 때문이다! 이런 유치한 논증은 대학 2학년생 과제물로도 적당하지 않을 것이다.

노자

노자는 경구를 만드는 데 있어서 세계 제일이라 할 만하다. 그의 책에는 간결하면서 분명하고 인상적인 역설이 가득하다. "다른 사람들을 아는 이는 박식한 사람이지만, 자신을 아는 이는 지혜로운 사람이다." "아는 자는 말하지 않는다. 말하는 자는 알지 못한다." 역설은 오스카 와일드가 보여준 것과 같은, 재미를 주거나 상당한 효과를 거두는 재담이나 예상 밖의 절묘한 말장난과는 다르다. 역설은 어떤 근본적인 관점에서 자연스럽게 흘러나오는데, 이 관점이 사람들이 일반적으로 받아들이는 관점과 다를 경우에 역설로 받아들여진다. 여기에는 가치척도를 뒤집는 개념이 들어 있다. "자기 목숨을 잃는 자는 얻으리라"(마태복음 10:39)고 말한 예수의 역설이 그렇다. "우리의 의義는 다 더러운 옷 같다"(이사야 64:6)는 이사야의 역설도 그렇다. "너희 중에 누구든지 이 세상에서 지혜 있는 줄로 생각하거든 어리석은 자가 되라. 그리하여야 지혜로운 자가 되리라"(고린도전서 3:18)는 사도 바울의 역설도 그렇다. 노자의 모든 역설은 철학과 고유의 관점에서 나온 것이다. 그의 경구는 잘 만들어졌고 널리 쓰였다.

굽힐 줄 알아야 온전할 수 있고
구부려야 곧게 펼 수 있다.
비워야 채울 수 있고
낡아야 새로워질 수 있다.
부족함이 있어야 얻게 되고
많이 가지면 혼란스러워진다(22장).

그의 역설 배후에는 다른 가치척도가 있었다.

그러므로 성인은 순일純一을 품어
세상의 본이 된다.
자신을 내보이지 않아
더 빛난다.
옳음을 주장하지 않아
멀리까지 이름을 떨친다.
자랑하지 않아
공을 인정받는다.
오만하지 않아
다스리는 자가 된다.
그는 경쟁을 하지 않기 때문에
세상 누구도 그와 겨룰 수 없다(22장).

노자의 경구를 들으면 뭔가 중요하고 아름답고 종교적인 말인 듯한 느낌이 든다.

이 도道를 간직한 사람은
가득 채우지 않는다.
가득 채우지 않는지라
닳지 않고 새로워진다.

신비주의자 노자의 미묘함과 교묘한 지혜가 이 안에 들어 있다. 앞에서 말했듯, 노자는 세계 최초의 위장어법 철학자이다.

> 최고의 영리함은 어리석음 같고
> 최고의 달변은 더듬는 것 같다.
> 뛰어 움직이면 추위를 이길 수 있고
> 가만히 있으면 더위를 이길 수 있다.
> 차분하고 고요한 사람은 우주의 안내자가 된다(45장).

노자의 부드러운 메시지는 큰 매력으로 다가오고 읽는 이에게 즐거움을 선사한다.

> 우주는 장구하다.
> 우주가 장구한 까닭은
> 자기를 위해 살지 않기 때문이다.
> 그러므로 오래 이어질 수 있다.
> 그러므로 성인은 자신을 끝에 두고
> 맨 앞자리에 처하게 된다.
> 자기 몸을 가볍게 여기지만
> 그로 인해 몸을 보존한다.
> 자신을 위해 살지 않기 때문에
> 완전함을 이루는 것이 아닐까?(7장)

위장어법을 구사한 최초의 철학자 노자는 자신을 이렇게 묘사한다.

속인들은 똑똑하고 밝은데
나 홀로 어리석고 어쩔 줄 모르는구나.
속인들은 영리하고 자신만만한데
나 홀로 기가 죽었구나.
바다처럼 견디고
갈 곳 없는 듯 떠다니는구나(20장).

이런 내용도 있다.

세상 사람들은 희희낙락 즐거워하기를
제사음식 먹는 것 같고
봄날에 망루에 오르는 것 같은데,
나 홀로 조용한 것이 할 일 없는 사람 같고
아직 웃을 줄도 모르는 갓난아이 같고
매인 데 없는 모양이 돌아갈 집 없는 이 같구나.

이런 역설적 진술들은 어디서 나오는 걸까? 도의 철학이 그의 진술을 떠받치고 있다. 노자는 그것을 이렇게 표현한다.

내 가르침은 알기 쉽고 행하기도 쉽다.
그러나 아무도 그것을 알지 못하고 행하지도 못한다.
내 말에는 원리가 있고
사람들의 일에는 체계가 있다.
사람들이 이 사실을 모르기 때문에
나를 모르는 것이다.
나를 아는 이가 거의 없으니
나는 귀한 존재다(70장).

노자 사상의 가장 중심적인 원리는 물론 도이다. 노자의 도는 모든 현상 배후에 존재하는 위대한 원리요, 모든 형태의 생명을 낳고 어디에나 흐르는 위대한 물처럼 만물에 유익을 주며 공을 전혀 내세우지 않는 추상적인 원리이다. 도는 고요하지만 어디에나 있고 "종잡을 수 없고 포착하기 어려우며" 보이지 않고 볼 수도 없지만 전능하다. 도는 만물의 근원이고 드러난 모든 형태의 생명이 결국 되돌아가는 원리이다.

하늘과 땅이 존재하기 전
모호한 존재가 있었다.
침묵 속에 외떨어져
홀로 있었고 변하지 않았다.
영원토록 어김없이 운행하니

'만물의 어미'라고 할 만하다.

그 이름을 알 수가 없어

도라고 해본다.

억지로 이름을 붙여야 한다면 '크다'라고 불러야 할 것이다.

크다는 것은 공간으로 뻗어나가는 것이요

공간으로 뻗어나가는 것은 멀리까지 미치는 것이요

멀리까지 미치는 것은 처음 자리로 돌아오는 것이다(25장).

노자의 책은 《도덕경》으로 알려져 있다. 두 번째 단어 덕德의 문자적인 뜻은 미덕이지만, 도가 물리계에 나타날 때 작용하는 능동적 원리를 말한다. 아서 웨일리(1889-1966, 영국의 동양학자)는 도덕경의 제목을 '도道와 그 능력'이라고 번역했는데, 이 번역은 덕德(웨일리의 '능력')이라는 단어가 원래 미덕美德, virtue을 뜻했고 약초의 '효능virtue'이라는 옛 의미를 담을 수 있다는 의미에서 정당하다. 이 두 단어의 의미를 가장 잘 보여주는 용례를 다음 인용문에서 볼 수 있다.

그러므로 도는 만물을 낳고

덕은 그 만물을 기르고

자라게 하며 키운다.

평화롭게 살 수 있는 곳, 보금자리를 마련해주고

먹을 것과 거처를 제공한다(51장).

위의 인용문에서 덕은 작용으로 나타난 도임이 분명하다. 이 도는 볼 수 없고 들을 수 없고 만질 수도 없다.

> 보아도 보이지 않는 것, 그것을 이夷(볼 수 없는 것)라 한다. 들어도 들리지 않는 것, 그것을 희希(들을 수 없는 것)라 한다. 잡아도 잡히지 않는 것, 그것을 미微(잡을 수 없는 것)라 한다. 이 세 가지는 아무리 탐구해도 알 수 없고 서로 뒤섞여 하나가 된다.

> 올라간다 한들 빛이 없고
> 내려간다 한들 어둠이 없다.
> 멈추지 않고 이어지는
> 이것은 규정될 수 없고
> 아무것도 없는 영역으로 다시 되돌아간다.

나는 '돌아감의 원리'와 유약함이라는 기능을 강조하는 다음 네 줄이 도 개념을 가장 잘 요약하고 있다고 본다.

> 자연으로 돌아가는 것이 도의 움직임이다.
> 유약함이 도의 기능이다.
> 천하만물은 유有에서 생겨나고
> 유는 무無에서 생겨난다.

도는 자연스러운 정적 상태로 보이지도 들리지도 않게 모든 곳에 퍼져 있다가, 노자가 다음 인용문에서 묘사하는 것처럼 "활동에 나서" 다양한 형태를 낳는다.

지극한 겸손함에 이르고
정적의 근본을 붙들어라.
무수한 것들이 형태를 갖추고 활동에 나서지만
결국엔 휴식처로 되돌아가는구나.
식물처럼 무성하게 자라나지만
그 생겨난 뿌리로 돌아가는구나(16장).

자연은 끊임없이 순환하면서 형태를 바꾸지만 서양철학에서 '본체本體, substance'라 불릴 법한 도의 중심원리로 늘 되돌아간다. 다른 책에서 노자는 도를 풀무와 같은 것으로 묘사했는데, 풀무는 끊임없이 공기를 끌어와 공급하지만 공기가 떨어지는 법은 결코 없다. 그러나 모든 것이 원래대로 돌아가는 이 원리로 인해, 그 어떤 것도 영원히 지속되지 않고 모든 것이 균등해지며 정반대의 것들이 합쳐지면서 거의 똑같아진다.

자연은 말이 별로 없다. 소낙비는 오전 내내 내리지 않는다. 사나운 바람은 하루 내내 불지 않는다. 그것들은 어디에서 오는가? 자연이다. 자연도 오래가지 못하거늘[그 표현 형태에 있어], 사람이야

더 말할 나위가 있겠는가?

자연은 모든 것을 균등하게 하며 모든 것을 원래 형태로 회복시키기 때문에, 상반된 것들도 사실은 똑같고 서로에게 의존한다. "하늘의 도는 너무 많이 가진 자들의 것을 빼앗아 부족한 자들에게 주는 것이다." 여기서부터 노자의 온갖 역설이 생겨난다.

움츠러들 사람은
반드시 먼저 활짝 펴지는 법이다.
약해질 사람은
반드시 먼저 강해지는 법이다.
낮아질 사람은
먼저 흥성하는 법이다.
가진 것을 빼앗길 사람은
반드시 먼저 받기 마련이다.
이것을 '미묘한 빛微明'이라 한다(36장).

그리고 여기 내가 아주 좋아하는 구절이 있다.

그러므로 너무 사랑하면 소중한 것을 잃게 되고
쌓은 것이 많으면 잃는 것도 많아진다(44장).

모든 특성의 상대성에 관하여 노자는 이렇게 말한다. "있는 것과 없는 것이 서로 의존하여 성장을 이루고, 어려운 것과 쉬운 것이 서로 의존하여 완성을 이루고, 길고 짧은 것이 서로 의존하여 대조를 이루고, 높고 낮은 것이 서로 의존하여 위치를 정하고, 소리와 울림이 서로 의존하여 조화를 이루고, 앞과 뒤가 의존하여 함께 다닌다." 노자의 관점에서 보면, 인간의 어리석음은 원래 하나였던 우주를 난도질하여 선과 악, 추함과 아름다움을 구분한 데서 출발한다.

배우지 말라. 그러면 근심이 없을 것이다
'아!'와 '오!'가
과연 그렇게 다른가?
'선'과 '악'이
과연 그렇게 다른가?
그러나 사람들이 두려워하는 것을
두려워하지 않을 수가 없구나.
아아! 동이 트려면 아직 멀었구나!(20장)

그래서 노자는 상반된 특성들의 제거와 생명의 일시적이고 덧없는 형태들의 제거를 주장한다. 그 위대한 도덕적 원리는 인간 본연의 단순함을 유지하라는 것인데, 이 단순함의 상징으로 다듬지 않은 나무토막이나 갓난아이를 거듭 제시한다. 노자가 가르친 도덕적 교훈은 "핵심을 고수하라", 사람의 태곳적 단순함과 순수함을 꼭 붙들라는 것이다. 이 부분에서 여성의 원리陰는 고요의 원리를, 남성의 원리陽는 활동의 원리를 나타낸다. "여성다움은 고요함으로 남성다움을 이기며, 고요함으로 낮은 자리에 이른다." 양의 원리에 상반되는 여성의 원리, 즉 음의 원리는 자연적인 고요한 상태에 있는 도를 상징한다. 그래서 노자는 도가 우주의 아버지가 아니라 "우주의 어머니"라고 말했다.

어미를 알면 그 자식을 알 수 있다.
그 자식을 알고 나거든 어미에게 집중하라.
그렇게 되면 죽을 때까지 해를 입지 않을 것이다.

때로는 좁은 골짜기나 협곡도 여성과 똑같이 수용의 원리의 상징으로 쓰였다.

남성의 자리를 알고도
여성의 자리를 지키면
세상의 협곡이 된다.
세상의 협곡이 되면
다함없는 영원한 능력을 갖고
아기〔의 순수함으〕로 다시 돌아간다(28장).

본성을 보존한다는 생각은 불간섭의 교리로 이어진다. 불간섭은 경우에 따라 '아무 일도 안 함', 또는 '무위無爲'로 번역된다. 본성의 단순함을 보존한다는 원리를 이해하면 그 철학적 의미도 분명히 알 수 있다.

> 세상을 정복해
> (자기 생각대로, 원하는 대로) 주무르려는 이들이 있다.
> 뜻대로 되지 않을 것이다.
> 세상은 신의 그릇神器이(기 때문이)다.
> 세상은 (인간의 간섭으로) 주무를 수 없다.
> 세상을 주무르는 자는 일을 그르치고 만다.
> 세상을 붙잡으려다 모든 것을 잃는다(29장).

핵심을 고수하라는 이 교리는 "다듬지 않은 나무토막"과 아기를 본받으라, 또는 "태곳적 순수함과 단순함을 지키라", "영혼을 온전하게 유지하라" 등 여러 가지로 표현된다. 이 모든 표현과 구절들은 후대의 도교가 마술, 비술과 관계를 맺는 데 영향을 주게 된다.

이렇게 해서 우리는 노자가 루소처럼 자연으로 돌아가라고 설파한 이유를 알게 되었다. 그는 유교의 가르침, 즉 자비와 정의와 친절과 충성 등에 반대했다. 그는 이런 미덕들이 사람의 원래 마음이 "열어져서" 생겨난 것들이라고 보았다. "그러므로 도가 없어졌을 때 친절의 교리가 있게 되고, 친절이 없어졌을 때 정의의 가르침이 나타나고, 정의가 없어졌을 때 예(바른 형식)의 교리가 생겨난다. 예가 있다는 것은 충성스럽고 진실한 마음이 열어졌다는 뜻이요, 혼란이 시작되었다는 뜻이다."

앞을 내다보는 것은 도가 꽃피는 일이요•
어리석음의 시작이다.

그래서 노자는 유교식 지혜와 지식을 성토했고, 장자는 그 주장에 큰 목소리로 맞장구를 쳤다.

지혜를 몰아내고 지식을 버리면
백성의 이로움이 백 배로 늘어날 것이다.
'사랑'을 몰아내고 '정의'를 버리면
가정마다 화목을 회복할 것이다.
교활함을 몰아내고 '편리'를 버리면
도둑과 강도가 사라질 것이다(19장).

이렇게 경쟁과 간섭을 불신하고 오만과 사치를 멀리하면서 노

• 꽃핀다는 것은 이미 에너지가 흩어지고 꽃이 시들기 시작했다는 뜻이다.

자는 유약함의 교리를 가르치게 되었는데, 나에겐 그 내용이 예수의 산상설교를 합리적으로 제시한 것처럼 들린다. 예수께서는 "온유한 자는 복이 있나니 그들이 땅을 기업으로 받을 것"이라고 단정적으로 말씀하셨다. 온유한 자가 땅을 물려받게 되는 이유를 이제껏 아무도 검토하지 않았지만, 노자의 철학은 철저히 온유의 교리에 근거하고 있다.

약한 것이 강한 것을 이기고
부드러운 것이 굳센 것을 이긴다.
이것을 모두가 다 알고 있지만
그대로 행하는 사람은 없다.

작은 것을 볼 줄 알면 눈 밝은 사람이요
부드러움을 지키면 강한 사람이다(52장).

노자는 늘 물을 예로 들어서 이 사실을 입증했다. "가장 부드러운 것이 가장 굳은 것을 뚫는다. '형체 없는 것'이 '틈 없는 데'까지 뚫고 들어간다." 노자는 물을 겸손의 상징으로 제시하며 느닷없이 묻는다.

강과 바다는 어떻게 골짜기의 왕이 되었는가?
낮은 데 처함으로.

그렇게 해서 골짜기의 왕이 되었다.

그러므로 사람들 사이에서 으뜸이 되려면
낮은 자처럼 말해야 한다.
사람들 앞에 나서려면
뒤에서 걸어가야 한다(66장).

여기 온유와 겸손을 가르치는 이교도가 있다. 그는 신앙고백이나 신경이 아니라 우주의 자연법칙을 관찰하여 온유와 겸손을 깨달았다. 노자는 물과 같은 부드러움의 힘을 믿었기 때문에 불간섭, 다투지 않음, 무저항을 받아들이게 되었다. 그는 무력을 쓰지 말라고 경고했는데, 무력을 믿지 않기도 했거니와 무력 사용이 약함의 표시라고 보았기 때문이다.

활시위를 끝까지 당기면
제때 멈추지 못한 것을 후회하게 된다.
칼날을 너무 날카롭게 벼리면
오래가지 못한다(9장).

무력을 믿지 말라는 것은 도덕적 명령에 불과한 것이 아니라 인간의 삶이나 우주의 참된 법칙과도 일치한다.

예수께서는 가난한 사람들, 천한 사람들의 친구였다. 사랑과 겸손의 힘에 대한 노자의 가르침은 직관적인 통찰이 번뜩이는 예수의 가르침과 정신이 통할 뿐 아니라 때로는 문구까지도 놀라울 만큼 유사하다.

> 너희 중에 큰 자는 너희를 섬기는 자가 되어야 하리라. 누구든지 자기를 높이는 자는 낮아지고 누구든지 자기를 낮추는 자는 높아지리라(마태복음 23:11-12).

> 그러나 먼저 된 자로서 나중 되고 나중 된 자로서 먼저 될 자가 많으니라(마태복음 19:30).

> 너희가 돌이켜 어린아이들과 같이 되지 아니하면 결단코 천국에 들어가지 못하리라. 그러므로 누구든지 이 어린아이와 같이 자기를 낮추는 사람이 천국에서 큰 자니라(마태복음 18:3-4).

노자는 완전히 엉뚱한 소리 같으면서도 더없이 매력적인 경구들도 내놓았는데, 이 경구들의 정신은 예수의 근엄한 가르침과 견줄 만하다.

> 나는 선한 이들을 선하다고 하고
> 못된 이들도 선하다고 한다.
> 그것이 덕의 선함이다.
> 나는 정직한 이들을 믿고

거짓말쟁이들도 믿는다.

그것이 덕의 믿음이다(49장).

노자는 왜 이런 말을 했을까? 아무리 못된 사람이라도 거절당해서는 안 된다고 믿었기 때문이다.

그러므로 성인은 사람들을 잘 도우니

버리는 사람이 없다.

그는 물건을 잘 이용하니

버리는 것이 없다.

이것을 '밝은 빛을 가림'(습명襲明)이라 한다(27장).

노자는 말한다. "못된 사람들이 있다 한들 그들을 왜 버리는가?" 여기서부터 "덕으로 미움을 갚으라"는 노자의 가르침으로 옮겨가는 것은 어렵지 않다. 그리고 노자의 다음 구절과 기독교의 가르침은 믿기 어려울 정도로 유사하다.

세상의 허물을 다 떠안는 사람이

나라를 보존하는 사람이다.

세상의 죄를 짊어지는 사람이

세상의 왕이다.

옳은 말은 그른 듯이 보인다(78장).

노자는 책의 후반부에서 몇 가지 실제적인 문제를 다루었다. 그는 전쟁에 반대했고, 온갖 형태로 이루어지는 정부의 간섭에 반대했고, 형벌에 반대했다. 백성의 삶에 간섭하지 않음에 대해 노자는 이런 유명한 말을 남겼다. "작은 생선을 굽는 것처럼 나라를 다스려라." 생선을 구울 때는 자꾸 뒤집으면 안 되는 것이, 자칫하면 생선이 엉망이 되기 때문이다. 위대한 통치의 기술은 백성을 그냥 내버려두는 것이었다. 노자는 그중에서도 반전反戰을 가장 힘주어 강조했고 그 과정에서 몇 가지 매우 위대한 선언을 남겼다.

도道로 임금을 도우려 하는 자는
일체의 무력 정복을 반대한다.
그런 일들은 일을 벌인 사람에게 돌아오기 마련이다.
군대가 머문 곳에는 가시덤불이 자란다.
군사를 크게 일으킨 뒤에는
기근의 해가 온다.
그러므로 훌륭한 장군은 뜻을 이루면 전쟁을 그친다.
무기의 힘에 의지하지 않는다.
전쟁을 하더라도 자랑하지 않는다.
전쟁을 하더라도 뽐내지 않는다.
전쟁을 하더라도 교만하지 않는다.
전쟁을 하더라도 부득이한 이유로 한다.

전쟁을 하더라도 폭력을 사랑하지 않는다.
무엇이나 한창때를 지나면 늙는다.
폭력은 도를 거스르는 행위다.
도를 거스르는 자는 일찍 망한다(30장).

군대는 악의 도구요
사람들에게 미움을 받으니
종교인은 그들을 멀리한다.
군대는 악의 무기다.
군대는 군자의 무기가 아니다.
부득이 쓰게 되더라도
차분한 태도로 자제하는 것이 최선의 방책이다(31장).•

그다음 노자가 한 말은 최고의 명언으로 손꼽을 만하다.

이겼다 해도 좋아할 것 없다.
좋아하는 자는
사람 죽이는 일을 즐기는 자이다.
사람 죽이는 일을 즐기는 자는

•아서 웨일리의 번역을 따랐다.

세상을 다스리고자 하는 포부를 이룰 수 없다.
많은 사람을 죽였으면 슬퍼하고 애도해야 한다.
전쟁에서 이겼더라도 상례喪禮로 의식을 치러야 한다(32장).

노자의 인용문을 많이 실은 이유는, 독자가 그의 말을 직접 음미해보면 좋을 것 같았기 때문이고, 무엇보다 내가 제아무리 풀어 써도 노자의 말이 그보다 훨씬 낫고 힘이 있기 때문이다. 노자가 자신의 도덕관을 요약한 말로 결론을 대신하고 싶다.

내게는 세 가지 보물이 있어
그것을 소중하게 간직하고 있다.
첫째는 사랑이다.
둘째는 과하지 않음이다.
셋째는 세상의 첫째가 되지 않음이다.
사랑이 있으므로 두려움이 없다.
너무 많이 행하지 않음으로 힘이 넘친다.
세상의 으뜸이 되려 하지 않음으로
재능이 자라고 성숙해질 수 있다.

사랑을 버리고 용맹을 얻으려 하거나
자제할 줄 모르고 힘을 가지려 하거나
뒤에서 따라가지 않고 앞서려 하면

죽을 것이다!

사랑으로 공격하면 승리하고

사랑으로 방어하면 견고해진다.

하늘은 지켜주고 싶은 이들을

사랑으로 감싸준다.

나는 노자의 가르침을 다음과 같이 요약해본 적이 있다.

내가 가르치는 것은 어리석은 자의 지혜와

강한 자의 약함.

물과 같고 순결한 아기와 같은

부드러움의 힘.

내가 가르치는 것은 겸손의 교훈,

활을 너무 당기면 부러진다는 사실.

무용의 유용함과

낮게 처함의 이득.

강과 바다의 왕이 나올 곳이

낮은 골짜기가 아니면 어디겠는가?

칼과 창이 부딪치는 전쟁에서도

'질고疾苦를 아는 자'가 승리한다.

장자

장자는 내가 제일 좋아하는 사상가로, 그에 대해 상당히 길게 살펴볼 생각이다. 그는 매력적인 문체와 깊이 있는 사상의 소유자다. 그가 고대 중국 최고의 산문작가였다는 점은 의심의 여지가 없으며, 내가 볼 때는 중국이 배출한 가장 위대하고 심오한 철학자이기도 하다. 그는 영혼과 불멸, 존재의 본성, 지식의 본질 등 다른 사람들은 건드리지도 않은 문제들을 가지고 씨름했다. 형이상학을 다루었고, 실체의 문제를 꿰뚫어 보았고, 기준의 상대성을 옹호했고, 엄격한 일원론자였으며, 선禪불교의 내용을 미리 다 보여주었다. 그는 우주의 영원한 변천과 '만물의 변화' 이론을 제시했다. 사람과 동물들이 "본성을 실현하게" 내버려두라고 가르쳤고 생명을 귀하게 여겼으며 대단히 종교적이었다. 인생의 괴로움에 대한 내면의 불안을 느끼고 표현하고 영적 우주의 문제들로 고심했던 중국 최초의 작가였다. 뷔퐁(1707-1788, 프랑스의 철학자·박물학자)은 "문체가 바로 그 사람이다"라고 말했다. 장자의 문체는 위대한 지성과 장난기 어린 재치, 넘치는 상상력에다 작가의 표현력까지 갖추었다. 다시 말해, 장자는 최고 수준의 작가였고 중국에서 그와 비길 만한 천재가 나타난 것은 그로부터 1,400년 후의 일이었다. 그 천재는 바로 소동파다. 장자와 맞먹는 지성과 우아하고 재치 있는 표현력을 가진 소동파는 불교와 도교, 유교를 모두 아울렀고, 산문은 공식적인 글과 편안한 글을 모두 잘 썼으며, 운문도 온갖 형태의 시를 빼어나게 잘 썼다. 매력적인 헛소리를 쓸 수 있는 사람은 많지만, **말이 되는 소리를 매력적으로 쓰는 일**은 전혀 다른 재능이며 신의 음료만큼이나 희귀하다.

장자의 문체를 말하는 것은 곧 그의 인격을 말하는 것이다. 그의 사상에는 힘이 있으며 그가 남긴 수많은 우화에는 상상력이 넘친다. 장자는 자신의 저작이 세 종류의 글로 이루어졌다고 밝혔다. (1)**진지한 말**重言. 진리와 지혜가 담긴 말. (2)**국자 말**. 국자로 떠낸 말. 장자의 머리와 상상력에서 아낌없이 술술 떠낸 말이자 과부의 기름병•처럼 끝없이 나오는 말. (3)**우언**寓言. 자기 주장을 내세우거나 당대의 대가들을 공격하기 위해 만들어낸 우화.

그의 '진지한 말'은 이런 식이다. "우리의 정신은 유한하나 지식은 무한하다. 유한한 지성으로 무한한 것을 추구하다니. 아아! 얼마나 위험한 일인가!" 또 이런 것도 있다. "위대한 것(우주)이 내게 이 몸뚱이를 주었고, 어른이 되어 수고하게 했고, 나이가 들어 휴식을 취하게 했고, 죽어서 편히 쉬게 했다." 이것은 어떠

•이스라엘의 예언자 엘리사는 한 과부의 기름병에서 아무리 기름을 부어내도 기름이 떨어지지 않는 기적을 베풀었다(열왕기상 4:1-11) – 옮긴이.

한가. "꿈에 잔치를 벌인 사람은 깨어나 탄식하고 슬퍼한다. 꿈에 탄식하고 슬퍼한 사람은 깨어나 사냥을 나가 즐긴다." 다른 설명이 필요하지 않다.

장자의 '국자 말'의 가장 유명한 사례는 인간이 되는 꿈을 꾼 나비와 자신을 비교한 대목일 것이다.

옛날 나 장주는 꿈에 나비가 되어 여기저기를 팔랑거리며 날아다녔는데, 어느 모로 보나 나비였다. 나는 나비로서 행복했을 뿐, 자신이 장주인 것을 몰랐다. 그러다 깨어나보니 나는 다시 틀림없는 장주였다. 이제 나는 모르겠다. 그때 내가 나비가 된 꿈을 꾼 것인가, 아니면 지금 내가 나비인데 사람이 된 꿈을 꾸고 있는 것인가?(〈제물齊物〉)

우언의 사례로는 우주의 보이는 작용보다 보이지 않는 것이 우월함을 보여주는 우화를 들 수 있다.

기夔(뛰어다니는 외발 짐승)는 지네를 부러워하고, 지네는 뱀을 부러워하고, 뱀은 바람을 부러워하고, 바람은 눈目을 부러워하고, 눈은 마음을 부러워했다.

기가 지네에게 말했다. "나는 한 발로 폴짝폴짝 뛰어다니네. 나만큼 단순하게 움직이는 존재도 없지. 그런데 자네는 다리가 그렇게 많으니 그 많은 다리를 어떻게 다루나?"

지네가 대답했다. "다리를 어떻게 다루느냐고? 사람이 침 뱉는 것을 본 적이 없나? 침은 큰 물방울은 구슬처럼, 작은 것들은 안개처럼 퍼지지만 수많은 방울들이 모두 같이 떨어지네. 내가 타고난 몸이지만 다리를 어떻게 다루는지는 잘 모르겠네."

지네가 뱀에게 말했다. "나는 수많은 다리를 써서 움직이네. 그런데 다리 없는 자네가 더 빨리 움직이니 어떻게 된 일인가?"

뱀이 대답했다. "다들 타고난 몸으로 자기 방식으로 움직이는 거지. 내게 다리가 무슨 필요가 있겠나?"

뱀이 바람에게 말했다. "나는 등뼈로 이리저리 움직입니다. 그러니까 다리 비슷한 것이 있는 셈이지요. 하지만 당신은 북해北海에서 쌩쌩 불어와 남해南海로 휭휭 가는데 몸뚱이도 없잖습니까. 어떻게 된 겁니까?"

바람이 대답했다. "그렇지. 나는 북해에서 쌩쌩 불어와 남해로 휭휭 가지. 누구라도 내게 손가락을 찔러 넣어 나를 이기고, 발길질을 하여 나를 이겨. 하지만 큰 나무를 꺾고 큰 집을 날려버리는 일은 나만 할 수 있지. 그러니까 나는 무수히 작은 패배를 통해 큰 승리를 이루는 거야. 오직 성인聖人만이 위대한 승리를 거둘 수 있네"(〈추수〉).

장자의 생생한 문체를 보여주는 또 다른 사례는 운장雲將(구름 장군)과 홍몽鴻濛(자연의 원기, 혹은 하늘. 린위탕은 '은하Great Nebula'로 번역—옮긴이)이 나눈 대화에서 볼 수 있다.

운장이 동쪽으로 가고 있을 때 부요扶搖(신령한 나무) 가지 사이를 지나다 마침 홍몽을 만났다. 홍몽은 허벅지를 두들기며 펄쩍펄쩍 뛰고 있었다. 그를 본 운장은 길을 잃은 사람처럼 멈춰 서서 말했다. "어르신은 누구십니까? 여기서 뭐하십니까?"

"산책!" 홍몽은 대답하면서도 허벅지를 두들기며 이리저리 뛰었다.

"여쭙고 싶은 게 있습니다." 운장이 말했다.

"어허!" 홍몽이 말했다. … (〈재유在有〉)

여기서부터 두 신령은 침묵과 무위의 미덕을 논했다.

장자는 공자를 깎아내리는 우화를 정말 많이 만들어냈다. 심각한 공자의 목적의식이 좋은 놀림감이 되었기 때문이다. 노자는 부드러웠지만 장자는 그렇지 않았다. 장자는 보다 자신만만한 사람이었다. 노자는 온유한 마음을 가르쳤지만, 장자는 마음을 해방시켜 "무하유無何有의 영역에서 거닐게" 했다. 정말 이상하게도, 장자는 노자의 거의 모든 가르침을 하나하나 해설하면서도 유약함의 미덕, 혹은 "여성적인 것을 지킴"에 대해서는 완전히 침묵했다. 남자 중의 남자였던 그는 '겸손'이니 '유약함'이니 하는 말을 할 수가 없었던 것이다. 노자에게는 물이 부드러움의 힘과 낮은 자리를 추구함이라는 미덕의 상징이었지만, 장자에게 물은 고요함 가운데 있는 엄청난 잠재력을 상징했다. 노자는 미소를 짓지만 장자는 포효한다. 노자는 간결하게 말하지만 장자는 달변을 쏟아낸다. 둘 다 인간의 어리석음을 가엾게 여겼지만, 장자는 신랄한 재치를 발휘했다. 그는 페트로니우스(20-66, 로마의 정치가, 소설가)의 고결한 '에페수스의 과부' 이야기•에 맞먹는 '충실함'을 갖춘 한 여인의 이야기를 들려주었다. 한번은 장자가 산책에서 돌아왔는데, 제자들이 보니 그의 표정이 비통했다. 무슨 일이냐고 제자들이 묻자 장자는 설명을 해주었다. "산책을 하고 있는데 한 여인이 새로 만든 무덤에 엎드려 부채질을 하고 있는 게 아니냐. 그래서 내가 물었다. '뭐 하시는 겁니까? 여기는 누구의 무덤입니까?' 과부가 이렇게 대답하더구나. '남편 무덤이에요.' '왜 여기다 부채질을 하십니까?' 내가 물었더니 여인이 이렇게 대답했다. '무덤이 마르기 전까지는 재혼하지 않겠다고 남편에게 약속을 했거든요. 그런데 비가 온 거예요! 요즘 날씨가 얼마나 고약한지 몰라요.'"

하지만 장자는 냉소가가 아니며 대단히 종교적인 신비주의자이다. 그는 본질적으로 파스칼(1623-1662, 프랑스의 과학자, 철학자)과 비슷한 부류이다. 장자는 파스칼처럼 유한한 지성으로 무한한 것을 알 수 없는 인간의 절망을 느꼈다. 하지만 장자와 파

• 남편이 죽자 남편의 무덤에서 굶어 죽으려 했던 충실한 에페수스의 과부가 부근에 세워진 십자가 형틀을 지키던 로마 병사의 유혹에 넘어가 식사도 하고 잠자리도 같이하게 된다. 며칠을 그렇게 즐기다 자신이 지켜야 할 십자가 형틀에서 시체가 한 구 사라진 것을 알게 된 병사가 책임을 통감하고 자살하려 하자, 과부는 남편의 시신을 십자가에 매달라고 내어준다 – 옮긴이.

스칼 모두 이성의 한계를 분명히 인식했으면서도 우주 전체를 아우르는 위대한 영이 주는 확신으로 솟아올랐다. 그러므로 장자는 위대한 신비주의자라고 할 수 있다.

> 고요한 우주에는 큰 아름다움이 있다. 말없이 사계절을 다스리는 분명한 법칙이 있다. 만물에는 표현되지 않은 고유의 원리가 있다. 성인聖人은 우주의 아름다움을 돌아보고 만물의 고유한 원리를 꿰뚫어 본다. 그러므로 완전한 사람至人은 아무것도 하지 않고, 위대한 성인은 어떤 행동도 취하지 않는다. 그는 이런 식으로 우주의 본을 따른다. 우주의 신명神明은 미묘하고 모든 생명에 영향을 끼친다. 만물은 자기의 근본을 알지 못한 채 살고 죽고 모양을 바꾼다. 풍부하게 번식하고 영원히 홀로 선다. 공간적으로 아무리 멀리 뻗어가도 그 한계를 벗어나지 못하고, 가을철 새의 가장 작은 솜털 하나도 그 힘을 받아서 생겨난다. 만물은 생겨나고 사라지기를 반복하지만 변하지 않고 영원히 머문다. 음양과 사계절은 질서 있게 차례차례 움직인다. 깜깜하고 보이는 형체가 없어 존재하지 않는 듯 보이지만 분명히 존재한다. 세계 만물이 미처 알지 못한 채 그로부터 양분을 얻는다. 이것이 근본이고, 여기서부터 우주를 관찰할 수 있다(〈지북유知北遊〉).

《장자》의 마지막 편 〈추수〉는 고대 중국철학을 다룬 중요한 자료로서 고대 중국 사상의 주요 흐름을 보여준다. 이 글의 도입부는 장자의 탐구범위와 관점의 폭을 잘 드러내고 있다.

> 요즘 세상에는 질서와 정치를 말하는 철학자들이 많다. 각 학파는 자기들이 최고의 것을 발견했다고 여긴다. 우리는 이렇게 물을 수 있다. '어느 학파에서 선인들의 철학을 찾아볼 수 있는가?' 모든 학파에서 다 찾아볼 수 있다는 것이 답이다. 다시 질문이 나온다. '정신은 어디에서 나오며 의식은 어떻게 생겨나는가?' 성인의 지혜도 근원이 있을 것이고 왕의 권력도 어딘가에서 나와야 한다. 둘 모두 근원은 〔우주의〕 일一이다(《천하天下》).

장자는 더 나아가 '외골수 학자들' 때문에 통합적인 우주관이 사라졌다고 한탄한다.

> (이제) 세상은 혼란에 빠져 있다. 현인과 성인의 도를 이해하지 못하고 도와 덕을 제각기 다르게 가르친다. 많은 철학자들이 특정한 하나의 측면을 강조하면서 그것을 고집한다. 이것은 마치 눈, 코, 입, 귀가 각기 제 기능을 다하지만 서로 협력을 못하는 사람과 같다. 다른 비유를 들자면 각자 장기를 가진 서로 다른 분야의 기술자들이 때에 따라 별도로 쓰이는 것과 같다. 하지만 이들은 전체를 이해하지 못하므로 외골수 학자들과 같다. 그들은 나름대로 우주의 아름다움을 알아보고 만물의 원리를 분석하지만 선인들의 총체적인 사상을 공부하면서도 우주의 아름다움과 신명의 도리를 제대

로 이해하는 일은 드물다. 그러므로 권위 있는 사상과 정치의 원리들은 어둠 속에 감추어졌고 제대로 표현될 길이 없어졌다. 각 사람이 내키는 대로 생각하고 자신의 체계를 만들어낸다. 아아, 여러 철학 학파들이 길을 잃어 돌아가는 길을 찾지 못한다. 그들은 결코 진리를 찾지 못할 것이다. 불행히도 후세의 학자들은 우주가 원래 지녔던 단순함과 선인들의 사상을 떠받친 주된 기초를 배우지 못할 것이다. 철학은 난도질당하고 이리저리 갈라졌다(〈천하〉).

그리고 그는 자신의 철학을 다음과 같이 요약한다.

선인들의 가르침 중에는 실재가 늘 포착하기 어렵고 형체도 없고 모든 생명은 끊임없이 변화한다는 내용이 있다. 삶과 죽음은 무엇인가? 나는 우주와 하나인가? 신명은 어디로 움직이는가? 어디로 가며, 어디로 그렇게 신비롭게 홀연히 사라지는가? 만물이 내 앞에 펼쳐져 있지만 그중 어느 것에서도 참된 근원을 찾을 수 없다. 장주〔장자〕는 이 가르침이 마음에 들었다. 그는 거침없는 공상, 경박한 언어, 달콤하고 낭만적인 헛소리를 활용해 자신의 정신을 마음껏 표현한다. 그가 무심하게 내뱉는 말로는 그를 이해할 수 없다. 그는 세상이 진흙탕에 속절없이 빠져 있어 대화를 나눌 상대가 못된다고 여긴다. 그의 '국자 말卮言'은 퍼내도 퍼내도 또 나오고, '진지한 말'重言은 참되고, 우언寓言은 함축하는 바가 많다. 그는 홀로 하늘과 땅과 나란히 서서 신명들의 길벗이 되어 거닌다.

그러나 우주 만물을 경멸하거나 다른 이들이 옳고 그르게 여기는 바로 다투지 않고 일반 사람들과도 잘 어울린다. 그의 책은 어리둥절하고 긴 담론을 펼치지만, 그 정도는 큰 흠이 아니다. 그의 언어는 고르지 않지만[심각한 말에서 경박한 말로 옮겨간다], 가득 찬 사상에서 주체할 수 없이 흘러나오는 글이기에 생기 있고 잘 읽힌다. 그의 정신은 위로는 창조주와 함께 거닐고, 아래로는 생사와 시종始終을 초월한 이들과 어울린다. 그의 사상의 기초는 크고 넓으며 깊고 제한이 없다. 그의 가르침의 핵심은 모든 현상을 아우르고 신神의 질서에 가 닿는다. 하지만 변화하는 생명에 적응하고 물질적인 것들을 이해함에 있어서 그 원리는 포착하기가 어렵다. 그 원리는 다함이 없고 흔적을 찾을 수 없고 어두우며 형체가 없기 때문이다(〈천하〉).

장자는 노자가 몇 개의 경구로 말한 내용을 여러 편의 에세이에서 해설했다. 그는 노자가 말한 도와 무위와 불간섭의 특징을 유창한 철학적 산문으로 설명했다. 사람과 동물이 "존재법칙을 실현"하게 내버려둠을 다룬 몇 편의 뛰어난 에세이를 쓰고 공자의 미덕을 공격하는 것 외에도, 장자는 그의 철학을 통해 세 가지 요점을 다루었다. (1)유한한 지성으로 무한한 것을 알 수 없다는 지식론. (2)만물을 그 영원한 측면, 즉 무한한 도에 비추어 균일화시킴. 그런 입장에 따른 필연적 귀결로서의 (3)삶과 죽음의 의미.

장자는 파스칼처럼 절망 비슷한 감정을 느끼며 '왜 사는가?'의 문제에 매달렸다. 그는 끊임없이 흔들리고 변화하는 인생의 비애와 일시적인 존재의 염려와 두려움에 시달리며 매일 마모되어가는 인생의 애절함을 누구보다 크게 느꼈다.

영혼이 잠들어 있을 때든 깨어서 몸을 움직일 때든, 우리는 당장에 처한 상황에 맞서 싸우며 노력한다. 느긋하고 편하게 사는 이들도 있고, 음험하고 교활한 이들도 있고, 뭔가를 감추고 사는 이들도 있다. 우리는 사소한 것들로 잔뜩 놀라기도 하고, 큰 실수를 저지른 후 낙담하거나 실망하기도 한다. 마음은 석궁에서 발사된 화살처럼 빠르게 날아가 옳고 그름을 심판한다. 그런가 하면 맹세라도 한 듯 뒤에 머물면서 손에 쥔 것에 집착하기도 한다. 그러다 가을과 겨울에 초목이 시들 듯 서서히 사그라들며 자기 일에 몰두해 돌아오지 못할 길을 하염없이 걸어간다. 결국, 지칠 대로 지치고 노쇠한 몸에 갇혀 낡은 배수관처럼 막혀버리면 마음은 약해지다 끝내 다시는 빛을 보지 못하게 될 것이다.

기쁨과 분노, 슬픔과 행복, 염려와 후회, 주저와 두려움이 교대로 찾아오면서 우리의 기분은 늘 변한다. 계곡에서 울려 퍼지는 음악소리나 습지에 돋은 버섯 같다. 감정들은 우리 안에서 교대로 나타나지만 우리는 그것들이 어디에서 나오는지 모른다. 아아! 잠시라도 그 원인을 지목할 수 있을까?

감정이 없다면 나도 없을 것이다. 하지만 내가 없으면 감정을 느낄 사람도 없을 것이다. 여기까지는 분명히 말할 수 있지만, 나의 감정이 누구의 명령으로 활동하는지는 모른다. 영혼이 존재하는 것처럼 보이지만, 그 존재의 실마리는 없다. 영혼이 기능을 한다는 사실은 충분히 믿을 만하지만 그 형체는 볼 수 없다. 어쩌면 그것은 외적 형체 없이 내적 실체만 있는지도 모른다.

백 개의 뼈마디와 아홉 개의 구멍과 여섯 개의 내장을 갖춘 사람의 몸을 생각해보자. 나는 어느 것을 제일 아껴야 하는가? 당신은 모두 똑같이 아끼는가, 아니면 특별히 좋아하는 부위가 따로 있는가? 이 기관들은 주인과 하인의 관계일까? 하인들은 스스로를 다스릴 수 없으니 주인과 하인 노릇을 번갈아가며 하는 걸까? 그 모두를 통제하는 영혼이 따로 있음이 분명하다.

그러나 우리가 영혼의 본질을 알아내든 아니든, 영혼 그 자체는 달라질 게 없다. 영혼은 일단 물질적인 형체를 갖추게 되면 소진될 때까지 제 갈 길을 죽 달려간다. 삶의 고초에 시달리며 중간에 멈추지도 못하고 계속 끌려간다니, 참으로 불쌍한 일이 아닌가? 평생을 끊임없이 수고하다 수고의 결실을 누리지도 못한 채 지쳐 목적지도 모르고 떠나야 하다니, 참으로 슬픈 일이 아닌가?

사람들은 죽음이 없다고 하지만, 그런 말이 무슨 소용인가? 죽으면 몸이 분해되고 마음도 따라가니, 크게 슬퍼할 일이 아닌가? 인간의 삶은 참으로 큰 수수께끼가 아닌가? 혹시 남들은 다 아는데 나만 모르는 것인가?(〈제물〉)

파스칼도 몸과 영혼의 설명할 수 없는 관계의 신비를 느낀다. 그도 무지에서 오는 불편함을 호소한다. "이렇게 모르는 상태로 있다는 것은 끔찍한 일이다." 그도 무無와 무한無限 사이에 걸쳐 있으되 양극단을 도저히 알 수 없는 마음의 비애를 느낀다.

> 모든 면에서 제한을 받아 양극단의 중간에 자리 잡은 우리는 모든 면에서 무력하다. … 이것이 우리의 참된 상태이다. 이런 상태에 있기에 우리는 확실한 지식도, 절대적인 무지도 가질 수 없다. 우리는 광대한 영역을 반신반의하며 둥둥 떠서 이쪽 끝에서 저쪽 끝까지 밀려갔다 밀려온다. 한 지점에 우리를 붙들어 매고 단단히 고정시키려 하면 그것은 몸을 흔들어 우리를 떠나간다. 우리가 쫓아가면 우리의 손아귀를 피하고 미끄러지듯 우리 곁을 지나가 영원히 사라져버린다. 어떤 것도 우리를 위해 한자리에 머무르지 않는다. 이것은 우리의 자연적인 상태이지만 우리가 원하는 바는 아니다. 우리는 무한에 이르는 탑을 쌓아올릴 단단한 지반과 더없이 확실한 기초를 찾고 싶은 열망에 불탄다. 그러나 우리가 닦은 기반은 통째로 갈라지고, 땅이 벌어지면서 심연이 드러난다(《팡세》 중 〈신이 없는 인간의 참상〉에서).

1. **지식론**. 먼저 장자는 인간의 언어는 절대적인 것을 표현하기에 부적절함을 지적한다. 삶이나 도의 어떤 면을 말로 표현하려고 시도할 때마다, 필연적으로 그것을 조각조각 잘라내게 되므

로 결국 진리, 무한한 것, 표현할 수 없는 것을 파악하지 못하게 되기 때문이다. 선불교의 발달과 긴밀하게 연관된 이 부분은 매우 흥미로운데, 선불교에 대해서는 다음 장에서 다루기로 하자.

> 하나의 진술이 있다고 하자. 우리는 그것이 이 범주에 속하는지 저 범주에 속하는지 모른다. 그러나 범주가 다른 것들을 하나로 뭉뚱그리면 범주의 구분이 사라진다. 그래도 설명은 필요하다. 시작이 있었다면 시작 이전의 시간도 있었을 것이고, 또 그 이전의 시간도 있었을 것이다. 존재가 있다면 존재가 없었던 때가 있었을 것이다. 무가 존재했던 때가 있었다면, 무조차 존재하지 않았던 때가 있었을 것이다. 그런데 갑자기, 무가 존재하게 되었다. 그러면 무가 존재의 범주에 속하는지 비존재의 범주에 속하는지 말할 수 있겠는가? 내가 방금 여러 말을 하기는 했는데, 과연 의미 있는 말을 한 건지 아닌지 모르겠다. …
>
> 만약 만물이 하나라면, 거기에 말이 들어갈 여지가 있는가? 그런데 내가 '하나'라는 말을 할 수 있다면 그 말은 분명히 존재하는 것 아닌가? 말이 분명히 존재한다면, 하나도 있고 말도 있으니 둘이 있는 것이다. 둘과 하나가 있으니 셋이 되었다. 이렇게 굴러가다 보면 최고의 수학자도 〔그 끝을〕 셀 수 없을 것이니, 보통 사람들의 혼란스러움은 어떠하겠는가? …
>
> 완전한 도는 이름을 붙일 수 없다. 완전한 변론은 말을 쓰지 않는다. … 말없이 내세울 수 있는 변론을 누가 알고, 도라고 밝히지

않는 도를 누가 알겠는가? 이것을 아는 사람은 영계靈界에 들어간 것이라고 말할 수 있을 것이다(〈제물〉).

장자의 방법론은 파스칼의 방법론과 매우 비슷하다. 따라서 장자의 관점에서 보면 파스칼의 격언을 쉽게 이해할 수 있다. 파스칼은 이렇게 말한다.

참된 웅변은 웅변을 경시하고, 참된 도덕은 도덕을 경시한다. 다시 말해, 판단력의 도덕은 지성의 도덕을 경시한다. 판단력은 기준이 없다.

학문이 지성에 속한다면 판단은 직관에 속하기 때문이다. 직관은 판단력의 분야, 수학은 지성의 분야이다.

철학을 경시하는 것이 참된 철학이다.

그러나 장자의 지식한계론은 형이상학의 영역뿐 아니라 세상에도 적용이 된다. 이 입장은 객관적 판단이 불가능하고 말은 무용하다는 그의 생각에서 나온다. 다음의 내용은 선禪을 이해하는 데 좋은 출발점이 된다.

자네와 내가 논쟁을 벌인다고 해보세. 자네가 이기고 내가 진다면, 반드시 자네가 옳고 내가 그른 걸까? 내가 이기고 자네가 진다면, 반드시 내가 옳고 자네는 그른 걸까? 아니면 우리 둘 다 더

러는 옳고 더러는 그른 걸까? 아니면 우리 둘 다 완전히 옳거나 완전히 그른 걸까? 자네나 나나 알 수 없으니, 우리 둘 모두 깜깜한 세상에서 사는 걸세.

누구에게 청하면 우리 사이의 옳고 그름을 가릴 수 있을까? 자네와 의견이 같은 이에게 청한다면 그 사람은 자네 편을 들겠지. 그런 사람이 어떻게 우리의 중재자가 되겠는가? 나와 의견이 같은 사람에게 청한다면 내 편을 들겠지. 그런 사람이 어떻게 우리의 중재자가 되겠는가? 우리 두 사람 모두와 의견이 다른 사람에게 청해도 역시 판단을 내리지 못할 걸세. 우리 둘 다와 의견이 다르니까. 우리 두 사람 모두와 의견이 같은 사람에게 청한다 해도 역시 판단을 내리지 못할 걸세. 우리 두 사람 모두와 의견이 같으니까. 자네와 나, 다른 사람들이 모두 결정을 내릴 수 없는데, 어떻게 다른 사람에게 의지할 수 있겠는가? 논쟁의 말은 모두 상대적이니, 절대적인 결론에 이르고자 한다면 신적 통합의 방법으로 그 둘을 조화시키고 생애 마지막 날까지 그 자연적인 진화를 따라야 하네.

그러면 신적 통합의 방법으로 둘을 조화시킨다 함은 무엇일까? 바로 이것일세. 옳은 것은 진짜로 옳은 것이 아닐 수도 있네. 옳게 보이는 것이 사실은 그렇지 않을 수도 있어. 옳은 것이 정말 옳다 해도, 그것이 그름과 어떻게 다른지는 논쟁으로 분명히 밝힐 수가 없네.

시간에도, 옳고 그름에도 개의치 말게. 무한의 영역에 들어가 그 안에서 최후의 안식을 취하게나(〈제물〉).

2. **표준의 상대성과 만물의 균일화**. 장자가 논쟁이 무용하다고 믿게 된 것은 도에 대한 그의 기본 개념 때문이었다. 그가 볼 때 변함없는 도는 변화와 변동으로 모습을 드러냈고, 우리가 아는 삶과 죽음, 아름다움과 추함, 크고 작음, 심지어 유와 무의 대조처럼 모순적으로 보이는 여러 형태로 드러났다. 이 모든 것은 일시적인 겉모습일 뿐이고, 도(그리스어의 '로고스'와 같다)를 모르는 인간들은 그 겉모습에 늘 속는다. 도는 그 모두를 흡수하고 그 모두를 소멸시킨다.

> 그러므로 잔가지나 큰 기둥, 못생긴 사람과 대단한 미인, 그리고 괴상하고 괴물처럼 변형된 온갖 형태들을 생각해보자. 이 모두는 도에 의해 비슷비슷해진다. 나눔은 창조와 같고, 창조는 파괴와 같다. 창조나 파괴 같은 것은 없다. 이런 상태들은 비슷비슷해지다가 다시 하나가 된다.
>
> 참된 지성을 갖춘 사람만이 만물이 하나로 균일화되는 이 원리를 이해한다(〈제물〉).

장자는 표준의 상대성과 반대되는 것들의 상호의존성에 대해 더 분명하게 설명해나간다.

> **이것** 아닌 것도 없고, **저것** 아닌 것도 없다. **저것**[다른 사람]이 볼 수 없는 것은 나도 알 수 없다. 그래서 나는 말한다. **이것**은 **저것**에

서 나오고, **저것**도 **이것**에서 나온다고. 이것이 바로 **이것**과 **저것**의 상호의존성 이론[표준의 상대성]이다.

삶은 죽음에서 나오고, 죽음은 삶에서 나온다. 가능성은 불가능성에서 생기고, 불가능성은 가능성에서 생긴다. 긍정은 부정에 근거하고, 부정은 긍정에 근거한다. 사정이 이와 같기에, 참된 성인은 모든 구분을 거부하고 하늘로 피한다. **이것**에 근거를 두고 뭔가를 한다 해도 **이것**은 **저것**이고 **저것**도 **이것**이기 때문이다. **이것**에도 나름의 '옳음'과 '그름'이 있고, **저것**에도 나름의 '옳음'과 '그름'이 있다. 그렇다면 **이것**과 **저것**은 과연 구분할 수 있을까? **이것**(주관)과 **저것**(객관)의 대립이 없는 경지가 바로 '도의 축道樞'이다. 이 축이 모든 무한이 모이는 중심을 통과할 때, 긍정과 부정은 뒤섞여 무한한 하나가 된다. 그래서 그 무엇도 '밝은 지혜Light'를 따르는 것만 못하다고 하는 것이다(〈제물〉).

이 글을 읽고 있으면 프랑스의 수학자 파스칼의 글을 읽는 것 같은 생각이 들 것이다. 많은 중국인 독자들은 파스칼의 글을 읽고서야 장주가 말한 '도의 축'의 의미를 파악하게 될 것이다. 두 사람의 접근방식은 놀랄 만큼 비슷한데 말투까지 비슷하다. 한 예로 다음 글을 읽어보라.

만물의 시작도 끝도 알 수 없는 영원한 절망 속에서 할 수 있는 일이 무엇이겠는가? 만물의 중간 모습을 인식하는 것뿐이다. 만물은 무에서 나오고 무한으로 나아간다. 이 놀라운 과정을 누가 따라가겠는가? 이 모든 경이의 창조자만이 이해한다. 다른 누구도 이해할 수 없다.

이것은 장자의 말인가, 파스칼의 말인가? '존재의 궁극적 원리'가 신적 통합 안에서 해소된다고 말하는 이는 누구인가?

눈에 보이는 세상의 크기도 분명 우리 능력을 초월한다. 그러나 우리는 미소한 사물들(보다 훨씬 커서 그것들)을 초월해 있기 때문에 그것들을 알 수 있다고 생각한다. … 존재의 궁극적인 원리를 이해하는 사람이라면 무한에 대한 지식도 함께 얻을 것이다. 무한은 무한소에 의존하고 또 무한으로 인도한다. 이들 양극은 공간적으로 이어져 있고 재결합하여 신 안에서, 오로지 신 안에서만 서로를 발견한다.

그럼 우리의 분수를 알아보자. 우리는 어떤 존재이긴 하지만 전부는 아니다. 우리는 존재의 본질상 무無에서 나온 태초의 지식을 알 수 없다. 그리고 우리 존재의 미소성微小性 때문에 무한의 광경도 볼 수 없다.

파스칼의 이 글은 장자의 유명한 〈추수〉편에 나오는 구절을 쉽게 이해하도록 돕는다. 이 대목에서 장자는 무한과 무한소, **대우주**와 **소우주**의 개념을 구체적으로 제시한다. 파스칼도 이것에 매료되어 “이 축약된 원자의 자궁 속에 있는 자연의 어마어마함”을 이야기했다. 그러나 장자는 익살맞은 재치를 발휘해 무한소의 개념을 달팽이 뿔 끝에서 만蠻씨가 전쟁을 벌이는 이상한 이야기로 풀어낸다. 이 과감한 상상력의 산물에 견줄 만한 것으로는 현대에 발견된 박테리아 정도일 것이다. 위魏나라의 임금은 자신과 위나라가 대단히 크고 중요하다고 생각했다. 이 이야기는 그를 깨우쳐주기 위해 만든 우화였다

대진인戴晋人(위나라의 현인)이 임금에게 말했다. “달팽이란 생물이 있는데 들어보셨습니까?”

“들어봤소.”

“달팽이 왼쪽 뿔에 나라가 하나 있습니다. 그곳 사람들을 촉觸나라 백성이라 합니다. 달팽이 오른쪽 뿔에도 나라가 있는데 그곳 사람들을 만蠻나라 백성이라 합니다. 촉나라와 만나라는 영토를 놓고 늘 싸움을 벌입니다. 전투가 한번 벌어지면 죽은 이가 들판에 수만 명씩 널브러집니다. 패배한 군대는 십오 일을 달려서야 겨우 자기 영토로 돌아갑니다.”

임금이 말했다. “그대 내게 지금 허튼소리를 하는 건가?”

“절대 그렇지 않습니다. 한 말씀 여쭙겠습니다. 우주 공간에 다함이 있다고 생각하십니까?”

“다함이 없소.” 임금이 대답했다.

“임금님께서 머릿속으로 무한의 세계를 거니시다가 ‘이해의 나

라通達之國'에 이르신다면, 임금님의 나라가 너무 작아서 있는 것도 같고 없는 것도 같지 않겠습니까?"

"그렇겠군." 임금이 대답했다.

"이해의 나라 한복판에 임금님의 나라, 위나라가 있고, 위나라 안에 양梁이라는 도읍이 있고, 양이라는 도읍 중앙에 임금이 있습니다. 그 임금과 만씨 임금이 차이점이 있다고 생각하십니까?"

"차이가 없소." 임금이 대답했다.

대진인은 물러갔고 임금은 할 말을 잃었다(〈칙양則陽〉).

장자가 이 모든 요동과 불확실성에서 벗어난 방법은 평범하고 흔한 경험으로 물러나는 것과 도의 경계에 이르자마자 말하고 생각하기를 멈춘 것, 두 가지였다.

(참으로 총명한 사람들은) 온갖 구분을 버리고 보통의 평범한 일을 피난처로 삼는다. 흔하고 평범한 일들은 특정한 기능을 담당하므로 본성의 온전함을 보존하게 한다. 이런 온전함에서 이해를 얻고, 이해를 얻으면 도에 가까워진다. 그리고 멈춘다. 어떻게 멈추는지도 모르고 멈추는 것, 이것이 도다(〈제물〉).

앞으로 보게 되겠지만, 이것은 전형적인 선불교의 입장이다. 아니, 선이라 부르지 않았을 뿐 선 그 자체이다.

3. **삶과 죽음**. 장자는 죽음에 대해 이야기하면서 너무나 아름다운 말들을 남겼다. 반대되는 것들의 동일성에 대한 위의 논의에서 삶과 죽음이 같은 것의 다른 측면일 뿐이라는 점이 분명히 드러났으니, 장자는 죽어서 영혼이 몸을 떠나는 일이 '집으로 돌아가는 멋진 여행'일지도 모른다는 결론을 피할 수 없었다. 그렇다면 죽음을 두려워할 이유가 무엇인가? 삶을 아쉬워할 이유가 무엇인가?

> 삶을 사랑함은 결국 미혹이 아닌가? 죽음을 두려워함은 어린아이가 길을 잃어 집으로 돌아갈 줄 모르는 것과 같지 않은가?
>
> 여희麗姬는 애艾 땅의 국경을 지키는 관리의 딸이었지. 진晋나라 임금이 그녀를 데려갈 때, 어찌나 울었는지 눈물이 옷 앞자락을 흠뻑 적셨다네. 그러나 그녀는 왕궁으로 가서 임금과 화려한 잠자리를 같이하고 맛있는 음식을 먹게 되자 자기가 울었던 것을 후회했네. 그렇다면 죽은 자는 죽기 전에 삶에 연연했던 일을 후회하지 않겠는가?
>
> **꿈에 잔치를 벌인 사람은 깨어나서 한탄하고 슬퍼하네. 꿈에 탄식하고 슬퍼한 사람은 깨어나서 사냥을 나가 즐기지.** 꿈을 꾸는 동안에는 자기가 꿈을 꾸는 줄 몰라. 어떤 이들은 자기가 꾸는 꿈을 해석하기까지 하는데, 깨어난 후에야 그것이 꿈이었음을 알지. 머지않아 큰 각성이 찾아오면 비로소 이 삶이 실제로는 큰 꿈이라는 것을 알게 된다네. 어리석은 자들은 자기가 깨어 있다고 생각하고

자기가 알 건 다 안다고, 이 사람은 임금이고 저 사람은 목동이라고 떠벌리지. 얼마나 편협한 마음인가! 공자나 자네나 다 꿈을 꾸고 있네. 자네가 꿈을 꾸고 있다고 말하는 나도 꿈을 꾸고 있지. 이건 역설일세. 내일이라도 성인이 일어나 그 내용을 설명해줄지도 모르네. 하지만 그 내일은 만대가 지나도 오지 않을 수도 있네. 그러나 길거리에서 그분을 만나게 될지도 모르지(〈제물〉).

삶과 죽음이 '동반자'라는 말은 다른 대목에서도 등장한다.

그 둘이 이어져 있음을 누가 헤아릴 수 있겠는가? 사람의 탄생은 정기精氣가 뭉쳐 몸을 이룬 것일 뿐이다. 정기가 뭉치면 생명이 있고, 정기가 흩어지면 죽음이 있다. 그러나 삶과 죽음이 서로 동반자라면 내가 염려할 이유가 무엇인가? 그러므로 만물은 하나이다. **우리는 이 신비한 삶을 사랑하고 죽어서 썩는 것은 싫어한다. 그러나 이 썩을 것이 때가 되면 신비한 삶이 되고, 신비한 삶은 다시 한 번 썩는다**(〈지북유〉).

이 마지막 구절은 사도 바울의 말•처럼 들리지만, 장자의 말을 문자적으로 번역한 것이다. 하지만 얼마나 아름다운 표현인가!

• 고린도전서 15:50-54 — 옮긴이.

이 주장의 배후에는 물론 장자의 영원한 변동사상, '만물의 변화物化' 사상이 놓여 있다. 장자는 우화 안에 공자를 내세워 자신의 주장을 해설하게 만든다. "변화하는 것이 어떻게 자기가 변하지 않을 거라고 말할 수 있으며, 영구적이라고 자처하는 것이 어떻게 자기가 이미 변하고 있음을 깨달을 수 있겠는가? … 삶의 변화를 잊고 사물의 결과를 받아들이라. 그러면 순수한 세계, 신성한 세계, 진정한 하나로 들어갈 것이다." 이야기를 통해 장자는 우주를 통합적으로 보게 된 네 친구 이야기를 들려준다. 그들은 "무無를 머리로, 삶을 등뼈로, 죽음을 꼬리로" 삼았다. 그중 한 친구가 끔찍한 병을 앓은 뒤 곱사등이가 되었다.

"자네는 이렇게 된 것이 싫은가?" 자사子祀가 물었다.

자여子輿가 대답했다. "아닐세. 왜 싫겠는가? 병이 깊어져서 내 왼팔이 닭이 된다면 그것으로 새벽을 알릴 수 있을 거네. 내 오른팔이 무릿매로 변한다면 그것으로 새를 잡아 구워먹을 수 있을 거야. 내 엉덩이가 수레바퀴가 되고 내 정신이 말처럼 된다면 나는 그대로 타고 달릴 수 있을 테니 수레가 필요 없게 되겠지? 나는 내 때가 되어서 태어났고 만물의 자연적인 과정에 따라 삶과 이별하려 하네. 때가 되어 찾아오는 일에 만족하고 도에 맞춰 살아가니 기쁨과 슬픔이 날 건드리지 못하네. 선인들의 말씀에 따르면, 이것이 바로 모든 구속에서 벗어나는 일일세. 구속에서 벗어나지 못하는 자들은 물적 존재의 속박에 매여 있기 때문에 그렇지. 하지만 사람은 하늘을 이기지 못하는 법일세. 그러니 내가 왜 지금 의 상태를 싫어하겠는가?"

장자가 묘사한 바에 따르면 이 네 사람은 비범한 철학자였다. 세 번째 친구의 질병을 이야기하는 대목에서 장자는 기독교인들이 "하나님의 뜻을 따름"이라고 부를 만한 태도를 갖춘 듯 보인다.

얼마 후 자래子來가 병이 들어 마지막 숨을 몰아쉬고 있었다. 가족들은 옆에 둘러서서 울고 있는데, 문병을 온 자리子梨가 부인과 아이들에게 소리를 질렀다. "저리 가시오! 이 사람의 소멸을 막고 있잖소!" 그러고 나서, 그는 방문에 기대서서 말했다. "참으로 신은 위대하시네! 이제 신께서는 자네를 무엇으로 만드시고 어디로 보내실까? 자네를 쥐의 간으로 만드실까, 아니면 벌레의 다리로 만드시려나?"

자래가 대답했다. "자식은 동서남북 어디로든 부모가 가라고 하는 곳으로 가야지. 음과 양은 바로 사람의 부모일세. 음양이 내게 빨리 죽으라고 하는데 내가 거부한다면 잘못은 그쪽이 아니라 내게 있는 거네. 대우주가 내게 이 형체를 주었고 어른이 되어 수고하고 나이 들어 편안하고 죽어서 쉬게 하네. 내 삶을 그렇듯 친절하게 조정해준 대우주가 나의 죽음도 잘 조정해 줄 거라 믿네.

용해로 안의 녹은 쇠가 끓어오르며 '난 꼭 막야鏌鋣(유명한 검) 같은 명검이 되어야겠소!'라고 말한다면 주물 책임자는 기분 나쁜

쇠라고 말하며 내다 버릴 거야. 내가 인간이라고 해서 '사람으로만! 사람으로만!' 다시 나겠다고 고집한다면, 조물주는 기분 나쁘다고 말하며 나를 버릴 걸세. 이 우주가 용해로이고 조물주가 뛰어난 주물 책임자라면 내가 어디로 보내지든 무슨 걱정이겠나?"

그다음 그는 평화롭게 잠들었다가 훨씬 생생한 모습으로 깨어났다(〈대종사〉).

이 부분은 사도 바울이 진흙과 토기장이에 대해 한 말•과 비슷하지 않은가?

장자는 신의 내재성內在性을 믿었고 그것을 너무나 익살맞게 표현해냈다.

동곽자東郭子가 장자에게 물었다. "도라는 게 어디 있습니까?"

"도는 어디에나 있소."

"꼭 집어서 말해주십시오."

"개미들 안에 있소."

"아니, 그렇게 낮은 것입니까?"

"잡초 풀씨에도 있소." 장자가 다시 말했다.

"더 낮아지고 있군요." 동곽자가 놀라며 말했다.

"도는 기왓장과 벽돌에도 있소."

•로마서 9:20-21—옮긴이.

"갈수록 더하는군요!"

"똥오줌에도 있소." 장자가 말했다.

동곽자는 더 이상 말을 하지 않았다. 장자가 말했다. "그대의 질문은 내가 대답하고 예를 들어 입증하기가 어려운 것이오. 획獲이라는 관리가 돼지를 사러 장터 관리인에게 갔소. 그리고 돼지의 발굽을 확인했소(돼지를 판단하기 가장 좋은 부위였기 때문이오). **꼭 집어서 말해달라고 해서는 안 된다오. 그래 가지고는 물질에서 벗어날 수가 없소.** 위대한 진리는 이와 같고〔포착하기 어렵고〕 위대한 가르침도 마찬가지요"(《지북유》).

장자는 이미 말한 바 있듯 자신의 가르침이 "흔적이 없고 깜깜하고 헤아릴 수 없고 포착하기 어려움"을 잘 알고 있었다. 그러나 그것은 아서 에딩턴 경(1882-1944, 영국의 천문학자)이 원자 안에 있는 전자의 움직임에 대해 말한 내용과 다를 바가 없다. "알려지지 않은 무엇이 우리가 모르는 일을 하고 있다." 장자를 '신비주의자'라 부르는 것은 맞지만, 감히 신과 대화를 시도하고 신을 '당신'이라고 부르며 기도하는 사람은 그 사실만으로도 누구나 신비주의자이고, 그런 의미에서 모든 기독교인은 신비주의자다. '합리주의' 종교는 존재한 적도 없고 존재할 수도 없다!

장자의 지혜가 가진 미덕은 도의 경계에 이르렀을 때 언제, 어디서 "멈추고 쉬어야" 하는지 안다는 것이다. 기독교 신학의 어리석음은 언제, 어디서 멈춰야 할지 모르고 밀어붙여 유한한 논리를 가지고 하나님을 삼각형처럼 정의하고, 지적 만족을 얻고자 A가 B를 '낳았고'(발생), C는 A로부터 직접 나오지 않고 B로부터 '나왔다'(발출)고 결정한 데 있다.• "꼭 집어서 말해달라고 해서는 안 된다"는 장자의 말은 옳다. 파스칼은 여기에 이런 경고를 덧붙인다. "그래서 거의 모든 철학자가 개념 혼동을 일으켜 물질적인 것들을 영적인 용어로, 영적인 것들을 물질적인 용어로 말하는 지경에 이르렀다."

도교의 역사는 흥미롭다. 노자의 지혜라는 높은 경지에서 비술과 마법, 무시무시한 악령과 귀신들을 가르치는 '대중' 도교로 퇴보했는데, 이런 추락은 유례없는 것이었다. 요즘 도교의 도사들은 대체로 귀신을 '쫓아낼' 때나 유용하다. 일반 대중의 상상력은 철학자들의 반대를 무시한 채 필요한 신들을 얼마든지 만들어냈다. 중국 고유사상에서 가장 오랫동안 자리를 지켜온 요소는 음양陰陽 오행五行(金, 木, 水, 火, 土)과 그것들의 상생(끌어당김)과 상극(밀어냄)에 대한 믿음이다. 이 믿음이 유교나 도교보다 앞섰고 두 사상 모두에 스며들었다. 그렇다고 해도 노자의 글, 무엇보다 장자의 글에는 '정신위생', '정기의 함양', '호흡조절', '명상', '일자一者를 바라봄' 같은 구절이 분명히 있으며, 이런 구절들을 빙자해 비술과 정신위생을 믿는 모든 이들이 도교라는 이름표를 달고 나올 수 있었다.

•기독교의 삼위일체 교리를 비판하고 있다 — 옮긴이.

5

From Pagan to Christian

불교의 안개

From Pagan
to
Christian

'종교'라는 단어의 대중적 개념으로 보자면 중국 사람들은 대체로 불교도라고 할 수 있을 것이다. 불교는 대중종교이다. 대중종교라는 말은 교단과 신앙체계가 있다는 뜻인데, 여기에는 사찰과 수도원, 승려직, 천국과 지옥, 기도와 예배, 현생의 '비참함'과 '덧없음'에서 벗어나는 구원의 길, 완벽한 위계를 이룬 성자聖者와 천사들(보살과 아라한), 수많은 신들과 여신들('붓다'와 관세음보살)에 대한 믿음이 들어 있다. 더 나아가, 친절과 자비, 이타심, 세상 가치의 부정, 금욕주의, 악한 욕망의 억제, 엄청난 극기와 자기절제 등의 신념체계를 갖추고 있다. 현재의 불교에는 이 모든 것이 다 들어 있다.

불교와 경쟁하느라 도교 신앙은 불교만큼이나 많은 신과 신령, 악귀와 도교의 천당을 만들어냈고 심지어 힌두교 신들까지 일부 포함시켰다. 중국의 학자계급은 도교와 불교 신앙을 순전한 미신이라고 얕잡아봤지만, 세밀하고 정교한 형이상학의 기본 체계를 갖춘 불교철학은 중국 학자들의 존경을 얻은 반면 도교 신앙은 마법 주문과 귀신 축출 등의 나락으로 점점 치달았다. 내가 우리 마을에서 본 가장 저급한 형태의 도교는 물에다가 부적이 적힌 종잇조각을 넣은 '영수靈水' 한 사발을 마셔 복통을 치료하는 것이었다. 도교 신앙이 인류에게 기여한 바가 있다면 딱 하나, 3세기 연금술의 발생이다. 연금술의 목적은 두 가지였다. '현자의 돌'을 찾아내어 불멸의 영약을 손에 넣는 것과 값싼 금속을 황금으로 바꾸어 보다 실용적이고 상업적인 가치를 획득하는 것이었다. 이 '과학'은 나중에 아랍인들을 거쳐 유럽으로 전해졌다.

기독교의 교단이나 교파와 달리, 중국에서의 종교 활동은 배타적이지 않다. 대부분의 중국인들은 종교가 무엇이냐는 질문을 받으면 당황해서 어떻게 대답해야 할지 모를 것이다. 교구敎區도, 교구등록 같은 것도 없다. 최근 국가에서 등록을 받기 전까지는 출생등록조차 없었다. 가족 구성원 모두가 불교나 도교나 유교 중 어느 하나만 믿는 경우는 없다. 미국의 가정에서 지지 정당별로 식구들이 나뉘는 것처럼 중국의 가정에서는 종교별로 식구들이 나뉜다. 독실한 불교 신자인 아내는 붓다에 의지해 소원을 이루고자 한 달이나 일 년 동안 고기를 안 먹겠다고 결심하고 유학자 남편은 그런 아내를 관대하게 이해해주는 식이다.

불교는 중국 사상에 영향을 끼친 고대 중국의 유일한 외래 종교였는데, 그럴 만했다. 앞서 말했다시피, 불교가 가진 명확하고 때로는 지나치게 정교한 형이상학체계는 중국 학자들의 마음을 얻었다. 그런데 학자계급이 불교에 대해 어떤 생각을 하든, 중국의 보통 사람들은 대중종교를 원했고 기도를 바칠 여러 신과 기대하고 바랄 낙원을 바랐다. 더 좋은 의미로 말하자면, 그들은 죄를 회개하고 고통과 질병, 증오와 가난과 죽음에서 '구원'받기를 원했다. 불교는 평민들을 통해 중국에 들어왔고 가끔은 궁궐 사람들을 통해 들어오기도 했다. 중국의 학자계급이 불교를 더 이상 무시할 수 없어 직시하게 되었을 때에는 그들에게도 불교가 침투해 들어갔다.

간단히 말해, 불교는 중앙아시아를 통해 파미르 고원을 넘어 중국의 북서부 지방에 전해졌다. 중국의 모든 독재자는 영원히 살고 싶어 했는데, 만리장성을 세운 진시황秦始皇이 그 출발점이었다. 지상 권력의 절정을 맛본 후 그들은 불멸의 존재가 되고 싶어 했다. 어떤 이들은 중국의 바다 건너에서, 또 어떤 이들은 파미르 고원 너머 중국령 투르키스탄에서 불멸의 영약을 얻고자 했다. 불교가 중국에 전해졌던 1세기 무렵(일부 중국 기록에 따르면 그 시기가 거의 기원후 1년이었다지만, 정확한 날짜는 물론 알 수 없다), 불교는 아소카 왕(기원전 272-231, 인도 마우리아 왕조의 황제) 치하에서 세력을 키운 후 인도와 중앙아시아의 넓은 지역에서 번성하고 있었다. 한 중국의 황제는 기원후 65년에 공식 특사를 파견하여 불경을 가져오게 했지만, 일반 백성 사이로 불교가 급속히 퍼져나가게 된 시점은 4, 5, 6세기의 몇몇 타르타르 지배자들이 중국 북부를 침략하면서부터였다. 용문龍門과 운강雲岡의 거대한 불상 조각들 중 일부가 이 시기의 산물이다. 400년경, 중국 북부의 중국인 대부분이 불교도가 되었다. 중국의 승려 법현法顯은 399년에 인도로 갔다가 15년 후에 불교 경전을 가지고 돌아왔다. 최초의 위대한 불교 경전 번역자였던 인도의 승려 구마라습(344-413, 쿠마라지바)은 서기 405년에 북서 왕국 통치자의 임명을 받아 국사가 되었고, 그의 번역 활동은 중국의 대중종교로 지속적인 결실을 거두게 된다. 불교는 유학자들이나 몇몇 통치자들에 의해 가끔씩 짧은 기간 동안 박해를 받긴 했지만 6세기경에는 중국 전역으로 퍼져나갔다. 그리고 인도에서 시작해 실론(스리랑카), 버마(미얀마), 샴(태국), 아프가니스탄, 투르키스탄, 티벳, 중국, 멀리 한국까지 장악하는 강력한 세력이 되었다. 517년부터 618년에 이르는 100년의 기간 동안 불교 삼장三藏(경전전집)•이 다섯 판본으로 간행되었다. 6세기 초 전설적인 보리

•불경에는 경經·율律·논論의 3가지가 있는데 석가의 가르침을 경, 석가가 가르친 윤리·도덕적인 실천규범을 율, 석가의 가르침을 논리적으로 설명한 철학 체계를 논이라 한다. '장'은 이것을 간직하여 담은 광주리를 뜻한다. 이 세 가지를 모은 경장經藏·율장律藏·논장論藏을 아울러 삼장이라 한다—옮긴이.

달마가 광동廣東을 거쳐 중국에 와서 선종禪宗의 시조가 되었을 때, 유명한 황제 양무제梁武帝는 승려가 되겠다고 두 번이나 절에 들어갔다가 신하들의 만류에 못 이겨 마지못해 궁전으로 되돌아갔다.

불교 경전의 번역과 연구는 6세기에 꾸준히 자리를 잡아갔다. 대승불교와 소승불교를 통합하려 했던 유명한 천태종天台宗은 이 시기에 생겨났다. 그러다 7세기에 와서 화엄종華嚴宗(철학적으로 관념론적 분파)이 설립되었다. (현재 사용되는 《화엄경》은 과대망상에 빠져 있었던 측천무후의 명령으로 서기 699년에 완성되었다. 그녀는 자신이 미륵보살의 현신이라 했고 그 주장을 뒷받침하기 위해 불경의 내용을 위조했다.) 한편, 가장 유명한 중국의 불경 번역자인 현장玄奘은 아프가니스탄을 거쳐 인도로 가서 16년간 머물다가 서기 645년에 657권의 불경을 가지고 돌아왔다. 그는 황실의 후원하에 동료들과 힘을 합쳐 불경 번역에 평생을 바쳤다. 같은 세기에 많은 일본인 유학생들이 당나라의 수도 장안에 와서 불교를 공부한 뒤 불교의 가르침을 가지고 고향으로 돌아갔다. (불교는 한국을 거쳐 이미 일본까지 스며들어 있었다.) 서기 800년 무렵 불교의 열 개 종파가 자리를 잡았는데, 그중 여덟이 대승불교였고 둘만 소승불교였다. 소승불교(팔리어로 된 경전에 근거), 또는 원시불교, 고전불교는 대중적 매력을 갖춘 대승불교의 경쟁상대가 되지 못하고 10세기경에 완전히 소멸해버렸다. 대승불교 중에서도 구마라습 시대까지 기원이 거슬러 올라가는 '정토종淨土宗'의 매력은 대단한 것이었다.

이런 진화의 결과로 철학적인 불교 종파가 몇 가지 생겨났다. 천태종은 대승불교와 소승불교의 다양한 해석들이 붓다의 가르침에 담긴 동일한 진리를 표현하는 것으로 여기고 그 둘을 조화시키려 했다. 화엄종은 엄청난 게송揭頌과 기도문을 갖추었지만, 기본 교리는 만물과 모든 특성이 원시 일자一者 안에서 융합된다는 내용이다. 노자와 장자의 영향을 받았음이 분명한 대목이다. 가장 중요한 철학적 종파로 선종이 있는데, 선종의 원리는 장자에게서 찾을 수 있다. 선종은 본질적으로 중국 정신의 산물이었는데, 불교철학에 장자의 유머와 논리 부정이 더해진 것이다. '대중적인' 불교 종파로는 이미 언급한 정토종이 큰 인기를 끌었다. 특히 대중의 상상력을 사로잡은 것은 남성보살 중 하나였던 관자재보살觀自在菩薩이었다. 그는 인생의 비참함을 가슴 아파하며 모든 인류를 구원하기 전에는 열반으로 돌아가지 않겠다고 다짐했다 한다. 그 후 그는 여신으로 변하여 "자비의 여신, 고통받고 괴로워하는 자들의 구원자"인 관음觀音이 되었는데, 그녀는 중국에서 가장 인기 있는 여신이었다. 〔헨리 애덤스(1838-1918, 미국의 역사학자)가 《몽생미셸과 샤르트르*Mount-Saint-Michel and Chartres*》에서 다룬 연구내용과 비교해보라. 그는 11-13세기 유럽에서 성행했던 비슷한 신앙을 다루었다.〕 그때부터 줄곧, 관음은 긍휼과 자비로 대중의 상상력을 확고하게 사로잡았다. 마법과 영적 의식, 또는 심령의식을 벌이는 밀교密敎 이야기도 빠뜨릴 수 없다. 티베트와 청해

지방에서 확고하게 기반을 잡고 있고(판찬 라마와 달라이 라마!) 무시할 수 없는 세력으로 여전히 살아 있는 밀교는 사원 교육과 수련을 통해 원형이 유지되었는데, 대체로 중국 다른 지역의 대중불교보다 보존 상태가 훨씬 좋다.

나는 지금 중국의 예술이나 조각이 아니라 중국철학에 끼친 불교의 영향력을 말하고 있고, 중국의 정신이 그 실용적 본능에 맞게 불교를 어떤 식으로 변형시켜갔는지 말하고 있다. 앞에서 나는 불교의 형이상학이 송나라(960-1276) 신유학파에 영향을 끼쳤다고 말했는데, 불교철학이 중국인의 정신에 지속적으로 영향을 준 탓에 유학자들도 결국 불교철학을 받아들이고 그것과 타협을 해야만 살아남을 수 있는 지경에 이르렀기 때문이다. 정통 유교는 언제나 불교를 '이질적인' 외래 종교로 치부하며 못마땅하게 여겼지만, 불교 덕분에 중국의 철학이 깊어졌고 의식과 실재와 정신의 문제를 강조하게 되었다.

불교에 대응하기 위해 신유학파에서 했던 첫 번째 일은 《예기》에서 위대한 철학적 내용이 담긴 두 글, 《대학》과 《중용》을 뽑아 《논어》, 《맹자》와 함께 중국의 모든 어린 학생이 배워야 할 유교 경전인 '사서'로 만든 것이었다. 그런데 첫 번째 책 《대학》은 이런 구절로 시작된다. "큰 학문大學의 원리는 사람의 (원래) 밝은 덕성을 닦게 하고, 백성을 새롭게 하고, 지극한 선善에 머물게 하는 것이다. **머물 곳**을 안 다음에야 마음의 **안정**이 찾아오고, 안정이 있어야 **고요함**을 유지할 수 있고, 고요함이 있어야 마음의 **평**

화를 얻을 수 있고, 마음의 평화가 있어야 분별 있게 생각할 수 있다." 이 내용은 놀랄 만큼 불교적인 함축을 담고 있다. '머문다止'는 단어는 천태종이 주요 교리를 요약할 때 쓰는 단어와 같다. 주희는 '지극한 선'을 불교식으로 이렇게 해석한다. "그것은 더 이상 변화하지 않는 지극한 선에 이르는 것. 우주적 이성의 궁극 원리를 깨달아 인간의 자잘한 모든 욕망을 벗어버려야 한다." 더 나아가 주희는 지식 탐구를 논하고 본문에 보이는 탈문脫文을 채운다는 명목으로 12세기 송대宋代의 형이상학을 조금 집어넣었다. "'지식 획득은 물질계를 궁구하는 데 달려 있다致知在格物'는 문장은 이미 우리가 가진 지식을 적용해 사물의 이치를 탐구하는 것을 뜻한다. 인간 정신의 의식 안에는 그 지식〔영어의 knowledge보다는 독일어의 Wissen이 여기 의미에 가깝다〕이 있고 모든 사물에는 이치가 있기 때문이다. 지식이 실패한다면, 그것은 사물의 이치를 남김없이 탐구하지 않았기 때문이다." 주희는 불교철학에 거부감을 느끼면서도 그와 유사한 것을 찾아야 한다는 부담을 느낀 것이 분명하다. 1189년 2월과 3월에 쓴 《대학》과 《중용》의 서문에서 그는 불교 사상의 존재를 구체적으로 밝혔다. "허무주의와 열반의 이단적 가르침은 《대학》보다 고상해 보이지만 실제적이지 않다." 그리고 다시 이렇게 적었다. "해가 멀다 하고 이단들이 생기고 자라다가 마침내 노자와 붓다의 추종자들이 나타났는데, 그들은 이치에 다가간 듯 보였으나 그저 이치를 흐려놓았을 따름이다. … 〔정호程顥와 정이程頤•의〕 일부 제자들은 스승에게 등을 돌리고 노자와 붓다의 가르침에 몰두했다." 불교는 이런 식으로 유교에 영향을 끼쳤다.

그러면 불교 형이상학의 어떤 면모가 중국 지성인들의 존경을 이끌어내고 그들의 눈을 열어준 것일까? 후대의 데카르트와 칸트는 의식意識과 실재實在를 적당히 살펴보다 말았지만 고타마(석가모니의 성姓)는 그 검토 작업을 가차 없이 진행했다. 만일 데카르트가 "나는 느낀다, 고로 나는 존재한다"고 말했다면 장자("내가 없다면 〔감정을〕 느낄 사람이 없을 것이다")나 휘트먼(1819-1892, 미국의 시인. "내 모습 이대로 나는 존재한다") 같은 사상가가 되었을 것이다. 그러면 데카르트는 왜 자신이 존재한다는 사실을 믿거나 증명하고 싶었던 것일까? 만약 그가 의심의 수위를 높여 인식하는 정신이나 '생각하는 이성'에 대해서까지 의문을 제기했다면 붓다와 같은 지점에 이르렀을 것이다. 데카르트는 지각하는 정신을 믿었지만, 붓다는 그것을 강하게 의심했다.

《능엄경》은 칸트 이전에 관념론을 발전시킨 장문의 철학적 걸작인데, 여기서는 공간의 범주 자체가 고등정신, 또는 진성眞性(만물의 본체, 진여), 혹은 불심佛心, Buddhahridaya에 의해 소멸된다. 관심 있는 독자들은 내가 《중국과 인도의 지혜》에 실어놓은 긴 발췌문을 참고하시라. 여기서는 전체 논증을 붓다가 직접 요

• 주희는 이 두 사람의 사상을 계승하여 정주학파, 즉 성리학을 이루었다. 성리학의 핵심은 만물의 이치가 하나라는, 즉 인식 주체의 이치인 본성과 사물의 이치가 하나라는 것이다 — 옮긴이.

약한 대목을 소개한다. 《능엄경》• 은 대단히 매력적인 글이고 칸트의 글처럼 어렵지도 않다. 원전으로 돌아가 철학적 걸작(본질적으로 선禪)을 직접 접해보는 것은 더할 나위 없이 좋은 일이다. 여기서 불교 관념론에 영향을 끼친 몇몇 짧은 발췌문(《중국과 인도의 지혜》에 실려 있지 않은 글)을 제시하여 선禪 교리를 보다 분명하게 이해하도록 돕고자 한다.

> 그때 세존世尊께서 가르침을 강조하시고자 다음과 같이 요약하셨다.
>
> 진성眞性(참다운 본성)에 비하면 모든 조건 지어진 것들은 허공처럼 비어 있는 것과 같다. 특정한 조건하에서 존재하는 것들이니 거짓되고 허깨비 같다. 조건 지어지지 않은 것들은 나타남도 사라짐도 없으니 공중에 보이는 가상의 꽃과 같다. 사물의 본질을 해설하기 위해서는 거짓된 표현을 쓰지 않을 수 없으니, 거짓된 표현과 그것으로 해설된 사물의 본질 모두 거짓이 된다. 고유의 본질은 해설된 본질도, 해설이라는 비본질도 아님이 분명하다. 지각된 사물이나 지각 현상에 참이 존재한다는 주장을 어떻게 내세울 수 있겠는가?

•《수능엄경》이라고도 한다. 수능首楞은 범어 원어 '수라가마'를 음역한 것으로 온갖 일이나 이치를 다 통달해서 성취함을 뜻하고, 엄嚴은 지극히 견고함을 뜻한다. 붓다가 되기 위해 보살들이 닦아야 할 수행법을 밝혀놓은 경전이다 — 옮긴이.

감각기관과 보이는 대상의 중심에도, 지각하는 의식의 중심에도 실체가 없으니 이 모두가 갈대의 속처럼 텅 비어 있음이 분명하다. 마음의 모든 매듭과 매듭의 모든 풀림이 똑같이 실체가 없으니, 그것들을 성스럽게 여기든 천하게 여기든 문제가 안 된다. 해탈로 가는 단 하나의 길은 그것들의 속박에서 완전히 벗어나는 것이다.

갈대 속의 본성을 생각한다면, 그 속이 비었다고 설명하든 비지 않았다고 설명하든 중요하지 않다. 둘 다 틀린 설명이 될 것이다. 둘 다 틀렸다는 말을 듣고 어리둥절해 한다면 듣는 이가 무지하기 때문이다. 그 말을 듣고도 어리둥절하지 않는다면 해탈에 이른 것이다. 매듭을 푸는 일은 차례차례 이루어지는 과정이다. 오감의 매듭에서 시작해야 하고, 오감의 매듭이 풀리고 나면 육감의 매듭, 즉 지각하고 분별하는 정신의 매듭이 저절로 풀릴 것이다. 그러므로 가장 만만하고 순응적인 감각기관에서 출발하는 것이 지혜로운 일이다. 그 기관을 통해 최고의 '완벽한 지혜正覺'(아눗다라-삼약-삼보디, 더없이 바르고 보편적인 지혜)로 흘러드는 참된 생명의 흐름에 들어가기가 더 쉬워질 것이다. [여기서 붓다는 청각을 언급하는데, 음악을 보면 알 수 있듯 청각은 영성을 감지하는 가장 쉬운 길이다.]

아뢰야식阿賴耶識(보편적인 마음이나 '저장하는' 마음)은 원래 흠없는 본성이지만, 거짓 생각의 씨앗으로 오염되고 급류의 흐름처럼 거칠어져 통제불능이 된다. 사람은 거짓된 표현으로 해설된 현실과 비현실의 망상 같은 독단적인 개념에 쉽사리 집착하기 때문에, 나는 언제나 사물을 이런 식으로 해설해왔다. 현상에 대한 모든 개념이 마음의 활동에 불과하니, 마음은 허깨비가 아니면서도 허깨비가 된다. 자기 마음에서 나온 이런 오염에 속박되지 않으면 허깨비들에 대한 독단적인 개념들도, 허깨비가 아닌 것들에 대한 독단적인 개념들도 없을 것이다.

진성眞性에서는 허깨비가 아닌 것들 같은 독단적인 개념들이 생겨나지 않는데, 그런 것들은 어떻게 생겨나는 것일까? 이 가르침은 오묘한 '연꽃蓮花'이다. 이것은 금강Vajra-raja처럼 찬란한 깨우침을 주고, 최고의 삼마지(삼매, 삼매경. 마음을 한곳에 집중하여 산란하지 않는 상태. 마음이 들뜨거나 침울하지 않고 한결같이 평온한 상태)만큼이나 신비로운 능력이다. 이것은 비할 바 없는 가르침이다! 이것을 성실하게 진심으로 행하는 사람은 누구나 문을 탁 치는 것처럼 어느 한 순간에 뛰어난 제자들을 뛰어넘을 것이다. 이 사람은 온 세상에서 가장 명예롭게 될 것이다! 참으로 그러하다! 이 가르침은 열반에 이르는 유일한 길이다. ['문을 탁 치는 것처럼 어느 한 순간에'라는 붓다의 말은 선禪의 진행을 보장하는 구절이 되었는데, 이 부분은 나중에 살펴보겠다.]

데카르트가 붓다의 제자였다면 붓다는 그에게 이렇게 말했을 것이다. "네 자신의 존재조차 믿지 못한다면서 지각하는 정신은 왜 믿는 것이냐?" 지각하는 정신은 다른 오관五官(눈, 귀, 코, 혀, 손가락)과 더불어 진리에 대한 지식을 오염시키는 여섯 가지 감각기관 중 하나일 뿐이기 때문이다. 붓다와 불자들은 오염되고 조건 지어진 지각하는 정신과 온갖 기억, 감각 인상들을 제거하고 완전한 자유와 더 높은 정신, 신비로운 진성에 이르기 위해 노력한다. 붓다는 이것을 비단 손수건으로 여섯 매듭을 만들면서 펼쳐나간 아래 이야기에서 아름답게 들려준다. 붓다는 수많은 제자들이 모인 자리에서 이 가르침을 주었고, 그들 모두가 보살이 되었다.

> 여래如來•께서 심오하고 포괄적인 사상을 잘 선정된 말로 아름답게 표현하시며 최고의 가르침을 다 전하시자, 아난다와 그 자리에 모인 제자들이 깨우침을 얻었고 거룩한 가르침을 주신 붓다를 찬양했다.
>
> 그러나 아난다••는 아직 만족하지 못했다. 그는 경건한 마음과 태도로 붓다에게 말했다. "순수하고 신비롭고 영원한 본체Essence는 차별 없이 통일되고 하나된 것이라는 붓다님의 고귀하고 자비로운 가르침을 주의 깊게 들었으나, 제가 아직 그 의미를 온전히

•석가모니 붓다의 이름 중 하나. 인도말 tathagata, 즉 'tathata(그렇게), agata(오신 분)'이라는 뜻이다. '진리의 모습 그대로(如) 우리에게 오신 분(來)'이라고 새길 수 있다 — 옮긴이.
••불교 신앙에서 아난다와 문수文殊의 위치는 기독교회에서 사도 바울과 사도 베드로의 지위에 비길 만하다. 중국의 불교 사찰에서 그들의 상은 보통 붓다의 오른쪽과 왼쪽에 서 있다.

깨닫지 못했나이다. 여섯 개의 감각기관이 그 오염과 집착에서 벗어나면 생각하는 마음에 남아 있는 독단적인 개념들이 바로 떨어져나가고 원래 있던 하나의 본체만 남게 되는데, 이 해탈 과정은 질서정연하고 자연스럽게 이루어진다는 가르침으로 보입니다. 부디 청하오니, 저희 아둔한 제자들을 크게 참으시고 장래의 모든 제자들을 위해 이 가르침을 보다 자세하게 들려주소서. 그리하여 저의 마음과 장래의 모든 제자들의 마음까지 깨끗함을 얻게 해주소서."

여래께서는 옷을 정돈하시고 비단 손수건을 들어 매듭을 하나 지으시더니 제자들에게 보여주시며 이렇게 말씀하셨다. "이것이 무엇이냐?"

그들은 한목소리로 대답했다. "매듭이 하나 지어진 비단 손수건입니다."

여래께서는 손수건에 매듭을 하나 더 만드시고 물으셨다. "이것이 무엇이냐?"

그들이 대답했다. "그것도 매듭입니다, 세존이시여."

여래께서 매듭을 자꾸만 만드셔서 어느덧 여섯 개가 되었다. 그 다음 손수건을 제자들에게 보여주시며 매듭을 하나씩 가리키시고 물으셨다. "이것이 무엇이냐?" 그때마다 아난다와 제자들은 똑같은 대답을 했다. "매듭입니다."

그러자 붓다께서 말씀하셨다. "아난다야! 내가 네게 첫 번째 매듭을 보여주었을 때 너는 그것을 매듭이라 불렀고, 두 번째 세 번째 매듭부터 끝까지 보여준 것도 모두 매듭이라고 했다."

아난다가 대답했다. "세존이시여! 이 손수건은 여러 색깔의 비단실을 하나의 천으로 짜서 만든 것입니다. 하지만 그것으로 매듭을 하나 지었을 때는 그것을 매듭이라 부르는 것이 옳습니다. 세존께서 손수건으로 백 개의 매듭을 만드신다고 해도, 각각의 매듭은 여전히 매듭일 것입니다. 하지만 세존께서는 일곱 번이나 다섯 번이 아니라 여섯 번 매듭을 지으셨으니 매듭은 여섯 개뿐입니다. 세존께서는 왜 첫 번째 매듭만 매듭으로 인정하십니까?"

붓다께서 대답하셨다. "아난다야, 이 아름다운 손수건이 하나이고 내가 그것을 여섯 번 묶어 여섯 개의 매듭이 생겼다는 네 말이 옳다. 이제 손수건을 자세히 보거라. 비단 손수건은 똑같은 비단으로 짠 천이다. 매듭을 지었지만 모양만 달라졌을 뿐 여전히 손수건이다. 아난다야, 이제 생각해보거라. 손수건을 한 번 묶었을 때 첫 번째 매듭이 나타났다. 그다음에 계속해서 두 번째 매듭, 세 번째 매듭부터 여섯 번째 매듭까지 생겨났다. 이제 내가 이 여섯 번째 매듭을 시작으로 거꾸로 세기 시작하면, 여섯 번째 매듭이 첫 번째 매듭이 된다, 그렇지 않느냐?"

아난다가 대답했다. "아닙니다. 세존이시여! 손수건을 여섯 번 묶었을 때 마지막으로 묶은 것이 여섯 번째 매듭입니다. 그것을 첫 번째 매듭이라고 부를 수는 없습니다. 무슨 말씀을 하시든 간에, 매듭의 순서를 혼동할 수는 없습니다. 그것은 지금도 그렇고 앞으로도 여섯 번째 매듭일 것입니다."

붓다께서 그 말에 동의하시고 말씀하셨다. "과연 그렇다, 아난다야. 여섯 매듭이 다 똑같은 모양은 아닐 수도 있지만, 서로 다른 모양의 뿌리를 찾아가면 모두 하나의 손수건에서 출발한 것이니라. 한 개의 손수건을 혼동할 수는 없다. 매듭들에 대해서는 차이점과 순서를 혼동할 수 있지만, 하나로 이루어진 손수건을 혼동할 수는 없다. 네 여섯 개의 감각기관도 마찬가지다. 그 모두가 본질적인 통일성을 이룬 네 마음속에 만든 매듭이고, 그 통일성에서 다양성이 생겨난다.

붓다께서 계속 말씀하셨다. "아난다야, 손수건에 생긴 매듭들이 맘에 들지 않고 원래 상태가 더 좋다면 어떻게 하겠느냐?"

아난다가 대답했다. "세존이시여! 손수건에 여러 매듭이 존재하는 한, 매듭에 대해 이것이 첫 번째 매듭이다, 저것이 두 번째 매듭이다 하고 논할 가능성이 있을 것입니다. 그러나 매듭이 다 풀리면 매듭에 대해 이러쿵저러쿵 더 이상 말할 수 없습니다. 매듭은 모두 사라지고 아름다운 손수건만 원래 상태인 하나로 남을 것입니다."

붓다께서 이 대답에 만족하시고 말씀하셨다. "그 말이 옳다, 아난다야. 여섯 개의 감각기관과 진성의 관계가 그와 같으니라. 여섯 개의 감각기관이 오염 상태에서 벗어나면, 분별하는 마음에 남아 있는 독단적인 개념들도 사라질 것이니라. 시작을 알 수 없는 세월 동안 거짓된 감각개념들이 쌓여 병들고 어리둥절해진 네 마음에 많은 욕망과 집착과 습관이 생겨났기 때문이다. 여기에서 늘 변화하는 생명의 과정에 따라 자아와 비자아, 옳은 것과 옳지 않은 것에 대한 독단적인 개념들이 생겨났다. 이 개념들은 네 청정한 진성에서 정상적으로 생겨난 것이 아니라, 마음이 병든 사람의 눈에 공중에 핀 꽃이 보이듯 병든 감각기관들에서 생겨난 잘못된 개념들 때문에 비정상적으로 생겨난 것이다. 이런 개념들은 깨달음과 진성에서 나온 것처럼 보이지만, 실상은 병든 상태 때문에 생겨난 것이다.

우주, 산, 강, 나무, 자의식을 갖춘 존재, 죽음과 환생 같은 객관적이고 세상을 구성하는 모든 개념들의 경우도 마찬가지다. 진성과 열반, 모든 것을 분별하는 생각들도 전부 병든 눈에 보이는 허공의 꽃과 같고, 그 모두는 사로잡히고 어쩔 줄 모르고 늘 활동하는 뒤죽박죽 상태의 마음 때문에 나타난 것이다."

그러자 아난다가 붓다에게 말했다. "세존이시여! 이렇게 늘 생겨나고 변화하고 독단적인 현상 개념들이 손수건에 묶어 만든 매듭과 같은 것이라면, 그 매듭들은 어떻게 풀릴 수 있겠습니까?"

여래께서는 매듭이 지어진 손수건을 드시고는 힘껏 잡아당겨 매듭을 더 단단하게 조이셨다. 그러고는 아난다에게 그렇게 하면 매듭이 풀리겠느냐고 물으셨다.

아난다가 대답했다. "아닙니다, 세존이시여."

그러자 붓다께서 다시 엉뚱한 방식으로 매듭을 잡아당기시고는 그렇게 하면 매듭이 풀리겠느냐고 물으셨다.

아난다가 대답했다. "아닙니다, 세존이시여."

붓다께서 말씀하셨다. "나는 이렇게도 저렇게도 해봤는데 매듭을 풀지 못했다. 아난다야, 너는 매듭을 어떻게 풀겠느냐?"

아난다가 대답했다. "세존이시여, 저라면 먼저 매듭을 살펴서 어떻게 묶였는지 알아내겠습니다. 그러면 매듭을 쉽게 풀 수 있을 것입니다."

붓다께서 이 답변에 만족하시고 말씀하셨다. "네 말이 옳다, 아난다야! 매듭을 풀고 싶으면 먼저 매듭이 어떻게 묶여 있는지 알아야 한다. 내가 네게 가르쳐온 교훈, '만물은 원인因과 조건緣으로 드러난다'는 교훈은 순응과 결합이라는 지상의 조악한 현상뿐 아니라 지상세계와 초월적 세계 모두에 적용되는 해탈의 다르마(법, 법칙)로부터 여래가 발견한 원리이다. 그는 모든 현상의 근원을 알고 모든 상황과 조건에 맞게 원하는 대로 나타날 수 있기 때문이다. 그는 갠지스강의 모래사장에 떨어지는 빗방울 하나하나를 다 안다. 왜 소나무는 곧고 가시나무는 굽었으며 따오기는 희고 까치는 검은지 등 온갖 상태의 원인을 다 안다.

그러므로 아난다야, 여섯 감각기관 중 어느 하나라도 좋다. 그 감각기관에 매인 상태가 소멸된다면, 분별하는 마음 안에 있는 모든 대상에 대한 독단적인 개념들도 동시에 소멸될 것이다. 단일한 감각개념, 혹은 거기 근거한 하나의 생각이 실재하지 않는 환상임을 알게 되면, 감각개념에 대한 의존 전체가 무너진다. 감각개념이라는 미망迷妄들이 무너지고 나면, 참된 심성心性(참되고 변하지 않는 마음의 본체)만 남을 것이다.

아난다야! 다른 질문을 해보자꾸나. 이 손수건은 여섯 개의 매듭이 지어져 있다. 이 매듭들을 한 번에 다 풀 수 있겠느냐?"

"안됩니다. 세존이시여. 매듭은 원래 순서대로 하나씩 묶였으니 풀 때는 그 반대 순서를 따라야 합니다. 이 매듭들은 하나의 손수건에 있지만 한꺼번에 맨 것이 아니기에 한꺼번에 풀 수가 없습니다."

붓다께서 아난다의 대답에 만족하시고 다시 말씀하셨다. "육감六感의 개념들의 얽힌 것도 이와 같다. 제일 먼저 풀어야 할 거짓 개념의 매듭은 자아-인격에 대한 것이다. 무엇보다 먼저, 자아가 실재하지 않음을 깨달아야 한다. 자신의 자아-인격의 비실재성을 완전히 깨닫는 것이 곧 깨우침이고, 그다음으로 개인적인 모든 성취와 관련된 매듭을 풀어야 한다. 이 두 가지 얽매임, 즉 자아-인격에 대한 믿음과 개인적인 성취 개념을 완전히 소멸시켜 다시는 일어나 참된 진성을 더럽히지 못하게 해야 한다. 이것을 이룸을 두고 보살이 삼마지의 실행을 통해 무생법인無生法忍(나지도 멸하지도 않는 진여眞如('진리'에 해당하는 불교 용어)의 법성(다르마). 그것을 깨달아 거기 머무는 것)을 얻었다고 하는 것이다.

칸트가 말한 공간 범주에 대해, 붓다는 그것이 마음에 덧붙은 '환상'이라고 설명했다.

원래의 완벽하게 맑고 모든 것을 포괄하는 '깨달음의 직관'이 사물에 비추어지자마자 환상이 되고 그 참된 본성을 잃어버린다. 그

다음에 분화가 나타나고, 환상으로 인한 공간이 생기고 공간을 통해 우주 전체가 드러난다. 독단적 개념들이 우주의 존재를 확증하는 듯 보이고, 우주를 인식하고 지각할 수 있는 그 무엇이 자아-인격을 가진 지각 있는 존재로 여겨진다. …

심성(참되고 변하지 않는 마음의 본체)의 각성(깨달음의 본성) 안에 존재하는 빈 공간虛空 개념은 큰 바다의 파도에 이리저리 휩쓸리는 거품에 불과하다. 우주의 수많은 개념들 및 그와 관련해서 지각 있는 존재들의 집착에 속한 것들은 일시적인 거품의 조건하에 존재하는 것이다. 따라서 이 거품이 사라지면 공간도 더 이상 없고 우주도 없고 지각 있는 생명체의 세 가지 영역, 즉 몸, 마음, 자아-인격이 사라져 무無가 된다.

이제 선禪의 접근방식, 간단히 말해 참된 실재를 순식간에 직관적으로 포착하는 접근법 근처까지 왔다. 어떤 감각에서 출발해 심성의 해탈에 이르는 일은 어렵다.

향기와 냄새 감각의 현상은 냄새라는 개념으로 인지되기에 후각과 지각이 분리되면 향기 개념도 있을 수 없다. 초심자는 자신이 타고난 후각 본능의 영속성을 깨닫지 못하기 때문에, 후각을 통한 완전한 적응의 본성에 도달하기는 어려울 것이다.

코끝과 같은 어떤 대상에 집중하여 명상하는 일로도 심성의 해탈에 이르기는 어렵다.

> 디야나(선禪)의 수행에서 많은 초심자들은 코끝에 주의를 기울여 마음을 집중하려 하지만, 그것은 마음이 들뜨고 혼란스러울 때 사용하는 임시방편에 불과하므로 완전한 적응의 본성에 이르기 위한 지속적인 방법이 될 수 없다.

해설하는 말로 참된 이해와 깨달음에 도달하기는 특히 어렵다.

> 말없이 주어지는 가르침(장자의 방식!)들이 전생前生에 마음의 훈련을 받았던 앞선 제자들에게 깨달음을 줄 수는 있지만, 말과 정의定義와 형식이 있어야 간신히 흥미를 유지할 수 있는 초심자들에게는 소용이 없다. 초심자들은 완벽한 적응의 본성에 이르기 위해 그런 것들에 의지할 수가 없다.

끝으로, 붓다의 제자 문수는 다른 위대한 제자 아난다에게 기억력을 경계하라고 말한 바 있다. 방금 들은 붓다의 말씀에 대한 기억까지도 주의하라는 내용이다.

> 아난다는 놀라운 기억력을 갖고 있었지만 악한 길에 빠져드는 것을 피할 수 없었다. 그는 무자비한 바다에서 이리저리 떠다녔다. 그러나 생각의 흐름에서 표류하는 그가 마음을 돌이킨다면 곧 심

성心性의 맑은 지혜를 되찾게 될 것이다. 아난다여! 그대는 내 말을 들으라! 나는 지금껏 금강金剛(여래의 지덕智德. 그 지덕이 견고하여 모든 번뇌를 깨뜨릴 수 있음을 이름) 삼매三昧(삼매경, 삼마지)의 형용할 수 없는 법음法音(다르마의 소리)으로 이끌어주는 붓다의 가르침에 의지하여왔다. 아난다여! 그대는 오염과 집착의 욕망과 도취에서 벗어나지 못한 채 모든 불국토에서 전해오는 비밀 지식을 추구했다. 그 결과로 기억 속에는 세속적인 지식만 엄청나게 쌓였고 결함과 오류의 탑이 세워졌다. … 아난다여! 그대가 되돌아와 현상세계를 보면 마치 꿈속의 광경처럼 보이리라. 마등가Maiden Pchiti와 있었던 일이 꿈처럼 여겨지고 그대의 육신도 고형성과 항구성을 잃게 되리라. 모든 인간 남녀는 능란한 요술쟁이의 환술로 나타나 움직이는 꼭두각시처럼 보이리라. 각각의 인간이 저 혼자 계속 움직이는 자동기계처럼 보이리라. 그러나 자동기계가 동력을 잃는 순간 그 모든 동작은 멈추고 존재 자체가 사라지리라. … 이 위대한 회중으로 모인 형제들이여, 그리고 아난다여, 그대들은 바깥 소리에 귀를 기울이던 청각을 내면으로 돌려 그대 자신의 심성에 내재하는 완전한 합일의 음을 들어야 하리니, 그대들이 청각의 원통圓通(지혜로써 진여眞如의 이치를 깨달은 상태에 있음을 얻는 순간)을 얻는 순간 지고의 깨달음을 성취하게 되리라. …•

• 이 붓다의 가르침은 드와이트 고더드가 편집 출간한 *A Buddhist Bible*(Thetford, 1938)에 실린 와이 타오의 번역문이다.

선

마하가섭迦葉•은 붓다의 강론을 듣던 중 빙그레 웃었는데, 선종禪宗에서는 그 이해의 웃음이 선종의 기원이라고 본다. 가장 독특한 불교 종파 하나가 그렇게 시작되었고, 선종에서는 가섭이 선 교리를 가르친 최초의 대사라고 본다. 그로부터 스물여덟 세대가 지난 후 보리달마菩提達磨가 중국으로 와서 불심의 메시지와 '불심 인증'(심인心印)의 방법을 전하여 선종의 시조로 알려지게 되었다. 이것이 6세기의 일이다. 중국 백성과 일부 지배자들은 전부터 불교를 좋아했고 선의 가르침은 중국인들의 마음에 금세 반향을 일으켰다. 선종은 급속히 성장해 여섯 대에 걸쳐 스승과 세자들에게 전해지다가 위대한 6대조 혜능慧能••에 이르러서는 전성기를 맞아 중국의 남쪽과 북쪽에서 크게 발달했다.

그로부터 수십 세대 후, 스즈키 다이세쓰(1870-1966, 일본의 선종학자, 사학자) 교수가 컬럼비아 대학에 와서 선에 대해 강의했다. 말의 사용을 부정하는 교리를 말로 가르치고 논리적 사고에

•석가의 십대 제자 중 한 사람으로 석가가 죽은 뒤 제자들의 집단을 이끄는 영도자 역할을 해냈다 - 옮긴이.

••1944년 나는 광동성 변경 인근, 곡강曲江에 있는 선불교 사찰을 보았다. 그곳에 선종 6대조의 미라가 있다고들 했다. 사찰 안에 앉아 있는 자세의 미라가 둘 있었는데, 빨간색으로 두껍게 옻칠을 해서 몸과 얼굴이 보존되었고 생기 있는 표정이 남아 있었다. 미라는 가사를 두른 채 움푹한 벽 속, 예배받기 좋은 위치에 놓여 있었다. 하도 아는 사람이 없어서 기록해둔다.

익숙한 서양인 청중에게 논리적 접근법의 무용성을 설명하는 것은 대단한 재주였다. 일상적인 인간의 이해를 뛰어넘는 무한한 진리를 설명하는 데 말이 소용이 없다는 것을 설명하기 위해서라도 분명 말을 써야 한다. 선의 목표는 지각하는 마음 너머에 있는 '무규정' 상태의 마음을 얻는 것인데, 말의 특징이 무엇인가를 규정하는 것이다 보니 말을 사용할수록 혼란에 빠지게 마련이다. 그래서 중국의 선사禪師들은 외부인들의 눈에는 어리둥절할 따름인 몸짓과 수수께끼를 사용했다. 한 선사는 선이 무엇이냐는 질문을 받자 대답 대신 물은 사람의 빰을 때렸다. 어떤 선사는 손가락을 들어 올렸다. 침을 뱉은 선사도 있었다. 이 모두가 몸짓과 움직임을 사용해 모든 교리를 거부하는 교리를 가르치고 일체의 말과 논리적 접근을 거부하는 진리를 전달하는 방법인데, 평범한 일상의 단순한 행동이 대단히 신비롭고 초월적인 것임을 말해준다. 내가 알기로 스즈키 교수는 신성한 지혜를 전달하는 방법으로 컬럼비아 대학생들의 빰을 때리지는 않았다. 빰을 때려줬어야 하는 건데!

선은 직관이 전부이다. 선은 독특한 기법을 개발했고 다른 결과를 낳았다. 선禪은 선나禪那•의 줄임말인데, 선나는 산스크리

• 일본말 젠Zen은 중국말 선의 와전이 아니라 같은 단어의 고대 중국어 발음이다. 현대 상하이 방언에서도 '선'을 '젠'이라고 읽는다. 디야나〉지아나〉젠〉선.

트어 디야나(명상)를 중국어로 번역한 말로, 원래는 불교의 여섯 가지 수행법(육바라밀六波羅蜜. 생사의 고해를 건너 열반의 피안에 이르기 위해 닦아야 할 여섯 가지 실천덕목. 보시布施, 지계持戒, 인욕忍辱, 정진精進, 선정禪定, 지혜智慧—옮긴이) 중 하나이다. 그러나 선은 일반적인 '명상'을 훌쩍 뛰어넘는 것이었다. 붓다는 불심佛心 교리에 근거해 "교단조직을 넘어서는 이 특별한 가르침"을 가섭에게 전해주었다고 한다. 모든 사람이 이 불심, 또는 붓다의 마음을 갖고 있기에, 그 마음을 원래 상태로 회복하는 일은 감각인상과 지각하고 분별하는 마음, 말과 논리적 분석과 교리로 가득 찬 마음으로 인해 생겨난 온갖 오염을 깨끗이 닦아내는 작업이다. 그래서 이런 말이 나온 것이다. "백정의 칼을 내려놓아라. 그러면 단박에 붓다가 될 것이다."

물론 이것은 신비주의이지만 아주 특별한 신비주의이다. 붓다가 선이나 다른 여러 방법으로 가르치고자 했던 것은 사고의 선험적 범주들을 때려 부수고, 들리는 것과 보고 듣는 것 및 기타 모든 감각에 의한 분별을 멸하는 것이었다. 다시 말해, 선의 깨달음을 이루려고 노력하는 불교의 목표는 모종의 '부드러운 초인超人'이 되는 것이다. 이 모순적인 표현을 이해할 수 있을지 모르겠다. 자신의 지각하는 마음을 멸함으로써 시공간 개념을 소멸시킨 사람이 초인이다. 그는 지각을 갖춘 존재를 얽어맨 모든 정신적 속박에서 벗어나 불성 그 자체인 초지각적인 심체가 되어 우주와 모든 인생을 바라보는 위치에 올라선다. 초인이 되려

하는 자는 인간의 시간 개념과 신의 시간 개념이 다름을 인정해야 하고, 신을 뛰어넘는 시각을 이루어 모든 일시적 존재, 모든 구분과 특성과 개별성이 사물을 제한되고 왜곡된 방식으로 바라본 것일 뿐임을 꿰뚫어 볼 수 있어야 한다. 초인적인 노력으로 이 상태에 이른다면, 즉 모든 인간 경험을 비인간화시킨다면 무엇을 얻게 될까? 신과 같은 안정, 고요, 평화, 마하가섭의 표현대로 "내 몸속의 자황색 밝음"이다. 이것은 불성 그 자체다. 물론 누구나 붓다가 될 수 있다. 그것이 승리다. 자아ego(쇼펜하우어와 프로이트의 도깨비)를 극복한 사람은 모든 두려움, 염려, 욕망과 구별을 극복하기 때문이다. 자아감각이 소멸되면 자아가 더 큰 자아로 '승화'하고 '전이'되며, 더 큰 자아는 모든 동료 인간과 개와 고양이와 이 아름다운 세계의 모든 동물을 품어낸다. 우주적 자비大慈를 얻게 된다. 이것이 바로 관음의 '온유함', 긍휼과 자비다. 관음이 관세음보살觀世音菩薩로서 자신의 영적 해탈을 다룬 이야기에서 묘사한 대로, "생각의 나타나고 사라짐에 대한 모든 독단적 개념들을 완전히 버리자마자, 열반의 상태가 명확히 실현된다. … 이 상태에서 나는 두 가지 멋진 초탈을 이루었다. … 두 번째 초탈에서 내 마음은 육계六界의 지각을 갖춘 모든 존재와 완전한 마음의 조화를 이루었고 그들과 동일한 구원의 열망과 갈망을 느꼈다."

그런데 인도의 보살은 자신의 18가지 '명상 영역', 81가지 의식상태, 32가지 변화, 14가지 겁 없는 상태 등을 분석하며 보살로 머물 수 있었다. 그러나 중국 보살에게 그것은 너무 사변적이고 복잡하고 비현실적이었다. 여래께서 그것은 모두 번뜩이는 직관이라 가르치시지 않았던가? 그분은 또한 어떤 이들은 길고 오랜 세월, 어쩌면 몇 겁劫('아주 긴 시간'을 말하는 산스크리트어)에 걸쳐 여러 단계의 훈련을 받아 완전한 깨달음의 상태에 이르지만, 또 어떤 이들은 갑자기 번뜩이는 통찰에 의해 깨달음을 얻기도 한다고 하시지 않았던가? 그럴 경우 "깨달았다"고 말하게 된다. 마음(감각기관 중 하나로서)이 이런저런 구분에 다시 참여하면 이것을 다시 잃을 수도 있지만, 다시 "깨달았다!"고 말할 수도 있다.

그런데 중국인들에겐 붓다의 한 문장이나 마하가섭의 미소 하나로 충분하다. 말을 없애기 위해 온갖 말을 해야 할 이유가 무엇인가? 현상의 공空을 분석하는 온갖 사변체계가 왜 필요하단 말인가? 물론, 모든 지각과 우주의 모든 요소에 대한 붓다의 가차 없는 분석은 독창적인 사고가 이루어낸 뛰어난 성취다. 붓다가 아난다의 혼란을 꾸짖으며 "징소리와 그 소리를 듣는 것과 듣는 것에 대한 지각, 이 세 가지는 각기 다르다"고 가르친 것은 중국인 학자들에게는 생소했다. 그래서 모든 제자, 큰 무리의 보살들이 그의 우월한 지혜와 여러 질문에 대한 명쾌한 답변과 마음의 혼란을 하나씩 없애나가는 과정에 감탄한 것이다. 위대한 스승의 가르침은 물론 놀라웠다. 그러나 그 스승은 마음의 사변은 무익하며 '자기 배꼽을 물어뜯으려'는 것처럼 부질없는 일이라고도 가르쳤다. 그렇다면 천태종이며 화엄종 같은 온갖 종파가 존재할 이유가 무엇인가? 장자는 이렇게 말한 바 있다. "물고기를 잡기 위해 통발을 놓지만, 물고기를 잡고 나면 통발을 던져버린다. 진리道를 파악하고자 책을 읽지만, 진리를 파악한 후에는 책을 던져버리라."

그래서 선은 혁명적인 교리로 발전했다. 선은 모든 경서, 사변체계, 논리적 분석, 나무나 돌로 만든 온갖 우상, 모든 승려제도와 신학과 간접적인 훈련법을 참을 수 없었다. 그것은 모든 교리를 파괴하는 교리였다. 스즈키 교수는 그것을 이렇게 표현했다. "선에서는 경전과 논장에 나와 있는 불교의 모든 가르침을 지성의 때를 닦아내는 데만 쓸모가 있는 휴지로 본다." 그러면 선은 무엇을 가르치는가? 스즈키 교수에 따르면 "선은 아무것도 가르치지 않는다." 선은 그저 하나의 관점을 보여줄 뿐이다. 그런데 직관을 어떻게 가르친다는 말인가? '깨달음'의 나라는 내 안에 있다. 대단히 '파괴적인' 의미에서, 선을 믿는 자는 신도, 천국과 지옥도, 추상적인 영혼에도 개의치 않는다. 그는 살고 느끼고 지각할 뿐 추상하거나 명상하지 않는다.

실제로 이런 선의 정신, 선의 독특한 방법론과 어법까지도 장자莊子적이다. 선은 의미를 규정하는 말로 규정되지 않는 진리를 설명하고 해설하는 일을 불신하는데, 장자는 이런 근본적인 불신에 대해 되풀이해서 밝힌 바 있다. "그런데 도는 본질상 정의될 수 없다. 말은 그 본질상 절대적인 것을 표현할 수 없다." "말없이 표현될 수 있는 주장을 누가 알며, 스스로 '도'라고 밝히지 않는 도를 어떻게 알겠는가? 이것을 아는 자는 신의 경지에 들어갔다고 할 수 있을 것이다." 스즈키 교수를 장자의 제자로 보고 따라가면 장자가 선의 선구자라는 사실이 분명히 드러날 것이다. 스즈키 교수의 《선불교 개론*Introduction to Zen Buddhism*》에는 이런 구절이 있다. "선에는 신이 없다고 말하면 경건한 독자는 충격을 받을지 모르지만, 그렇다고 해서 선이 신의 존재를 부인한다는 뜻은 아니다. 신의 관심사는 신에 대한 부정도 긍정도 아니다. 어떤 것을 부정할 때는 부정하는 것 자체가 부정되는 대상을 포함하고 있다. 긍정에 대해서도 같은 말을 할 수 있다. 이것은 논리적으로 볼때 불가피한 일이다. 선은 논리를 넘어서고자 한다. 선은 반대명제들이 없는 더 고차원의 긍정을 찾고자 한다"(14쪽). 이 인용문을 읽으면 떠오르는 장자의 말이 있다. "긍정은 부정에 근거하고, 부정은 긍정에 근거한다. 사정이 이러니, 참된 성인은 모든 구분을 거부하고 하늘을 피난처로 삼는다." 장자는 "유가와 묵가의 긍정과 부정"을 참지 못했다. 장자는 긍정과 부정이 뒤섞여 무한한 하나로 수렴된다고 믿었다. 논리의 부정과 만물과 모든 반대명제들의 균일화는 장자의 모든 가르침의 핵심이자 토대이다. 스즈키 교수의 글에서 명상의 무용함에 대한 구절을 다시 인용해보자. "명상은 인위적으로 덧입은 것일 뿐, 마음의 타고난 활동에 속하지 않는다. 공중의 새가 무엇을 명상하겠는가? 물속의 물고기가 무엇에 대해 명상하겠는가? 놈들은 날고 헤엄친다.

그것으로 충분하지 않은가?"(16쪽) 이번에도, 자연의 길을 무의식적으로 수행하는 것이 도를 따르는 일이라고 강조했던 장자의 가르침을 떠올리게 된다. 도를 따르는 일은 에머슨의 표현대로 의식적인 노력 없이 선善의 자연스러운 흐름을 따르는 일이라야 한다. 장자는 이것을 간결한 비유로 설명했다. "발에 맞는 신발을 신으면 발을 의식하지 않게 된다. 몸에 맞는 허리띠를 두르면 허리를 의식하지 않게 된다. 마음이 안온한 상태가 되면 옳고 그름을 의식하지 않게 된다." 장자가 들려준 지네 비유도 기억할 직하다. 지네는 발을 어떻게 움직이는지 모른 채 발을 움직인다. 지네가 열일곱 번째나 스물세 번째 쌍의 다리를 의식하게 되면 더 이상 움직일 수 없게 된다. 스즈키 교수의 글로 돌아가보자. "선은 일신론적이지도, 범신론적이지도 않다. 선은 그렇게 딱 집어 말하는 것을 거부한다. 선은 공중에 떠가는 구름이다." 스즈키 교수가 우려하는 것은 '일신론'이나 '범신론' 같은 말인데, 그런 말은 수많은 사람들에게 수많은 것을 의미하기 때문에 정의하고 주장을 내세울수록 마음에 혼란이 더해진다. 누군가 장자에게 도의 내재성에 대해 이와 비슷한 질문을 했다. "도가 우주에 내재한다면 이것에 있습니까, 저것에 있습니까?" 장자는 이렇게 대답했다. "그것이 그대의 잘못이오. 애초에 **꼭 집어서 말해달라고 해서는 안 되는 것이오.**"

끝으로, 이 모든 기법의 결과에 대해 스즈키 교수는 이렇게 적고 있다. "선은 거리의 평범한 사람의 무료하고 별 볼 일 없는 생활 속에서 드러나 그들이 생생하게 살아 있는 존재임을 주목하게 해준다. 선은 이것을 볼 수 있도록 마음을 체계적으로 훈련시킨다. 선은 사람의 눈을 열어 매일, 매시간 구현되는 위대한 신비를 보게 해준다." 흥미롭게도 장자 역시 정확히 동일한 해결책을 제시하는데, 이 부분이 가장 중요하다. "(참으로 총명한 사람들은) 온갖 구분을 버리고 보통의 평범한 일에서 피난처를 구한다. 흔하고 평범한 일들은 특정한 기능을 담당하므로 본성의 온전함을 보존한다. 이런 온전함으로부터 이해를 얻고, 이해를 얻으면 도에 가까워진다."

이것은 도의 가장 독특한 최종결론으로 우리를 이끈다. 선은 그 훈련법이 직접적이고 단순하고 실제적이라고 주장한다. 명상을 포함한 모든 선 훈련은 그 직접적인 경험을 위한 준비다. 선은 일상의 삶과 긴밀히 연결된 '갑작스러운' 신비 체험이다. 그래서 선은 소박한 일상생활에 '머물고' 그것을 축복으로 여기며 일상의 매순간을 누린다. 나는 이것을 삶에 대한 감사, 일종의 동양적 실존주의라 부르고 싶다. 우리가 살면서 하는 일 하나하나에는 신비가 도사리고 있다. 선승은 하찮은 허드렛일도 즐겁게 감당한다. 선종 6대조(혜능)는 생애 대부분을 부엌 잡일꾼으로 쌀을 (더 희게 만들려고) 씻고 찧으면서 보냈다. 유명한 선종 시인 한산寒山(627-649, 당나라 시인)은 부엌 잡일꾼으로 산에서 땔감을 해왔고 부엌 벽에다 시를 끄적거렸다. (그의 놀랍도록 단순한 영적인 시는 지금까지 전해진다.) 선종의 한 시인은 이렇게 소리친다. "기적이로다. 우물에서 물을 긷고 있다니!" 이것이 제대로 선을 실천하는 삶의 전형이다. 소를 치는 아이가 해질 녘에 소의 등을 타고 앉아 집으로 돌아가는 일은 기적이다. 파리 떼가 모이고 잡초가 자라고 사람이 한 잔의 물을 마시는 것이 기적이다. 물이 무엇인지, 잔이 무엇인지, 자신이 누군지도 모르면서 사람이 한 잔의 물을 마시는 것은 놀라운 일, 기적이 아닌가? 모든 생명과 모든 삶이 기적이다. 이마에 흐르는 땀방울을 훔치고 머리에 불어오는 시원한 바람을 느낄 때, 농부도 시인이 된다. 도연명陶淵明(372-427, 진晋나라의 시인)은 동틀 녘 산책 도중에 거의 황홀경에 사로잡혀 "아침 이슬이 내 옷자락을 적신다!"고 적었다. 모든 지각 있는 존재와 어우러질 때 얻는 기쁨과 고요는 불성 그 자체이다. 이것은 중국 풍경화의 영적 특성을 상당 부분 설명해준다.

죄와 업

붓다가 전한 가르침의 요지는 다음과 같다. '이생은 속박이고 고통이 가득하며 염려(번뇌), 두려움, 고통, 죽음에 시달린다. 이 세상은 환幻(마야)이지만, 만물과 감각적 생명을 공유한 인간이 환의 속박에 매여 색욕 및 여러 욕망과 온갖 형태의 옹졸한 마음에 빠진 채 행동하고 말하고 생각하는 것은 모두 축적된다(업).

그래서 인간은 영원한 환생의 바퀴(윤회輪廻)에 갇힐 수밖에 없는 운명이다. 하지만 인간은 지적 또는 직관적 노력에 의해 그 환과 오염에서 벗어나 자신을 해방시킬 수 있다. 그는 심성(참되고 변하지 않는 마음의 본체)으로 감각과 통상적으로 지각하고 분별하는 마음을 다스릴 수 있다. 유한하고 조건 지어진 모든 생각(생사에 대한 생각이든, 다른 구분들에 대한 생각이든)에서 벗어난 이 상태는 무엇으로도 규정되지 않고 어떤 조건에도 매이지 않는 열반이다. 법륜法輪 또한 영원히 굴러간다. 끝으로, 구원의 길은 삼보三寶, 즉 불佛(붓다), 법法(붓다의 가르침), 승僧(승가僧家, 즉 불교 교단)에 있다. 불교의 신학 전체는 논리적으로 매우 탄탄하고, 여기에서 극동 지방 전체를 정복할 수 있었던 불교의 지적·영적 역량을 가늠할 수 있다. (불교에서 말하는 영혼의 환생은 장자가 말한 '물질의 변화', 즉 물화物化와는 다르다. 장자의 개념은 원자 개념에 가까운 듯하다. 사람이 죽으면 그의 한 부분이 '쥐의 간'이나 귀뚜라미의 다리, 심지어 소년의 무릿매 같은 무생물로 바뀔 수도 있다.)

불교에서 가장 독특한 개념은 한자어로 얼장孽障(업장業障), 즉 '죄의 짐'을 뜻하는 업業(카르마)이다. 단순하지만 덜 정확한 번역어로 '속박'쯤 되겠다. 인간은 이 속박에 이끌려 다양한 일을 하며 살아가다 그리로 더 깊숙이 빠져든다. 얼孽은 죄이고, 장障은 진리를 보지 못하게 막는 '장애물' 또는 '가림막'을 뜻한다. 붓다는 성경에 나오는 문장을 그대로 쓸 수도 있었을 것 같다. "진리를 알지니 진리가 너희를 자유롭게 하리라"(요한복음 8:32).

불교의 도덕적 가르침은 따로 언급할 필요가 없을 것이다. 세상 어떤 종교도 사기나 도둑질이나 간음, 부정직, 증오, 복수를 가르치지 않는다. 이 부분에 대해서는 염려할 필요가 없다. 환생 교리의 귀결로 모든 동물을 친절하게 대하라고 가르치고 생명 파괴나 죽인 고기의 섭취를 금한다는 점만 지적하면 된다. 중국 황실을 제외한 중국인들은 '동물원'을 가진 적이 없다. 그 비슷한 것으로 불교 사찰에 있는 물고기 '방생연못'이 전부였다. 나는 항저우杭州에 있는 유명한 방생연못에서 물고기 보는 것을 좋아했는데, 깨끗한 약수가 흐르는 그곳에서는 크기가 두세 자나 되는 잉어 칠팔십 마리가 인간의 괴롭힘에서 벗어난 채 '편안하게 살았다.' 불교도가 볼 때는, 그 큰 잉어 중 어느 놈이라도 결국 인간으로 환생하여 붓다가 될지도 모르는 일이었다.

앞서 말했다시피, 불교의 가르침에서 가장 독특한 개념은 카르마, 곧 죄의 짐인 업이다. 죄는 누군가가 재치 있게 말한 것처럼 별난original 것이 아니다. 죄는 모든 사람에게 공통적인 것이다.• 붓다는 이 보편적 속박, 동물적 육욕과 욕망들을 따르고 싶은 충동에 깊은 관심을 가졌는데, 쇼펜하우어는 이것을 '삶의 의지', '생식 의지'라고 불렀다. 쇼펜하우어의 삶의 의지는 물론 불교에 유럽 옷을 입힌 것이고, 그의 유명한 염세주의는 불교에서

•이 부분은 기독교의 원죄를 말하는 영어 표현 Original Sin을 염두에 둔 말장난이다 — 옮긴이.

연민을 말할 때 전형적으로 접할 수 있는 내용이다. 인생에 대한 붓다의 주석은 딱 두 마디로 요약할 수 있다. "모두가 가엾구나!" 쇼펜하우어는 이런 상황에 대해 금욕주의와 자아 개념의 정복이라는 해결책을 제시했는데, 이것 역시 불교적이다.

내가 볼 때 기독교의 원죄 개념은 너무 신비주의적이다. 첫 사람 아담의 죄는 물론 상징적인 의미만 있을 뿐이다. 우리 모두 같은 육체에서 태어나고 조상들의 결점, 충동, 파괴적인 본능을 물려받는다. 원죄는 우리가 그것을 갖고 태어난다는 사실, 즉 모든 동물과 인간이 식욕, 성욕, 두려움, 증오 등의 본능을 가지고 세상에 입장한다는 의미에서만 원래적인 것이며, 이것은 정글생활에 꼭 필요한 생존본능이다. 그러나 모든 아기가 낙인찍힌 범죄자로 태어나 지옥에 갈 운명이라도 되는 것처럼 '원죄'를 신비적인 실체로 만들 필요는 없다. 살인자가 저지른 하나의 행동 때문에 그의 자식과 손자를 넘어 백 세대, 천 세대 후손까지 처벌하는 분으로 하나님을 묘사하여 그분의 명예를 훼손할 필요도 없다. 설령 범죄 성향이 '유전적인 것', '원래적인original 것'이라 해도, 위법행위가 있기도 전에 그런 성향이 있다는 사실만으로 처벌하지는 않는다. 그런데 이것을 이해할 정도의 분별력마저 없는 기독교인들이 많다. 그래서 원죄를 신화로 만들고, 사람들이 구원을 받기 위해 받아들여야만 하는 '일괄 프로그램'의 일부로 만들어버렸다. 유전된 성향이 내 안에 있다는 사실만 가지고 처벌을 받게 되는 것이다. 그래서 나는 이렇게 말한 바 있다. "나는 너무나 종교적이어서 종교 때문에 종종 분통이 터진다." 사랑이 넘치는 기독교의 하나님이 커다랗고 순진무구한 둥근 눈을 갖고 막 태어난 아기를 지옥에 보낸다는 믿음보다 더 분통터지는 것도 없다. 그것은 어머니의 본능을 거스른다. 모든 인간의 존엄을 거스른다. 하나님이라도 인간 공통의 존엄성을 무시할 수는 없다. 하나님은 사디스트가 아니다.

유전된 죄, 혹은 정글에서의 생존에 유용한 유전된 본능은 우리 안에 있다. 설령 이 본능이 범죄 본능이라 해도 법과 예절과 공공질서를 어기는 범법으로 나타날 때만 죄가 된다. 개는 자연적인 본능을 따라 도 안에서 무의식적으로 살다 보면 맨해튼 거리에서 실례가 되는 일을 범할 수 있다. 인간 아이는 그렇게 하지 않도록 **배워야** 한다. 모든 큰 죄에 대해서도 가르침을 받아야 한다. 죄는 모든 사람의 마음에 있는데, 뭐랄까 그것은 본능적인 차원에서 쾌락을 주는 일들을 하고 싶은 욕망이지만, 외적으로는 사회법, 내적으로는 도덕법에 의해 억제를 받는다. 그래서 억압과 승화와 꿈과 소망 충족 등, 프로이트가 밝혀낸 세계가 생겨나는 것이다.

프로이트는 원죄를 더 잘 이해하도록 도움을 준다. 사상계에서 참으로 독창적인 지성을 갖춘 사람은 너덧 명 정도밖에 안 된다. 과학자들을 빼고 말하자면, 붓다, 칸트, 프로이트, 쇼펜하우어, 스피노자다. 나머지 사람들은 전부 다른 이들의 생각을 되풀이하고 있을 뿐이다. 물론 많은 이들이 나름의 생각을 진행하고 나름의 발견을 했다. 내가 말하는 '독창적 지성인'이란 인간 사고의 미지의 영역을 개척해 다른 이들이 가보지 못한 높은 경지까지 생각이 솟아오른 이들이다. 칸트는 소위 인간지식의 본질이 갖는 한계를 독일인 특유의 철저함으로 남김없이 검토했다. 붓다는 거기서 더 나아가 칸트의 순수이성을 넘어서는 탈출로를 발견했다. 물론 그는 경외감을 불러일으키는 아름다움, 신의 아름다움에 더없이 가까운 지식의 아름다움을 보았다. 쇼펜하우어는 삶의 의지, 생존의 의지, 생식의 의지에서 모든 동물 및 인간 생명의 토대를 발견했다. 개별적 본능이라기보다는 집단적인 종족본능에서 나온 이 충동은 새의 신비로운 이동과 산란을 위해 태어난 하천으로 돌아오는 연어의 모천회귀, 송곳니와 뿔과 지느러미와 발톱의 자라남, 그리고 수많은 기묘한 생물학적 사실들을 설명해줄 것이다. 쇼펜하우어에 따르면, "황소는 뿔이 있어서 들이받는 것이 아니라 들이받고 싶어서 뿔이 생긴 것이다." 여기에는 심오한 생각이 들어 있다. 스피노자는 장자와 마찬가지로 만물의 통일성을 발견했고, 무한한 실체(도에 해당)만 인정했고, 유한한 존재들은 그 실체가 한계를 지닌 특정한 상태로 나타난 것(덕에 해당)이라고 보았다. 스피노자의 '신에 대한 지성적 사랑'은 인문주의자, 지성인들만을 위한 것이었지만, 다른 종교가 없었다면, 대중의 상상력은 이 '지성적 사랑'마저도 그냥 내버려두지 않고 거기다 성인과 귀신들을 보태어 범신론적 우주에 활력을 부여하고 더 숭배하기 좋은 대상으로 만들었을 것이다.

요점은, 붓다와 쇼펜하우어와 프로이트가 인생에 관한 사고의 경계를 새롭게 넓혔지만 모두 죄와 욕망의 문제에 직면했다는 것이다. 그리고 세 사람 모두 사람 안에서 죄와 욕망을 규제하는 무언가를 발견했다. 사람의 내면에서는 언제나 투쟁이 벌어지고 있고, 사람은 본능의 독재적인 힘 앞에서 엎드려 있을 필요가 없다는 뜻이다. 프로이트는 그런 투쟁을 발견하고 정신분석의 용어로 이드(원초적 욕망)와 그것에 대한 초자아(이드를 억압하는 인성의 도덕적 측면)의 검열을 가정했다. 붓다와 쇼펜하우어는 욕망의 억제와 금욕주의를 옹호했는데, 나는 이 부분이 맘에 들지 않는다. 이런 입장은 욕망이 그 자체로 악한 것이라는 생각을 전제하고 있기 때문이다. 이런 생각은 옳지도 않거니와 현대인에게 설득력 있게 다가가지도 못한다. 스피노자는 사람 안에 원초적 본능 말고도 선을 행하여 완전해지려고 하는 고결한 본능이 있음을 발견했다. 칸트, 맹자, 왕양명王陽明 같은 이들은 그것이 신에게 받은 것, 죄 못지않게 유전되는 '원래적인original 양심'이라고 보았다. 왜 신학자들은 '원 양심original conscience'을 발견하지 못한 채 칼뱅이 '전적 부패' 같은 생각을 펼치도록 내버려두는 것일까? 그들이 그런 상태에 머무는 것이 예수 탓은 아니다. 예수께서는 "하나님나라는 너희 안에 있다"(누가복음 17:21)고 명확하고 분명하게 말씀하셨기 때문이다. 하나님나라가 너희 안에 있다면, 그 존재가 어떻게 '전적'으로 부패할 수 있는가? 이 진리가 신학자의 머리를 뚫고 들어가기가 얼마나 어려운지 모른다!

(장로교회가 전부 다 칼뱅을 신봉하는 것은 아님을 여기서 말해야겠다. 나는 예수를 믿지만 칼뱅의 입장에는 반대한다.)

내가 볼 때 프로이트는 대단히 흥미로운 사람이다. 그는 어두운 땅속으로 기어 들어가 흙을 땅 위로 잔뜩 파내고 물건이 숨겨진 곳을 찾는 두더쥐의 본능을 타고났다. 사기꾼은 많지만 프로이트는 하나뿐이다. 이런 독창적인 사상가들의 글은 언제 읽어도 흥미롭다. 이들의 사상은 너무나 신선해서, 활용되고 재활용되고 오용될 여지가 아직 한참이나 남아 있다. 프로이트가 발견한 인간 내면의 자아는 붓다가 발견한 자아의 모습과 그리 다르지 않다. 달갑지 않은 알이 잔뜩 담긴 둥지랄까! 모든 사람은 어느 정도씩은 신경증 환자의 면모를 가지고 있다. 쇼펜하우어가 말한 어둡고 원시적인 미지의 종족 본능과 충동의 경우도 마찬가지다. 그래도 우리는 현대 사상가들로부터 배워 죄를 좀 더 잘 이해할 수 있게 되었다. 성경을 쓴 히브리 저자들 및 기타 사람들이 왜 이런 힘들을 '악마'라 부르고 사탄으로 의인화했는지 알 수 있다. 프로이트도 이성적 지성의 지배력을 벗어나는 본능의 '독재적이고 자율적인' 힘에 대해 말했다. 이런 본능을 악마라고 부르는 건 자유지만, 자기최면을 시도할 필요까지는 없다.

모든 종교, 특히 불교에 대해 내가 하고 싶은 말은 이것이다. 종교가 내세만 다룬다면 나는 종교를 거부한다. 종교가 가르치는 바가 침몰하는 배를 버리고 달아나는 쥐새끼처럼 현재의 감각적 삶에서 벗어나 최대한 빨리 '도피'해야 한다는 것이라면,

나는 종교에 반대한다. 사람은 선종 신자들처럼 삶이 주는 은혜를 수용한다는 의미에서 용감하게 세상과 더불어 살고 세상을 받아들여야 한다. 어떤 종교든 내세에만 매달리거나 신이 우리에게 풍성하게 허락한 감각적 삶을 부인하고 그로부터 도피하려 든다면, 그렇게 하는 만큼 그 종교는 현대인의 의식에서 점점 더 멀어질 것이라고 확신한다. 우리는 진정으로 감사할 줄 모르는 신의 자녀가 될 것이고, 선종 신자들의 사촌 정도도 되지 못할 것이다.

육체의 고행을 권하고 세상에서 도피하는 유심론唯心論, spiritualism과 냉혹한 이교적 유물론 중에서 하나를 택해야 한다면, 또 어둡고 비어 있는 내 영혼의 구석에서 죄만 생각하는 삶과 타히티 섬에서 죄를 전혀 의식하지 않는 반라의 여인과 바나나를 먹는 삶 중에서 하나를 선택해야 한다면, 나는 후자를 선택할 것이다. 나 개인이 어떻게 생각하고 느끼든 그건 별로 중요하지 않지만, 많은 현대인들의 생각이 나와 같다면 종교인들은 이에 대해 깊이 고민해보아야 할 것이다. 사도 바울은 "땅과 거기 충만한 것이 다 주의 것임이니라"(고린도전서 10:26)고 말했다.

6

From Pagan to Christian

종교에서의 이성

From Pagan
to
Christian

종교에서의 방법론

동서고금을 막론하고 종교를 논할 때는 방법을 이야기할 필요가 있다. 쇠지렛대로 조개를 까는 법은 없고, 성경의 비유처럼 낙타가 바늘귀를 지나게 할 수는 없다. 현명한 외과의사는 정원용 가위로 관상동맥을 자르지 않는다. 하지만 현대 서양인들은 언제나 데카르트식 논리로 신에게 다가가려 했다.

종교 분야의 《방법서설》과 같은 책이 꼭 나와야 할 시점이다. 종교를 둘러싼 현대인들의 혼란은 상당 부분 근본적인 방법적 오류에서 나온 것이며, 데카르트의 방법이 지배적 위치를 차지하고 인지적 이성의 우위성이 압도적으로 강조되고 직관적 이해력의 우위성이 부적절하게 강조된 것을 그 원인으로 꼽을 수 있다. 파스칼은 "나는 데카르트를 용서할 수 없다"고 말했다. 나도 그렇다. 물질적인 지식의 영역이나 사실에 대한 과학지식의 영역에서는 시간, 공간, 운동, 인과관계라는 범주에 의한 추론이 탁월한 성과를 냈고 의문의 여지가 없지만, 의미와 도덕적 가치의 영역, 즉 종교와 사랑과 인간관계에서는 흥미롭게도 이 방법이 적합하지 않으며 정확히 말하면 아예 부적절하다. 사실의 영역과 도덕적 가치의 영역, 이렇게 두 가지 다른 지식의 영역이 있다는 인식은 아주 근본적인 것이다. 종교심(감사와 경이감, 근본적으로 공경하는 마음의 태도)은 사람이 의식 전체를 활용하여 직관적 이해에 이르는 재능이자 도덕적 본성으로 우주에 총체적으로 반응하는 일이며, 이 직관적인 감사와 깨달음은 수학적 추론보다 훨씬 미묘하고 고귀한 재능이자 고차원의 이해이다. 과학적 기질과 종교적 기질의 전쟁은 이렇듯 방법에 대한 혼란 탓이고, 도덕지식의 영역을 자연의 영역을 탐구하는 데 적합한 방법론에 예속시킨 탓이다.

데카르트는 인간이 인지적 추론을 통해 그 존재의 증거를 구해야 한다고 생각했고, 그것이 그의 첫 번째 오류였다. 그는 인지적 이성을 전적으로 신뢰하고 의지했는데, 오늘날에도 여전히 현대철학의 토대에 놓여 있는 이 방법이 지배적인 위치를 차지하면서 현대철학은 거의 수학의 한 분과로 전락해 윤리나 도덕과는 완전히 분리되고 신을 이해할 수도 측량할 수도 없고 아예 철학의 역량을 벗어난 대상으로 보는 참담한 지경에 이르렀다. 과학의 영역에서는 측정할 수 없는 것을 모두 피해야 한다. 신과 사탄과 선악은 분명 계량기로 잴 수 없다. 이런 데카르트의 방법에도 사소한 오류와 한계들이 있다. 과학에서도 전체 상황과 '사물의 합목적성'을 합리적으로 가늠해보는 것이 과학적 사고의 일상적 과정에 들어 있기 때문이다. 시력이 보지 못하는 것을 비전이 제공해야 하며, 그것이 안 되면 과학은 어떤 진보도 이룰 수 없다. 데카르트의 두 번째 오류는 아무런 근거 없이 정신과 물질을 분리한 것인데, 심신이원론은 현대과학에서 하루가 멀다 하고 설득력을 잃고 있다.

내가 볼 때 중국인들은 오래전부터 건전한 본능을 발휘해 종교에서 논리의 역할을 완전히 부인했다. 앞에서 봤다시피 선불교는 논리적 분석에 대한 불신에 근거하여 발달했고, 데카르트의 추론 방법을 배운 서양인들은 선의 이해를 대단히 어려워한다. 동양인이 생각하는 기독교의 가장 충격적인 부분은 종교에 대한 스콜라철학적인 접근방식인데, 이것은 거의 모든 기독교 신학에 빠지지 않고 등장한다. 이것은 믿기 어려울 만큼 엄청난 오류이지만, 감정이나 인간의 총체적 의식이 아니라 이성을 최고로 아는 세상에서는 정작 오류로 감지되지도 못한 채 무시된다. 과학적 방법 자체가 잘못된 것은 아니지만, 종교의 영역에서는 그지없이 부적절한 방법이라는 말이다. 사람은 언제나 유한한 용어로 무한을 정의하고, 자신이 다루는 주제의 본질을 모른 채 영적인 것들을 물질을 대하듯 이야기하고 싶어 한다.

나는 과학에 붙어 종교를 옹호하는 사람들을 늘 의심스럽게 여긴다. 종교인들은 자연과학의 빈약한 증거를 가지고 자신들의 오래된 믿음을 뒷받침하기를 좋아한다. 이것은 과학이 누리고 있는 전적으로 근거 있는 명망에 기댄 습관이다. 그러나 종교인들은 인간의 총체적 의식의 우월성 위에 자리를 잡는 대신, 자연과학의 몇 가지 내용이나 자연과학자들의 몇 가지 고백을 슬쩍 빌려오길 좋아한다. 그 모습은 마치 시장통에서 약장수가 걸걸한 목소리로 "의사 넷 중 셋이 추천하는…" 약이라고 외치는 것과 똑같다. 사람들의 마음을 확 사로잡아야 하니, 약장수는 그렇게라도 제품 선전을 해야 한다. 하지만 종교는 그렇게 무릎을 꿇고 과학의 임상증거를 구걸해서는 안 된다. 종교는 그 이상의 품위가 있어야 한다. 과학의 무기가 현미경이라면, 종교 지식의 무기는 인간의 마음속에 있는 세미한 음성과 진리를 추측할 수 있는 직관적 역량을 갖춘 따스하고 섬세한 의식이다. 그러나 현대인에게 없는 것이 바로 그 예민함과 절묘한 감각이다.

그래서 종교에 대한 혼란스러운 생각이 현대 세계에 난무하는 것이다. 그래서 과학과 종교 사이에 전쟁이 벌어지고 있다는 생각이 나온 것이다. 하지만 이 전쟁은 의식적·무의식적으로 데카르트적인 혹은 스콜라철학적인 추론방법을 훈련받은 사람들의 정신 속에서만 존재한다.

중국인과 서양인이 생각하는 방법에 있어서 특징적으로 다른 점은 대체로 다음과 같다.

	중국	서양
과학	불충분	이성과 수학
철학	윤리에 대한 직관적 판단 품행에 대한 주된 관심	수학의 침공이 심화 윤리학과의 결별
종교	논리 부정과 직관에 대한 의존	수학적 지성과 인간의 총체적 의식 사이의 '전쟁'

하인리히 하이네(1797-1856, 독일의 시인)는 《여행 그림》에서 신과 종교에 대한 논쟁을 흥미롭게 그려낸다.

고기가 영 잘못 구워졌을 때, 우리는 하나님의 존재를 놓고 입씨름을 했다. 그러나 선하신 주님을 믿는 쪽이 언제나 더 많았다. 저녁식사를 하는 사람들 중에서 무신론적 성향을 가진 사람은 셋뿐이었고, 그나마 이들도 디저트로 좋은 치즈만 나와도 신념이 흔들릴 판이었다. 가장 열성적인 유신론자는 몸집이 작은 삼손이었는데, 그는 말라깽이 판피터와 하나님의 존재를 놓고 논쟁을 벌이다 가끔은 너무 흥분한 나머지 방을 이리저리 뛰어다니며 쉬지 않고 소리쳤다. "하나님 맙소사, 그건 옳지 않아!" 비쩍 마른 프리지아(네덜란드) 사람인 말라깽이 판피터의 영혼은 네덜란드 운하의 물결처럼 잔잔했으며 그의 말은 예인선처럼 느긋하게 흘러나왔는데, 그는 레이든 대학에서 부지런히 공부했던 독일철학에서 논리를 끌어왔다. 그는 하나님의 존재 운운하는 편협한 지성의 소유자들을 조롱했다. 심지어 그는 그들이 신성모독을 저지르고 있다고 비난하기까지 했다. 하나님에게 전혀 어울리지 않는, 지혜와 정의와 사랑 및 그와 유사한 인간의 속성들을 하나님에게 부여했다는 것이다. 그런 속성들은 어떤 면에서 인간의 특성들, 즉 어리석음, 불의, 증오의 반대명제일 뿐이기 때문이다. 그러나 판피터는 나름의 범신론적 견해를 전개하다가 피히테(1762-1814, 독일의 철학자)의 추종자인 위트레흐트 출신 드릭센이라는 사람의 공세에 시달렸다. 드릭센은 신이 자연 전체에 흩어져 있다는 판피터의 모호한 신 개념을 맹렬히 논박하면서, 그럼 신이 공간 안에 존재한다는 것인데 그건 말이 안 되며 … 신을 생각할 때는 신을 모든 실체로부터 추상화시켜야 하며, 존재의 한 형태가 아니라 사건들의 질서로 봐야 한다고 주장했다. 신은 존재가 아니라 순수 행위이며, 초월적인 세계 질서의 원리라는 것이었다.

이 말을 듣고 자그마한 삼손은 화가 나서 제정신이 아니었다. 그는 미친 듯이 방 안을 이리저리 뛰어다니며 더 큰소리로 외쳤다. "하나님! 오 하나님! 하나님 맙소사, 그건 옳지 않아! 오 하나님!" 팔뚝이 그렇게 가녀리지만 않았어도 그는 하나님의 명예를 지키기 위해 그 뚱뚱한 피히테 추종자를 두들겨 팼을 것이다. 아닌 게 아니라, 삼손은 가끔 실제로 그를 공격했는데, 그럴 때 뚱뚱한 드릭센은 자그마한 삼손의 작은 두 팔을 꼼짝 못하게 붙들어놓고 파이프를 문 채로 자신의 체계를 차분하게 설명해나갔다. 그러다 가끔 그의 사변적인 주장들과 더불어 담배연기를 삼손의 얼굴에 뿜어댔다. 자그마한 삼손은 연기와 분노에 거의 질식할 상태가 되어 처량하게 울부짖었다. "오 하나님! 오 하나님!"

그러나 그가 그토록 용맹하게 하나님 편을 들었건만, 하나님은 그를 도우러 오지 않았다.

이것은 신성에 대한 주장과 논쟁의 무용함을 잘 보여주는 사례이다. 지성을 발휘한 저 용맹한 공격들이 모두 무슨 소용이 있단 말인가? 종교를 연구하는 세 사람이 카페에서 논쟁하는 모습, 아메바의 후손에 불과할 작은 인간 정신 셋이 신의 본질과 특성을 놓고 논쟁하는 모습은 철저한 유물론자가 볼 때 대단히 재미있고 생각을 자극할 만한 광경일 것이다. 하지만 흥미로운 점은 **하나님이 누구도 도우러 오지 않았다**는 것이다. 그리고 지각 있는 사람이라면 이들이 어떤 결론에도 이르지 못할 것임을 알 수 있을 것이다.

종교를 연구하는 세 사람의 모습은 아타나시우스 신경을 놓고 논쟁을 벌이던 4세기 기독교인들의 모습과 본질적으로 다르지 않다. 상대방의 얼굴에 담배연기를 뿜는 일은 없었지만 다들 판피터나 삼손만큼 자신만만했다. 그들은 삼위일체의 성부, 성자, 성령에 논리적 관계를 부여하는 작업을 시도했는데, 주교들에게야 물론 대단히 값진 주제였다. 그들이 합의한 첫 번째 내용은 성부, 성자, 성령이 세 위격이지만 한 실체substance라는 점이었다. 하나님에게 실체라는 단어를 쓰는 것이 터무니없는 일이기는 하지만 여기에 어떤 철학적 의미가 담겨 있다는 것은 인정할 수 있겠다. '위격位格, Persons'이라는 단어는 인간의 관점에서 나온 정의를 담고 있다. 성부, 성자, 성령의 차이점을 둘러싸고 큰 논쟁이 있었는데, 참으로 흥미로운 주제이다! 성부, 성자, 성령 모두 창조되지 않았다. 그중에서도 가장 어려운 부분은 성자, 성령과 성부의 논리적 관계를 규정하는 일이었다. 마침내 성자 하나님은 창조되지 않았고 성부로부터 '출생'하신 반면, 성령은 창조되지 않았고 성부로부터 출생하지 않았고 성부로부터 '발출'하셨다는 결정이 내려졌다. 그리고 여기에 동의하지 않는 모든 자는 지옥에 떨어진다는 위협이 덧붙여졌다. 성령이 그냥 '발출'하셨다는 합의가 이루어지자 그럼 성령이 성부로부터 직접 '발출'하셨는지 성자를 거쳐서 발출하셨는지를 놓고 논쟁이 벌어졌다. 이런 스콜라철학적인 구분 때문에 그리스정교회와 로마가톨릭교회가 갈라졌고 11세기에는 가톨릭의 교황과 정교회의 총대주교가 하나님의 영광을 위해 서로를 파문했다. 이것이 불경不敬이 아니라면 도대체 무엇이 불경이란 말인가?

현대인들의 태도

사실, 종교에 대한 생각이 혼란스러워진 원인으로는 데카르트의 방법에 더해 스콜라철학을 꼽을 수 있다. 그런 철학 체계는 시간도 많고 안정되고 포도주도 많은 수도사들만 만들어낼 수 있었다. 종교가 사람에게 의미하는 바는 각양각색이고 종교적 믿음도 다양하다 보니 대단히 다양한 태도와 의견이 공존하고 있다. 윌리엄 제임스(1842-1910, 미국의 심리학자, 철학자)는 《종교적 경험의 다양성*The Varieties of Religious Experience*》이라는 강연에서 여러 다양한 종교적 실천과 믿음이 혼재하는 대단히 다채로운 상황을 보여주었는데, 그중에는 터무니없는 것들도 있었다. 소위 종교적 믿음과 의견으로 가득한 정글에는 온갖 오류, 다시 말해 프랜시스 베이컨(1561-1626, 영국의 철학자, 정치가)이 말한 '네 가지 우상'이 다 있다. 첫째, 모든 편견과 선입견에서 나온 개념들('종족의 우상'). 그중 하나는 하나님이 인간과 같다는 생각, 즉 신인동형론神人同形論적 신 개념이다. 둘째, 개인적·민족적 편견과 동일시된 모든 믿음('동굴의 우상'). 그중 하나는 '기독교인'과 '백인'이 사실상 동일한 의미로 쓰이는 현재의 용례다. 셋째, 언어로 인해 생겨나는 온갖 허구와 혼란('시장의 우상'). 넷째, 인간이 만들어낸 철학 체계에 근거한 온갖 환상적인 교리들('극장의 우상'). 그중 하나가 칼뱅의 '전적 부패' 교리다.

성경에는 예수 당대 사람들의 여러 태도를 보여주는 사례들이 나와 있는데, 오늘날에도 그런 모습들을 여전히 많이 볼 수 있다. 첫째, 헤롯 왕의 딸 살로메가 보여준 태도이다. 그녀는 세례 요한의 머리를 원했다. 현대 공산주의는 종교에 대해 이런 태도를 취해 어떻게든 그 가죽을 벗기고 으스러뜨리려 한다. 본디오 빌라도는 선악 간의 투쟁 가운데에서 중립을 유지하는 태도를 보여주었다. 이 태도는 네루(1889-1964, 인도의 초대 총리)에 의해 유명해졌다. 본디오 빌라도의 입장이 이례적이거나 보기 드문 것은 아니라고 보는 것이 객관적이고 공정한 판단일 것이다. 그 나름의 '동굴의 우상'에서 보자면 정당성을 주장할 여지가 있었다. 그는 유대인들 사이의 말다툼에 말려들 이유가 없었고 그 문제에서 손을 씻었다. 그가 예수를 가리키며 "에케 호모", 즉 "이 사람을 보라"(요한복음 19:5)고 말한 것은 예수가 범죄자라고 주장하는 가야바•를 냉소적으로 비꼰 것이었다. 본디오 빌라도의 중립주의는 자와할랄 네루의 중립주의보다는 더 실질적이었다. 네루는 수에즈 운하 위기•• 기간에 백색 제국주의를 날카롭게 비판했지만, 헝가리 위기••• 기간에는 적색 제국주의를 마지못해 형식적으로 비판하는 데 그쳤다. 아그립바 왕과 그의 아내 버니게는 그보다 좀 나아 보이는데, 아그립바는 사도 바울에게 "그대의 설득으로 내가 하마터면 그리스도인이 될 뻔하였구나"(사도

• 예수의 처형에 참여한 유대교의 대제사장 – 옮긴이.

•• 1956년 이집트의 나세르 대통령이 수에즈 운하의 국유화를 선언하고 영국에 수에즈 운하의 양도를 요구하면서 벌어진 위기. 영국과 프랑스, 이스라엘이 공모해 이집트를 침공했으나 국제 사회의 압력에 밀려 뜻을 이루지 못했다 – 옮긴이.

••• 1956년 헝가리에서 일어난 반소反蘇 봉기. 소련의 무자비한 진압에 20만 명의 헝가리인이 헝가리를 탈출했다 – 옮긴이.

행전 26:28)라고 말했다. 그는 보다 마음이 열린 사람이었던 듯하다. 그는 공적인 임무를 수행하고 있었고 사도 바울을 풀어줄 마음도 있었던 것이다. 그러나 바울은 이미 카이사르에게 상소한 터라 아그립바가 더 이상 할 수 있는 일이 없었다. 아그립바 왕의 태도는 대단히 현대적인 것으로, 관용적인 무관심이라고 할 수 있다. 너무 '바빴던' 그는 그 문제를 더 이상 파고들지 않았다.

물론 예수께서 거듭거듭 꾸짖으셨던 바리새인들의 태도도 있다. 그들에게 종교나 기독교는 경건을 가장한 은폐물에 불과하다. 빌헬름 황제가 프로이센의 황태자였던 시절, 비스마르크와 처음 대화를 나눈 자리에서 그는 싫어하는 누군가를 두고 '경건주의자'라고 말했다. 비스마르크가 물었다. "경건주의자가 무엇입니까?" "종교를 빙자해서 사사로운 이익을 추구하는 사람입니다." 하이네는 특유의 풍자 실력을 발휘해 경건주의자를 이렇게 묘사했다.

난 지혜로운 사람들을 알고, 그들의 교과서도 알고
그 저자도 안다.
나는 안다. 그들이 몰래 포도주를 마시면서
남들에게는 물만 마시라고 한다는 것을.

흔히 말하는 종교의 비범한 사례를 조지 폭스(1624-1691, 퀘이

커교의 창시자)에게서 볼 수 있다. 극단적인 이야기이긴 하지만 현대의 기독교인 사이에서 그렇게 드문 일은 아니라고 생각한다. 어느 날 조지 폭스는 리치필드로 가고 있었다. 다음은 그가 일기장에 기록한 내용이다.

> 그때 주님이 내게 신발을 벗으라고 명하셨다. 그때가 겨울이었기 때문에 나는 어쩔 줄 몰라 그냥 서 있었다. 하지만 주의 말씀이 내 안에서 불처럼 타올랐다. 그래서 나는 신발을 벗고 양 치는 사람들에게 그것을 맡겼다. 가엾은 목자들은 떨고 있었고 갑작스러운 나의 행동에 깜짝 놀랐다. 그다음 나는 1.6킬로미터 정도 걸어갔다. 시내로 들어서자마자 주님의 말씀이 다시 내게 임했다. "이렇게 외쳐라. '피 흘린 도시 리치필드는 화가 있도다!'" 나는 거리를 오가며 큰소리로 "피 흘린 도시 리치필드는 화가 있도다!" 라고 외쳤다. 마침 장날이어서 나는 장터로 갔다. 장터 여기저기를 다니며 똑같이 외쳤다. "피 흘린 도시 리치필드는 화가 있도다!" 그런데 누구도 내게 손대지 않았다. 그렇게 소리치며 거리를 다니다 보니 거리에 피가 흐르는 수로가 있는 것처럼 보였고 장터는 피 웅덩이처럼 보였다. 내게 임한 말씀을 모두 선포하고 가슴이 후련해진 나는 평안을 누리며 시내를 벗어났고 양 치는 사람들에게 돌아가 얼마의 돈을 주고 신발을 찾았다. 그러나 주님의 불이 발과 온몸에 임한 상태였기에 신발을 신을 필요가 없었다. 신발을 신어야 할지 말아야 할지 알 수가 없었다. 그러다 어느 순간 신발을 신

어도 된다는, 주님이 주시는 자유를 느꼈다. 그래서 발을 씻고 신발을 신었다.

참으로 흥미로운 기록이다. 물론 하나님은 인간의 종교가 꿈꾸는 것보다 훨씬 많은 일을 하실 수 있지만, 하나님이 하신 일이라고 종교가 내세우는 일 중 상당수는 분명 하나님이 절대 하지 않으실 일이다. 종교친우회Society of Friends(퀘이커교의 정식 명칭—옮긴이)의 설립자를 폄하할 뜻은 없다. 나는 그를 더없이 존경하고 흠모한다. 그러나 이런 유형의 많은 종교가 합리적인 사람들의 조롱을 자초한 것은 사실이고, 그중에는 조롱을 받아 마땅한 부분도 있다. 신경증적 행동, 환각, 간질발작, 몸의 떨림, 방언부터 온갖 형태의 신앙 부흥운동까지, 종교로 통용되는 온갖 다양한 체험들을 일일이 열거할 필요는 없을 것이다.

나는 이러한 종교적 믿음에 대한 혼란과 교파들 사이의 불일치 때문에, 저주의 지옥불이라는 괴물 스킬라와 바리새주의의 소용돌이 카리브디스가 버티고 있는 해협을 간신히 빠져나와 이교도pagan로 자처하게 되었다. 나는 합리주의와 휴머니즘 위에 자리를 잡았다. 다양한 종교들이 서로를 부르는 칭호를 생각할 때, '이교도'라는 단어는 많은 신자들의 맹비난은 피하는 것 같다. 흥미롭게도, 영어의 용례에서 'pagan(이교도)'이나 'heathen(비非종교인)' 같은 단어는 기독교, 유대교, 이슬람교 같은 주요 종교를 믿는 사람들을 가리킬 때는 쓰이지 않기 때문이다.

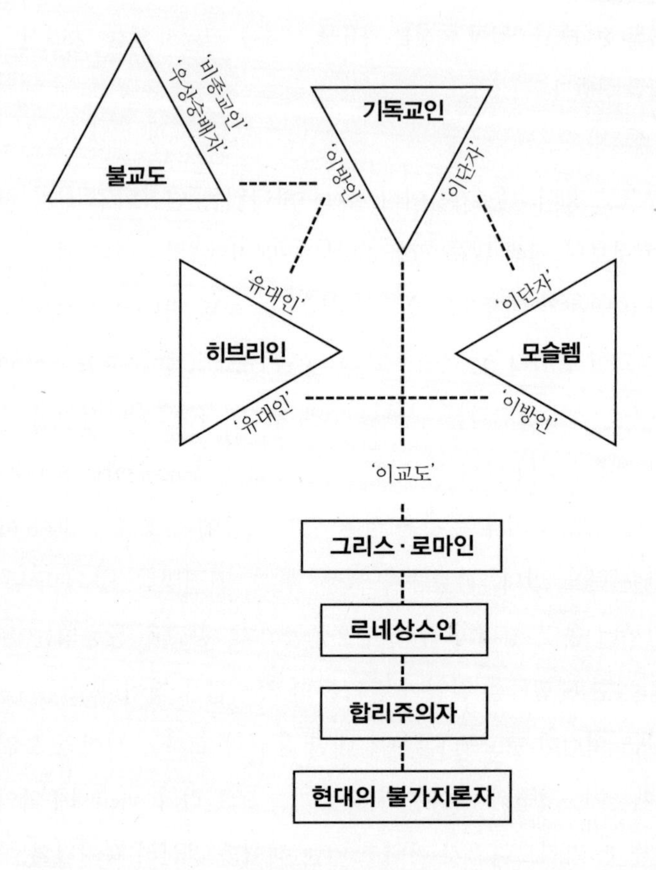

▮ '인용부호'가 붙은 호칭들은 반대쪽 삼각형에 속한 사람들이 사용하는 용어를 나타낸다.

'heathen'이라는 단어가 흔히 경멸의 의미인 것과 달리, 'pagan'은 고전고대古典古代•의 고상한 분위기를 담고 있다. 올림포스 산의 모든 신이 어느 정도 현대 기독교인들의 애정과 존중을 받고 있기 때문이다. 고전고대뿐 아니라 르네상스와 18세기 합리주의를 연상시킨 탓인지, 많은 이들은 내가 정한 입장을 보고 나를 합리주의자로 여겼고 지성이 해방되고 이성이 성숙한 사람이라며 부러워했다. 이교도는 신을 믿지만 오해를 살까 봐 그렇다고 말하기를 두려워한다. 종교가 보여주는 현재의 여러 모습에는 분별 있고 교육받은 현대인이 종교의 자기표현에 의심의 눈길을 보내게 만드는 요소가 많고, 인본주의와 합리주의에는 현대인의 존경을 얻을 만한 요소가 많다. 분명 현대인은 공자의 냉철한 인본주의나 마르쿠스 아우렐리우스(121-180)의 스토아적인 명상, 심지어 루크레티우스(기원전 94?-55?, 로마의 시인, 철학자)의 시적詩的 유물론을 존중하고 감탄하기가 쉽다. 현대인들은 마르쿠스 아우렐리우스가 기독교의 하나님이 아니라 제우스의 이름을 부르며 적어나간 다음의 사색에서 딱히 반대할 만한 부분을 찾지 못할 것이다.

> 만물이 나와 조화를 이루오니, 오 우주여, 당신께는 만물이 조화롭기 때문입니다. 내게는 너무 이른 일도 너무 늦은 일도 없사오니, 당신께는 모든 것이 알맞은 때이기 때문입니다. 만물은 당신의 제철이 제게 가져다주는 열매입니다. 당신에게서 만물이 나오

•서양의 고전 문화를 꽃피운 고대 그리스·로마 시대 — 옮긴이.

고, 당신 안에 만물이 있고, 당신에게로 만물이 돌아갑니다. 시인은 '케크롭스•의 도시여'라고 말하지만, 당신은 '제우스의 도시여'라고 말하지 않겠습니까?

위의 인용문은 소위 이교도가 신에게 얼마나 가까이 있는지를 잘 보여준다. 앞서 나는 중국의 인본주의자들도 이와 같았음을 밝힌 바 있다. 성경에는 "어리석은 자는 그의 마음에 이르기를 하나님이 없다 하는도다"(시편 14:1)라는 구절이 있다. 그러나 사상의 역사에서는 놀랄 만큼 바보가 적었다.

내가 하고 싶은 말은 이것이다. 기독교권에서 교육받은 현대인이 종교인보다 합리주의자나 인본주의자에게 더 쉽게 공감한다는 것은 대단히 불편한 상황이자 이례적인 상황이라는 것이다. 반면, 이교도로 자처하다 공개적으로 종교로 돌아오는 사람은 이성의 힘에 대한 믿음이 약해졌다거나 지성이 약해졌다는 의심을 받을 수 있다. 여러 해 동안 나는 하나님을 믿으면서도 특정 교파에 애착을 느끼지 못하는 상태로 표류했다. 그런 상황에 만족할 수 없었지만, 여러 가지 종교적 믿음과 신경과 교리가 혼란스럽게 펼쳐진 한가운데에서 하나님을 믿는다고 털어놓기가 어려웠다.

•아테네 최초의 왕. 허리 아래로는 뱀이었다—옮긴이.

'알 수 있는 것'의 한계

하지만 제정신을 갖춘 사회라면, 종교를 거부하는 합리주의자보다, 세속적인 의무와 물질적인 안락함만 챙기고 거기에 만족하여 더 높은 영적 갈망이 없는 사람보다, 인간의 인식과 통찰의 장을 일부러 제한하고 인간에게 무심한 채 아늑하고 따뜻한 구석 자리만 고집하는 유물론자보다, 종교인이 존경을 받아야 마땅하다.

방법의 혼란에 이끌려 우리가 어디까지 왔는지 살펴보았다. 신을 받아들이는 사람은 단순한 합리주의자보다 더 높고 충만하고 성숙한 지성을 소유한 것일까? 만약 그렇다면 그 이유는 무엇일까? 아니면 하나님을 향해 달려가는 사람은 필연적으로 그만큼 빠른 속도로 이성에서 멀어진다고 말해야 할까? 이성은 무엇을 말하는 것일까? 이성과 종교적 인식 사이에는 필연적인 대립이 있는 것일까? 그렇지 않다면, 그 둘은 어떤 관계일까? 합리주의에 머무는 정신과 고차원의 직관적·종교적 인식을 할 수 있는 정신, 둘 중에서 어느 쪽이 더 높은 인간 지성이라고 할 수 있을까? 이성은 무엇이고 믿음은 무엇일까?

내가 볼 때 인간의 이성과 주위의 현실을 파악하는 인간의 능력을 가장 잘 보여주는 그림을 제시한 사람은 여전히 플라톤이다. 이 그림은 인간의 정신이 현상계에 대해 무엇을 할 수 있고 무엇을 할 수 없는지를 잘 보여준다. 붓다와 플라톤에서 버클리와 칸트, 그리고 최근의 자연과학자들에 이르기까지, 현상계 배후의 진리를 아는 인간 의식의 능력을 보여주는 그림은 본질적으로 동굴 입구를 등지고 앉아 있는 사람의 모습이다. 플라톤은 《국가》에서 이렇게 말했다.

> 내가 말했다. "이제 우리의 본성이 얼마나 밝은지 혹은 어두운지 보여주는 비유를 하나 들어보겠네. 보게! 지하 동굴에 사람들이 살고 있는데, 햇빛 쪽으로 난 입구를 따라 들어가면 동굴로 죽 들어가게 되어 있네. 이곳 사람들은 어릴 때부터 여기 있었고 발과 목이 사슬에 결박당한 상태라 앞만 볼 수 있고 고개를 돌릴 수가 없지. 이들의 뒤에는 저 위쪽 멀리서 불이 타오르고 있고, 불과 죄수들 사이에 솟아오른 길이 하나 있네. 이 길을 따라 나지막한 담이 죽 세워져 있는 광경을 상상해 보게. 인형극을 공연할 때 관중 앞에 휘장이 드리워지고, 그 휘장 위로 인형들을 보여주는 것과 비슷하네."
>
> "알겠습니다."
>
> 내가 말했다. "좀 더 상상해보게나. 이 담을 따라 사람들이 온갖 그릇과 나무와 돌과 갖은 재료로 만들어진 조상과 동물 모형들을 들고 지나가는 모습이 담벼락에 나타난다고 해보세." …
>
> "이상한 광경과 이상한 죄수들을 상상하라고 하시는군요."
>
> 내가 대답했다. "그들이 우리와 같네. 그들이 보는 거라곤 자기 그림자와, 불이 동굴 반대쪽 벽에 비추는 다른 그림자들뿐이야."

그가 말했다. "그렇군요. 그들이 고개를 돌릴 수 없다면 그림자 말고 무엇을 볼 수 있겠습니까?"

"그렇다면 그들의 등 뒤에서 다른 이들이 실어 나르는 물건들에 대해서도 그림자만 볼 수 있을까?"

"그렇겠지요." …

내가 말했다. "그들에게 진리란 말 그대로 사물의 그림자에 불과할 걸세."

현대과학에 비추어 볼 때 플라톤의 동굴 비유는 우리가 생각하는 것보다 훨씬 더 적절하고 정확하다. 에딩턴의 말을 들어보자. "물리학이 다루는 대상이 그림자 세계라는 솔직한 인식은 최근에 이루어진 가장 중요한 진보 가운데 하나이다." 제임스 진스(1877-1946, 영국의 물리학자, 천문학자)는 양자量子와 파동과 에테르 문제를 연구하면서 이렇게 말했다. "우주가 거대한 기계가 아니라 하나의 거대한 생각처럼 보인다." 물리학에서 양자는 말 그대로 진퇴양난의 현상이 되었다. 우리는 양자를 통해 물질과 에너지가 보이지 않는 경계를 넘나드는 것을 처음으로 보았고, 그로 인해 기존의 물질 개념이 더 이상 적합하지 않음을 깨닫게 되었다. 물질을 좀 더 파고들어 백만 볼트 전하가 흐르는 아원자 입자로 내려가면 그 자취를 찾을 수 없게 된다. 이것이 오늘날 이 문제를 바라보는 객관적인 견해이다.

플라톤이 기가 막히게 표현한 대로, 그림자 세계가 우리가 보고 알 수 있는 전부이다. 우리는 감각지각을 통해 현상계의 그림만 포착한다. 이것이 '이성'이 우리에게 말해줄 수 있는 전부이다. 현상*phenomena* 배후에는 본체*noumena*, 물物 자체Ding-an-sich, 즉 정신의 추론능력으로는 절대 알 수 없는 절대적 진리가 있다. 애석한 일이다. 인간의 지식은 감각지각에 근거한다, 자연만물의 존재*esse*는 지각된 것*percipi*이다, 우리가 존재라고 여기는 것은 지각일 뿐이며 어쩌면 환상일지도 모른다. 이렇게 생겨먹은 우리는 장막을 통해서만 사물을 볼 뿐 절대적 진리의 얼굴을 결코 보지 못할 것이다. 이 모두가 인간 지식의 한계에 대한 서글픈 선언이다. 우리가 무슨 일을 하든, 언제나 무엇인가가 뒤에 남는다. 알 수 있는 세계의 **잔여물**이다. 이것은 인간 지성에 대한 모욕이요 인간이 처한 정신적 곤경에 대한 서글픈 선언인데, 이 곤경 앞에서 인간은 속수무책이다. 붓다가 이것을 가르쳤고 플라톤이 이것을 해설했으며, 3세기 동안 인간 지식의 기제와 장비와 법칙을 집중적으로 공격한 많은 철학자들이 이 사실을 서글프게 인정했다. 그리고 최근에는 과학으로 입증되고 있다. 그러니 이 사실을 겸허하게 받아들이고 우리가 서 있는 자리를 알자.

그러니까 우리는 동굴 입구를 등지고 앉아 있고, 우리가 볼 수 있는 것은 동굴 벽의 화면에 투사된 사람과 동물, 도구, 식물 그림자들의 행렬뿐이다. 플라톤이 제시한, 감각인상에 매인 노예들의 그림을 보완해보자. 빛과 그림자 외에 소리와 냄새에다 열과 냉 같은 감각까지 더하는 것이다. 우리는 히힝 소리를 지나가는 당나귀와 연관 짓고, 음매 소리를 소와, 멍멍 짖는 소리를 등 뒤로 솟아오른 길을 달려가는 개의 모습과 연관 짓게 될 것이다. 귀가 긴 동물은 히힝 소리를 내고, 뿔 달린 동물은 음매 소리를 내고, 작고 털 달린 동물은 멍멍 짖는구나 생각할 것이다. 낙타나 말이 지나갈 때 독특한 냄새를 맡게 될 것이고, 해가 비치거나 그늘이 지거나 비가 내릴 때 열기나 냉기를 느낄 것이다. 경험을 통해 동굴 벽에 흩뿌려지는 것들의 상을 눈雪과 연관 짓고, 끊어지는 수직의 선을 빗줄기로 해석하게 될 수도 있다. 그러나 우리가 이 모든 일을 제대로 해낸다 해도, 바깥의 진짜 세계에 대한 우리의 지식은 감각인상을 통해서만 주어진 여러 정보를 연결하고 인식하고 아는 것에 불과할 것이다.

그러나 동굴 벽에 보이는 그림자들 옆에는 해가 기울 때부터 저물 때까지 나타나는 빛과 색깔의 흥미로운 변화도 있고, 바람과 폭풍과 우레의 무시무시한 소리들도 더해볼 수 있을 것이다. 그런데 사슬에 매여 고개를 돌릴 수 없는 노예들 중에는 다른 이들보다 더 활동적인 지성을 가진 사람들이 있을 것인데, 이들은 바람과 눈보라의 소리와 기온과 빛의 변화와 계절이 바뀜에 따라 낮과 밤의 길이가 달라지는 것이 무슨 의미가 있는지 사색하느라 바쁠 것이다. 그렇게 사슬에 매인 노예들 중에서 뉴턴과 비슷한 사람은 상당한 광학 지식을 활용해 빛의 근원에 해당하는 태양의 존재를 추측할 것이고, 밤에 흐려진 빛을 보고 달과 별들의 존재를 유추할 것이다. 이 모두는 직접적인 감각인상과 별도로 이루어지는 순전히 정신적인 작용일 것이다.

진리에 대한 이런 창의적인 추측들을 무엇이라 불러야 할까? 우리의 실증적인 지식의 일부는 아니다. 플라톤의 동굴 비유에서 바깥 세계는 진정한 실체, 절대적 진리, 본체를 뜻하는 반면, 동굴 벽의 그림자들은 감각지각의 세계, 현상을 뜻하기 때문이다. 진리에 도달하고자 창의적인 추측을 시도하는 사변적 정신의 소유자들이 벌이는 노력, 이미지들의 행렬에 만족하지 못하고 궁극적인 원인을 알아내고 전체를 이해하고 일종의 통일성을 확립하려는 이런 노력을 무엇이라 불러야 할까? 사변적인 노력이다. 직접적인 증거를 제시할 수는 없지만 어쩌면 더 높은 정신능력, 그림자와 소리와 냄새와 움직임에 대한 관찰보다 더 강한 이해능력에 속하는, 마음으로 보는 일이다. 이런 믿음을 뭐라고 불러야 할까? 근거 없는 상상의 도약일까, 지성의 오만한 추정일까, 아니면 인간의 **더 높은 이성**의 발현일까? 혹시 우주를 향한 인간 전 존재의 총체적 반응은 아닐까? 이것은 인간의 눈과 그것이 보지 못하는 자외선이나 적외선과의 관계에 비유할 수 있을 것 같다. 색맹인 사람이 있는 것처럼, 통상적인 시력의 범위를 벗어나 적외선과 자외선까지 볼 수 있는 능력을 타고난 사람이 있을지도 모른다. 그런 사람은 남들이 보지 못하는 것을 보는 심령력을 갖고 있을 것이고 우리 눈에는 미친 사람처럼 보일 것이다. 가야바에게 예수는 분명 미친 사람이었다. 그분은 자신이 사람들의 죄를 용서한다고 말했다. 그것이 그분이 십자가에 못 박힌 이유였다.

지식의 잔여 영역

그래서 나는 이것을 '지식의 잔여 영역'이라 부른다. 언제나 뒤에 남는 것, 철학적 분석을 피해 가는 것이 있다. 윤리의 영역에 들어서자마자, 여기까지가 끝이고 더 이상 나아갈 수 없음을 알게 된다. 지식의 영역, 도덕적 가치의 영역은 입증될 수 없다. 창조적인 추측을 하거나 암시를 발견할 뿐이다. 우주에 대한 인간 도덕성의 이런 총체적 반응을 알아듣기 쉽게 부르는 적절한 이름이 없다. 이것을 '직관'이라 부르는 이들도 있고 '신앙'이라 부르는 이들도 있다.

그런데 스콜라 철학자들이 지식의 잔여 영역에 '신앙'이라는 이름을 붙인 것은 비극이다. 이 영역이 통상적인 추론 형식에 잘 들어맞지 않는 것은 사실이지만, '신앙'이라는 단어는 이미 나름의 의미를 갖고 있었기 때문이다. '이성'은 데카르트적이고 수학적인 것이기에, 그런 추론에 잘 들어맞지 않는 잔여 영역이 편협하고 수학적인 추론을 배제하는 '신앙'이라 불리게 된 것이다. 그 즉시 이성과 신앙의 대립 관계가 생겨났다. 그러자 둘의 대립을 남용해 신앙을 신비주의적인 것으로 만들고 신앙 안에 믿기 어려운 것들을 점점 더 많이 집어넣어 알 수 없는 것, 완전히 신비로운 것, 성스럽고 거룩한 것들의 자율적인 영역으로 만들고 싶은 유혹이 사람들을 사로잡았다. 신앙은 이성과 모순되는 정도는 아니라도, 이성을 거의 포기하는 상태를 뜻하게 되었다. 신앙은 풍문으로 들은 어떤 것을 받아들이는 일, 영원한 지옥이라는 끔찍한 협박하에서 믿음을 강요당하는 뭔가 경직되고 꽉 막히고 융통성 없는 그 무엇을 뜻하게 되었다. 신앙은 믿음을 강요하는 낌새가 있고, 종교재판 시대에는 실제로 그랬다. 그리고 여기에서 생겨난 악취가 신앙, 특히 기독교 신앙에 달라붙었다. 볼테르의 성난 항의는 누구라도 이해할 수 있다. "자유롭게 창조된 존재가 무슨 권리로 자유롭게 창조된 다른 존재에게 자기와 똑같이 생각하라고 강요할 수 있는가?"

그런데 스콜라철학의 영향력 아래에서 1,600년 동안 신학이 바로 그런 일을 했다. 30년 전쟁•과 성 바돌로매 축일 대학살••, 그리고 스피노자가 생전에 《윤리학》을 출간하지 못했다는 사실 등 몇 가지만 떠올려도 충분할 것이다. 신학에 대해 알면 알수록 더 편협해지고 경건함에서 멀어진다는 것은 자명한 일이다. 그

•1618-1648년 독일을 무대로 신교와 구교 간에 벌어진 종교전쟁 — 옮긴이.

••1572년 8월 24일, 샤를 9세의 모후母后 카트린 드 메디시스의 지시로 벌어진 가톨릭교도들의 위그노(개신교도) 대학살. 왕이 학살 금지 명령을 내렸는데도 학살이 이어져 10월까지 수천 명의 위그노가 죽었다고 전한다 — 옮긴이.

렇기 때문에 예수께서는 당대의 서기관과 신학자들에게 이렇게 말씀하셨다. "세리들과 창녀들이 너희보다 먼저 하나님의 나라에 들어가리라"(마태복음 21:31). 복음서를 읽는 사람은 제사장들과 모세의 율법을 가르치는 선생들을 향한 예수의 격렬한 증오를 놓칠 수가 없는데, 그만큼 주기적으로 자주 터져 나오기 때문이다.•

하지만 세속 철학자들은 그것을 '신앙'이라 부르지 않고 '직관'이라 불렀다. 놀랍고도 다행스럽게도, 서양인들은 300년 동안 지식의 풍차를 향해 돈키호테처럼 돌진한 끝에 이성 너머의 잔여 영역, 도덕적인 삶과 도덕적 행동의 영역에서는 상식이 들어설 자리를 허용했다. 이것의 고전적인 사례가 칸트의 《순수이성비판》과 그의 유명한 '정언명령'••이다. (칸트와 달리, 나는 감각지각과 무관한 이 '정언명령'을 '순수이성'으로, 사물과 관련된 이성의 작용을 '실천이성'으로 부르는 것이 더 공정할 거라 생각한다.) 여기서 서양철학의 비범한 점을 하나 인정해야겠다. 수학자이기도 했던 데카르트가 지식의 구조를 기계적으로 해부하고 그 내용을 분석한 이후 그것이 유행이 되었고, 순수이성과 실증적 지식의 한계

• 내가 여기서 심사숙고 끝에 붙인 '격렬한'이라는 형용사에 대부분의 성경학자들도 동의하리라 믿는다. 예수께서는 그들에 대해 "화 있을진저", "소경을 인도하는 소경", "잔의 겉은 깨끗이 하되 그 안에는 탐욕과 방탕으로 가득"한 자들, "회칠한 무덤", "지옥 자식", "과부의 가산을 삼키는 자들" 등의 험한 말을 쓰셨다.
•• 행위의 결과에 구애받지 않고 무조건 수행해야 하는 도덕적 명령—옮긴이.

에 대한 두툼한 책들이 나오면서 서양철학을 원용한 일부 신학자들이 하나님을 강력한 기하학자로 만들어버릴 조짐이 끊임없이 보였다. 그러나 동일한 사변적 철학자들이 도덕 지식의 영역에 들어가면 곧장 분석도구들을 당당하게 내려놓고 '직관'과 '정언명령'("거짓말하지 말라", "도둑질하지 말라") 같은 단어들에 의지했고, 상식에서 나온 우리의 타고난 직관적 감각(우리가 느끼기는 하지만 설명할 수 없는)에 의지했다. 그렇게 해서 후대에 등장한 로크와 버클리와 흄은 붓다 이후 2,400년이 지난 시점에서 현상계를 분석하고 그에게 동의했고, 산소가 희박한 형이상학의 창공으로 하염없이 날아오른 후에 별 볼 일 없는 다음 두 가지의 결론을 붙들고 추락했다. (a)'합리적' 믿음의 근거는 관습과 관찰, 그리고 경험에 따른 기대이다(흄의 입장인데, 그가 로크나 버클리보다 훨씬 낫다). (b)'도덕감각' 또는 직관, 또는 설명이 안 되고 설명할 수도 없는 양심의 명령이 존재한다.

지금까지 그 누구도 여기서 말하는 것, 즉 직관이나 도덕감각을 굳이 분석하지 않았다. 이것은 하나님이 주신 것, 무조건적인 것, 절대적인 것, 명령('따라야 하는 것')이다. 사변적인 철학자들은 분석도구를 내려놓고 직관을 분석적 증거가 불필요한 대단히 실질적이고 정당화할 수 있는 것으로 그냥 받아들였다. 나는 그 점에 동의한다. 전적으로 동의한다. 그러나 그들이 일관성을 발휘해 실증적인 지식의 영역에서, 예를 들어 당신과 내가 과연 존재하고 먹고 함께 숨을 쉬는가 같은 질문에서 상식적인 직관의 역할을 받아들였더라면, 그들은 인식론認識論, epistemology이라는 지식 추구의 수고와 그에 따른 파괴적인 결과를 피할 수 있었을 것이다. 상식이 이긴다. 이러니저러니 해도 결국, 데카르트는 사실상 "나는 여기 있고 생각하고 있다. 고로 나는 내가 실재한다는 것을 안다"고 말했다. 나는 당신도 실재한다는 것을 안다. 버클리에 따르면 당신이 내게 **말을 걸기** 때문이다. 그리고 나는 하나님이 실재한다는 것을 안다. 하나님은 방대한 피조세계를 통해 내게 말씀하시기 때문이다. 하지만 감각인식이 환각일 뿐이라면, 당신이 내게 말한다는 것을 정말 알 수 있을까? 우리는 분명 어떤 것들은 그냥 추정한다. 그렇지 않은가? 한쪽으로는 가차 없는 분석을 진행하지만, 다른 쪽에서는 주어진 것을 확증도 없이 당연하게 받아들인다.

도가 철학자 장자와 궤변론자 혜자惠子가 논쟁을 벌인 적이 있다. 그들이 호濠강에 세운 다리를 거닐 때 장자가 말했다. "작은 물고기들이 이리저리 헤엄치는 게 보이시오? 저것이 바로 물고기의 행복이오." 혜자가 말했다. "물고기도 아니면서 물고기의 행복을 어떻게 안다는 겁니까?" 장자가 받아쳤다. "당신은 나도 아니면서 내가 모른다는 걸 어떻게 알 수 있소?" 혜자가 말했다. "내가 당신이 아니라서 당신이 아는 바를 알 수 없다면, 물고기가 아닌 당신이 물고기의 행복을 알 수 없다는 결론이 나오겠군요." 장자가 말했다. "당신의 첫 명제로 돌아가봅시다. 당신은 내게 물고기의 행복을 어떻게 아느냐고 물었소. 당신의 질문을 보면 내가 안다는 것을 당신이 알았음이 드러나는구려." 내가 볼 때 서양의 궤변론자들은 혜자의 마지막 걸음을 내디딘 적이 없었다. 장자가 실제 경험에 의지하자 딜레마는 깨어졌다.

하지만 나는 서양의 궤변론자들이 신학자들과 달리 인간 도덕성의 총체적 반응을 '신앙'이 아니라 '직관'으로 부른 것이 기쁘다. 편안하게 다가오지 않는가? 더욱 친숙한 표현을 써서 그것을 옳고 그름의 분별, 즉 양심이라 불러도 좋을 것이다. 쇼펜하우어가 말한 만인을 향한 사랑, 즉 자비의 근거는 '직관', 곧 만물의 정체에 대한 직관적 감각이다. 칸트는 그것을 '직관', '내면의 미세한 음성', '정언명령'이라 부르는데, 이유를 따지지 않고 사심이 없는 직접적 명령이라는 의미이다. (칸트의 경우, 이성과 직관은 형태를 막론하고 모두 선험적인 것으로 보았다.) 흄은 그것을 '도덕감각'이라 불렀다. 처음에 흄은 이 선악의 구분이 이해타산에 근거해 자신에게 유리한 쪽을 선호하는 판단임을 보이려 했다. 그러나 우주의 천한 먼지와도 같은 인간이 이기적인 이해타산과 이득에 대한 기대 없이 도덕적으로 선한 것을 **사심 없이** 더 좋게 여긴다는 놀라운 사실 앞에서 그런 생각을 포기했다. 지금 우리 앞에는 다른 사람들에게 선을 베풀고 사랑하고 돕고 싶은 순수하고 복된 마음이 놓여 있다. 그것은 우주의 신비한 사실이자 어떤 추가 설명도 필요 없는 최종적인 사실이다. 연어가 알을 낳기 위해 본능적으로 상류로 올라가는 것처럼, 인간이 선을 위해 노력하고 온전한 사람이 되려는 내적 부담을 느낀다는 것은 우주의 경이로움이다. 쇼펜하우어가 말한 삶의 의지와 생식의 의지처럼, 믿음의 의지도 인간 종족의 원초적인 충동 중 하나가 아닐까?

이것은 인간과 그의 영적 발전과 하나님을 추구하는 일에 대한 놀랄 만한 사실이다. 이것은 신앙이 아니다. 이성과 모순되는 것도 아니다. 건강한 본능일 따름이다. 하나님이 주신 도덕감각이다. 인간이 자신의 도덕성을 통해 우주에 총체적으로 반응하는 것이다. 이것은 이성의 반대명제가 아니다. 더 높은 이성이다. 선불교의 삼마지(삼매, 삼매경), 진정한 '물 자체'에 대한 번뜩이는 통찰이다. 지식의 이 잔여 영역은 인간 지식과 도덕의식에서 가장 중요한 부분인데, 여기에 하나님, 영혼, 불멸, 그리고 인간의 도덕성이 모두 들어 있다.

林語堂

7

From Pagan to Christian

유물론의 도전

From Pagan
to
Christian

“영혼에 속한 것은 영혼에 돌려주고, 물질에 속한 것은 물질에 돌려주라”고 말하면 산뜻할 것이다. 그러나 불행히도, 그렇게 딱 잘라 말할 수가 없다. 예수께서 “가이사의 것은 가이사에게 돌려주고, 하나님의 것은 하나님께 돌려드려라”(마태복음 22:21, 새번역)라고 하시며 가이사(카이사르)의 나라와 하나님의 나라를 따로 거론하신 것은 악의적으로 제기된 질문에 답하시기 위한 것이었을 뿐이다. 예수의 말씀은 가이사의 나라와 하나님의 나라가 같다거나 별개라거나, 겹치는 부분이 없다는 뜻이 아니었다. 예수의 말씀은 외국 정복자의 지배를 받으며 사는 유대인에게 실제적인 행동노선이 있어야 한다는 의미였다. 유대인 독립투사들은 정치 분야에 촉각을 곤두세웠는데, 정치 분야는 하나님나라에 대한 예수의 당면 관심과 거리가 멀었다.

현대사상과 종교의 전반적인 갈등 상황은 우주에 대한 유물론적 해석에서 나오는 것이지 싶다. 유물론적 해석이란 우주 전체를 물리화학적 법칙들로 기계론적으로 다 설명할 수 있다는 해석이다. 그런 해석이 우주에서 신을 직접적으로 배제하는 것은 아니지만, 간접적으로는 그런 사고방식으로 이어진다.

그러므로 질문을 어떻게 제기하는가가 대단히 중요하다. 우리가 물질 편이든 영혼 편이든, 영혼과 물질의 이분법은 건전하지 않다. 신앙, 즉 영적 신앙을 옹호하는 사람들이 물질과 상관없이 영적 구조물을 쌓아올리면 위태로운 길을 걷게 된다. 그것은 모래 위에 집을 짓는 일과 같고 조만간 밀려올 과학적 사실의 물결에 집이 쓸려갈 것이다. 인간의 생명과 의식은 여러 물질적·영적 사실, 생물학적·심리학적 사실이 극도로 흥미롭고 비범할 만큼 복잡한 방식으로 뒤얽혀 만들어진 것인데, 그것이 얼마나 비범하고 복잡한지는 생물학자들이 가장 잘 설명할 수 있을 것이다. 어느 날 한 사람이 옷과 음식을 비롯해 물질에 속한 모든 것을 경멸하는 브라만교(바라문교, 힌두교의 전신—옮긴이) 신자처럼 말한다고 해보자. 다음 날 그는 광기가 화학적인 현상임을 증명하는 신경안정제, 정신분열증에 대한 인슐린쇼크요법• 등에 대해 읽고 부끄러워 얼굴을 들지 못할 것이다.

우주에 대한 모든 해석은 진정 종교적인 해석을 제외하면 다음과 같이 분류할 수 있을 것이다.

1. 우상숭배: 과도한 신

2. 휴머니즘: 중간 입장

3. 유물론: 불충분한 신

첫 번째 부류에 속한 것으로는 애니미즘animism••이 있다. 두 번째 부류에서는 우주와 인생에 신이 들어갈 자리를 어느 정도씩은 남겨둔다. 세 번째 부류인 유물론은 신의 존재에 회의적이거나(불가지론), 신은 없다고 노골적으로 주장한다(무신론). 무신론은 사상의 역사에서 상대적으로 드물다. 공자, 소크라테스, 볼테르는 모두 여기서 두 번째 부류에 해당하는데, 우상이나 대중적인 신들은 믿지 않았지만 고차원적 개념의 하나님을 부인하지 않았고 때로는 몇몇 종교의식에 기꺼이 참여했다. 반면, 순전한 무신론은 제한된 사고방식과 제한된 시대의 합성물이다. 통상적인 믿음과 달리, 유물론은 우주의 문제를 논리적 귀결까지 밀어붙인 사상가의 관점이 아니라, 세상이 이상하고 낯설고 혼란스럽게 보이기 시작하는 경계선에서 딱 멈추어 선 사람의 관점이다. "신을 알 수 없다"고 말하는 백 명의 유물론자 중에서 "신은

•인슐린주사에 의한 저혈당을 일으켜 혼수상태로 만든 후 포도당으로 각성시키는 과정을 되풀이 하는 방법. 상당히 효과적인 경우가 많아 정신분열병에 일찍부터 많이 사용된 치료법이지만 부작용도 많아 최근에는 시행하지 않고 있다 — 옮긴이.

••자연계의 모든 사물에 영혼(아니마)이 들어 있고 자연계의 여러 현상도 영적인 것의 작용이라고 보는 세계관. 정령신앙 — 옮긴이.

없다"고 단정적으로 말하는 사람은 한 명 정도밖에 안 될 것이고 그는 매우 용감한 사람일 것이다.

그런데 첫 번째와 세 번째 부류 중에서는 첫 번째에 해당하는 우상숭배자가 유물론자보다 대체로 진리에 더 가깝다. 모든 나무가 정령이라고 믿는 야만인 애니미스트가 관찰 사실의 정확한 정리에만 관심을 갖고 그 나무를 움직이는 목적인目的因은 묻지 않는 유물론자보다 실재에 더 가깝다. 무신경한 유물론자의 눈에 비친 나무는 양분을 얻기 위해 땅 아래로 뿌리를 내리고 공기를 얻고자 하늘로 가지를 뻗는, 두꺼운 껍질로 감싸인 기둥일 뿐이다. 그는 나무의 성장에 관한 여러 사실을 정리하고 기록하고, 꽃-씨앗-나무 같은 주기나 봄-여름-가을-겨울 같은 주기에서 나무의 성장과 생식에 관여하는 물리화학 작용을 이해하려 애쓴다. 이제까지 나무에 대해 알려지고 밝혀진 사실을 모두 아는 사람이라면 괜찮은 식물학자라고 할 수 있다. 하지만 그가 그것만 가지고 그 모든 현상의 배후에 놓인 까닭을 안다 여기고 만족한다면, 그는 협소한 분야의 과학 정보를 정리하고 기록하는 사람에 머물 뿐, 달리 쓸모가 없을 것이다. 그런 사람을 보면서 제대로 된 지성을 가졌다고 생각하기는 어려울 것이다. 하지만 물론 모든 식물학자가 그런 것은 아니다. 그들 중 상당수는 목적인에 대한 나름의 견해가 있고 하나님을 믿는 이들도 많다. 그러나 식물학자 국제회의가 열릴 때면, 회원들은 여러 정확한 자료에 근거해 과학 정보를 정리하고 기록하는 사람들로 모여 잘 아는 분야의 이야기만 나눌 것이다. 신에 대한 그들의 무지와 사물의 까닭을 알아내려는 작업의 실패를 굳이 광고할 필요는 없으니 말이다.

데카르트가 우주를 정신과 물질이라는 두 개의 분리된 구획으로 편리하게 나누면서 유럽의 지적 질병이 시작되었을 때만 해도, 그의 연역적인 방법을 자연계를 조사할 때뿐 아니라 인간의 생명과 의식의 영역에도 적용해야 한다고 대놓고 말하는 사람은 없었다. 하지만 조짐은 있었다. 하나님이나 사람의 '영靈'이 데카르트의 방법에 순순히 따를 경우 지식의 일부로 편입되었지만, 그렇지 않을 때는 지식에서 제외되었다. 그러다 보니 영적인 것 대신 물질적인 것이 사람의 관심을 끌게 되었고, 영적인 것이라고 하면 점차 초자연적이고 저주받은 것들을 연상하게 되었다. 이런 경향은 점점 커지면서 우리가 아는 19세기 유물론이 되었다. 19세기에 이르러 신과 도덕적 가치는 그 기반을 서서히 잃어갔다. 하지만 빅토리아 시대의 도덕이 건재했던 터라, 그 온전한 결과는 눈에 띄게 드러나지 않았다. 사람들은 여전히 여자아이 이름을 페이스Faith(믿음)와 페이션스Patience(인내)로 지었다. 테니슨 경•(1809-1892)은 여전히 노래했고, "파란 옷을 입은 소년The Blue Boy"••은 아직 예술가들의 조소를 받지 않았다. 라파엘 전파pre-Raphaelites•••의 외양은 '영적'이었고, 러스킨(1819-1900, 영국의 비평가, 사회사상가. 라파엘 전파를 옹호했다)은 진선미眞善美를 설파했다. 칼라일 역시 인간 정신의 위대함을 우렁차게 선포

했고, 빅토리아 여왕의 왕실은 건재했으며, 인간은 아직 절망의 뼈가 목에 걸린 채 방치되지 않았다. 그러다 1900년 무렵, 막스 노르다우(1849-1923, 헝가리의 유대인 소설가, 평론가, 의사)가 다가올 세기말의 절망과 냉소를 다룬 책을 마침내 썼다.

20세기가 도래하면서 도덕적 냉소주의가 하나의 흐름으로 자리 잡았다. 인간 정신의 우아함과 지성은 자취를 감추었다. 우아함과 지성을 거론하는 소리는 절망적일 만큼 구닥다리로 느껴졌다. 누가 봐도 아름다운 여자의 다리가 예술가의 눈에만 아름답게 보이지 않았다. 피카소의 그림에 나오는 배가 불룩하고 다리가 큼지막한 임산부를 보고 감탄하지 않는 사람은 가망 없는 반反지성적 무식쟁이 취급을 받았다. 그다음, 파괴의 시대가 도래했다. 피카소는 시계를 분해한 뒤 크고 작은 톱니바퀴, 코일, 스프링을 펼쳐놓고 '시계 배 속'이라 부르는 장난꾸러기 사내아이처럼 물질계를 해부하면서 큰 기쁨을 느꼈다. 스트라빈스키(1882-1976)는 화음和音을 비웃었고, 거트루드 스타인(1874-1946, 미국의 시인, 소설가)은 문법을 파괴했고, 커밍스(1894-1962, 미국의 시인)는 구두법을 파괴했고, 레닌은 민주주의를 파괴했으며,

•빅토리아 시대 영국의 대표시인. 과학 정신에 동요하면서도 근엄한 중용의 도덕을 견지했고 인도주의적 이상을 동경했다 — 옮긴이.

••당대 최고의 영국 화가였던 토머스 게인즈버러가 그린 우아하고 화려한 그림 — 옮긴이.

•••19세기 중엽 영국에서 당대의 아카데믹한 예술에 반대하여 일어난 예술운동으로, 라파엘로 이전처럼 자연에서 겸허하게 배우는 예술을 표방한 유파 — 옮긴이.

조이스(1882-1941)는 숙어를 파괴했고, 달리(1904-1989, 스페인의 초현실주의 화가)는 제정신을 파괴했다. 모두가 무엇인가를 찢었고 그렇게 함으로써 대중의 찬사를 얻었다. 그것은 '과감한'이라는 단어에 방점을 찍은 '과감한 신세계Brave New World'였다. 파괴의 대상은 중요하지 않았고, 찢는 일 자체가 중요했다. 인류는 오직 찢음으로써만 '진보'를 보여줄 수 있기 때문이다. 이들은 우리의 지도자요, 지적 엘리트요, 우리 영혼의 전위부대avant-garde이다. 진보적이기 원하는 예술가와 저술가들은 다른 사람이 아직 파괴하지 않은 것 중에서 무엇인가를 찾아 그것을 어떻게 파괴할지 골똘히 생각해야 한다.

나는 아메바 모양의 얼룩들로 캔버스를 가득 채우는 새로운 미술 유파를 창안할 생각을 한 적이 있었는데, 최근에 한 미국인이 분자 세계를 암시하는 비슷한 유형의 그림으로 파리에서 큰 소란을 일으켜 관심을 독차지해버렸다. 언젠가는 알파벳 문자들이 뒤집혀 나오는 시가 나올 것이다. 다행히 커밍스도 아직 그런 형식의 시는 생각해내지 못했다. 물론 그 진영의 추종자들에겐 뒤집힌 알파벳 문자들의 영적 의미를 암시하는 데 쓸 단어나 표현이 부족하지는 않을 것이다. 나는 이 학파의 이름까지 생각해 두었다. '초超의미주의supersemanticism'다. 단어의 기능은 의미sense가 아니라 초의미supersense를 전달하는 것이어야 한다는 뜻인데, 어떤가?

프로이트는 이 총체적 파괴의 과정에서 흥미로운 역할을 감당했다. 그는 화장실에 실험실을 마련해놓고 인간에 대한 수많은 것들을 분석했다. 그런데 그렇게 하면 누구라도 인간에 대한 생물학적 사실들에 매우 가까이 갈 수밖에 없다. 프로이트에겐 할 말이 있었다. 그러나 그는 자기만의 언어를 창조해야 했다. 그는 '영혼soul'이라는 단어가 남용되고 있다는 사실을 알고 참으로 현명하게도 그 대신 '정신psyche'이라는 단어를 썼다. 그리고 더 나아가 리비도libido(성性본능), 이드id(리비도의 저장고, 쾌감원리만 따른다), 자아ego, 초자아super-ego를 말했다. 최고의 단어는 물론 '무의식'이었다. 그는 인간 지식의 새로운 경계를 열어젖혔다. 그때까지 무의식은 대체로 원시적 '본능'의 세계였다. 그러나 프로이트는 무의식 세계를 의식 세계 및 의식적인 이성의 작용의 대척점에 두고 합리화, 방어기제, 소망 충족, 열등감 등이 숨겨진 새로운 풍경을 드러냈다. 이렇게 해서 의식적·무의식적 정신작용에 대한 우리의 지식이 벼려졌다. 그런데 사람이 완전히 새로운 세계를 발견했을 때의 결과는 단순하지 않다. 그럴 수가 없다. 그 즉각적인 결과는 해부수술 못지않게 보기 흉하다. 고약한 냄새가 나면서도 눈길을 사로잡는다. 그것은 외과수술을 도우며 환자의 피투성이 내장을 지켜보는 일과 같다. 프로이트는 본능의 지배 아래 있는 인간의 모습을 드러내고, 그의 자기기만을 폭로하고, 대단히 불완전한 정신을 가진 야만인의 모습으로 보여주었다. 인간의 행동은 결코 합리적이지 않다. 인간이 생각하는 동물이라면, 그 생각의 수준은 대단히 낮다. 프로이트주의자들이 인간 영혼에 대해 알려주는 내용은 부엌데기가 공작의 성城에 대해 설명하는 것과 비슷하다. 나는 다른 곳에서 이렇게 쓴 적이 있다.

마음과 신체의 은밀한 부분은 이제 없다.
정신사의 연구자들이
무화과나무 잎을 벗기고, 모든 신비를 깨뜨렸다.
벌거벗은 채 덜덜 떠는 영혼을 부엌으로 보내버리고
화장실을 공공 갤러리로 바꾸었다.
그들은 사랑의 매력을 축소시키고, 로맨스의 포도주를 상하게 하고
오만의 깃털을 뽑고, 임금이던 정신의 지성소를
모두가 보도록 열어젖혔고, 정신을 왕좌에서 끌어내린 뒤
그 자리에 악취 나는 리비도를 앉혔다.•

하지만 결국에는 프로이트의 발견으로 하나의 흐름이 생겨났고, 그 흐름의 결과로 인간 '영혼(정신)'을 더 깊이 이해하고 죄와 내면의 자아와 도덕적 검열 의무를 더 온전히 이해하게 되었다. 융(1875-1961, 스위스의 정신의학자, 심리학자)을 통해 더 '신비스럽고' 덜 유물론적인 인생관에 이르게 되었고, 직관과 집단무의식(인간의 종족적 욕망과 열망)의 역할을 더 잘 헤아리게 되었다.

•《인도와 중국의 지혜》, 575쪽.

다시 말해, 개인 심리에 대한 이해가 깊어지면 자신과 동료와의 관계를 새롭게 보게 되고 인간 정신을 지배하는 더 깊은 힘까지 들여다보게 된다. 무의식의 중요성을 강조하면 우주에 대한 인간의 총체적인 반응에서 이성이 차지하는 중요성이 저절로 줄어든다. 그렇게 되면 유물론적인 인생관에서 멀어지고, 보다 영적이고 신비주의적인 인생관으로 나아가게 된다. 특히 융이 이 부분에 기여했다.

물리학, 천문학, 생물학, 화학의 진보에서도 동일한 상황이 펼쳐지고 있다. 유물론은 해당 학문의 '논리적 결론'을 끝까지 밀어붙이지 못한다. 그렇게 했다가 물질이 사라져버릴까 두렵기 때문이다. 그런데 과학에 관한 한, 대상을 탐구할 물리적 도구가 없는 영역은 건드리지 않는 이런 태도는 올바른 것이다. 자연과학자는 정직한 안내인과 같아서 '알 수 있는 것'의 경계까지, 닫힌 문 바로 앞까지 데려가서는 솔직하게 말한다. "이 문 너머에 대해서는 모릅니다. 말씀드릴 수도 없습니다."

내가 하나님이라면(그래서 물리학과 화학의 대가라면), 지상의 화학자와 물리학자와 천문학자와 생물학자들이 나의 비밀을 어떻게 풀어나가는지 큰 관심을 갖고 지켜볼 것이다. 물론 나는 입 다물고 있으면서 아무 도움도 주지 않겠지만, 그들이 골똘히 생각하면서 내 여러 비밀을 열어볼 수 있도록 한두 세기 정도 시간을 두고 대단히 흥미롭게 지켜볼 것이다. 개미가 되었든 귀뚜라미, 거미, 뱀장어, 또는 풀잎 하나이든, 어떤 주제라도 상관없을 것이다. 거미를 예로 들어볼까? 인간 과학자의 과제는 순전히 기계적인 방식으로 거미의 온갖 비밀을 물리화학적으로 남김없이 설명해내는 일일 것이다. 인간이 볼 때 거미는 그냥 기계적인 대상, 즉 물리화학적 기제에 의해 작동되는 존재일 테니까. 물론 그렇게 보일 것이다. 먼저 인간 과학자는 턱, 소화계, 방어계 등의 기제를 풀어낼 것인데, 그 정도는 상대적으로 간단한 편에 속한다. 하지만 검은과부거미의 독은 만만하지 않을 것이다. 검은과부거미가 독에 필요한 화학식을 어떻게 생각해내고 치명적일 만큼 단순하게 그것을 만들어내는지 당혹스러울 수는 있겠지만, 어쨌거나 독의 화학식을 파악하는 성과는 거두었으니 과학자는 거미 연구를 멈추지 않을 것이다. 그러다 보면 거미줄이 어떻게 마르지 않고 끈적끈적한 상태를 유지하는가 하는 문제가 떠오를 것이다. 거미줄이 공기와 접촉해서 완전히 말라버리면 거미에게 별 도움이 되지 못할 것이기 때문이다. 그 질문에 대해서는 한 세대쯤 뒤에 듀폰사社가 해답을 내놓을 것이다. 그다음에는 접착방지제 문제가 등장할 것이다. 그것이 없다면 거미의 발은 꼼짝을 못할 테고 거미줄 위에서 움직일 수 없을 것이다. 이는 새로운 문제가 아니다. 위의 염산은 고기를 소화시키지만 위벽을 소화시키지는 않는데, 그것은 위가 위산에 대해 나름의 해독제를 내놓기 때문이다. 또 한 세대가 지나면 미국 슬로운케터링 암센터가 접착방지제의 화학식을 우연히 발견하고 그것을 합성해낼 수 있게 될 것이다. 슬로운 연구소의 교수는 이 발견의 공로를 내세워 하나님과 면담을 요청할지도 모르겠지만, 그런다 해도 아마 거절당할 것이다.

나는 하나님과 그 과학자 사이에 벌어질 일을 상상할 수 있다. 여전히 거미의 신비를 연구하는 그 과학자는 이제 정말 어려운 문제에 직면하게 될 것이다. 이 시점에서 그에게 하나님과의 면담이 허락된다면, 둘은 '아기 거미가 엄마의 가르침 없이 어떻게 거미줄 만드는 법을 배우는가?'로 대화를 나눌 것이다. 엄마 거미가 곁에 있든 없든, 아기 거미는 거미줄을 만들 줄 알아야 한다. 하나님과 과학자는 본능과 유전자와 유전, 그리고 획득형질의 유전 여부를 놓고 열띤 토론을 벌일 것이다. 둘은 유전자공학과 생화학의 심오한 원리를 놓고 대화를 나누고 엄격한 화학식을 다룰 것이다. 삶에 적응하는 데 필요한 여러 획득형질이 유전되지 않는다면 거미는 종족 보존을 할 수 없을 것이다. 획득형질이 유전된다면, 어딘가에 기억 '저장소'가 있어서 그 정보를 아기 거미에게 전해주고 정확히 무엇을 언제 해야 하는지 일러줄 것이다. 70년쯤 후에 오슬로나 베를린의 어느 과학자가 종족 기억의 저장소에 필요한 화학식을 밝혀낼 것인데, 그 화학식은 '테이프 정보'의 형태로 유전자 안에 감추어져 있을 것이다. 그 정보에 들어 있는 10억분의 1인치 크기의 암호가 지시를 내리면 특정 효소가 형성되어 특정한 화학반응을 만들어내고, 그다음에 암호는 배후로 물러나 눈에 띄지 않게 될 것이다. 오슬로나 베를린의 해당 교수는 이 발견을 토대로 노벨화학상을 받게 되고, 어쩌면 그 공로를 인정받아 하나님을 알현하고 하나님으로부터 많은 칭찬과 격려를 받게 될 것이다. 하나님은 그 교수에게 더 복잡한 몇 가지 새로운 화학 공식을 계시하실 텐데, 여호와께서 모세에게 계시하셨던 십계명보다는 훨씬 복잡할 것이 분명하다. 대화를 마치고 깊은 인상을 받은 교수가 자리를 떠나려는 순간, 하나님이 그에게 이렇게 말씀하실 것이다.

"나는 유전자에 숨겨진 여러 화학식을 네게 알려주었다."

"그렇습니다, 전능하신 하나님."

"그리고 네가 거미의 여러 본능과 본능적 행동을 기계적으로 완전히 설명할 수 있도록 도와주었다."

"그렇습니다, 주 하나님. 주께서 도와주셨습니다."

"만족하느냐?"

"만족합니다. 제가 만족해야 한다고 생각하지 않으십니까?"

"그럼 너는 이제 안다고 생각하겠구나."

"그렇습니다. 제가 어떤 것의 화학공식을 파악해내면, 우리 인간들이 모든 것을 설명할 수 있게 될 거라고 늘 생각했습니다."

"의문을 가져본 적이 있느냐?" 하나님이 물으신다.

"저는 깊은 감명을 받았습니다."

하나님이 말씀하신다. "내 말은 그런 뜻이 아니다. 나는 네게 여러 화학공식을 알려주었다. 하지만 이 공식들은 이런 일들이 어떻게 벌어지는지를 보여줄 뿐, 왜 일어나는지는 말해주지 않는다. '어떻게'를 묻는 질문과 '왜'를 묻는 질문은 다르기 때문이다. 나는 네게 '어떻게'를 알려주었지만, 너는 여전히 '왜'를 알아내지 못했다."

교수의 두 눈에 눈물이 가득 찬다. 그가 묻는다. "오 하나님, 왜? 왜? 왜입니까?"

하나님이 말씀하신다. "화학식으로는 그것을 결코 알아낼 수 없을 것이다. 그러나 '왜'를 알아낼 수 없다면, 너는 거미의 비밀을 여전히 알지 못하는 것이다."

"그렇습니다. 저는 모릅니다."

나는 장자가 아니지만 그라면 결론을 이렇게 마무리할 것 같다. "교수가 잠에서 깨어보니 온몸이 땀으로 흠뻑 젖어 있었다. 칠 일 동안 그는 아무 말도 하지 않았다. 일곱째 날, 그는 먹기 시작했다. 하지만 평생 다시는 정원으로 나가지 못했다. 그는 거미공포증을 앓게 되었는데 의사들은 그의 증상이 불치라고 선언했다."

❖❖❖

특히 지난 수십 년 사이에 영혼과 물질이 더 가까워졌는데, 주로 과학이 열어놓은 새로운 시야 덕분이었다. 그리고 참으로 이상하게도, 둘의 화해는 영혼이 물질에 밀려서가 아니라 물질이 영혼에 밀려난 탓이다. 물질은 끊임없이 사라져버릴 기세다. 에테르와 물질의 옛 개념들은 더 이상 적절하지 않다. 물질을 전부로 아는 삭막하고 조악한 유물론은 더 이상 지탱될 수 없다. 그리고 이제 영혼은 더 이상 '초자연적'인 것이 아니다. 영혼은 더 분명해진 반면, 물질은 반투명해졌다. 지난 4-5세기에 걸친 사상의 흐름은 대체로 다음과 같다.

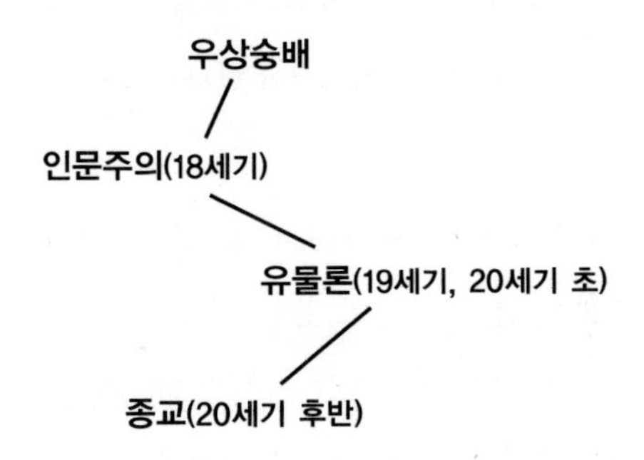

위 도식을 입증하는 일은 영국의 위대한 생물학자 홀데인(1860-1936)•의 말을 인용하는 것으로 충분할 듯하다. 그는 1932년에 쓴 책 《유물론*Materialism*》의 서문에서 그 책의 논증에 관해 이렇게 적었다.

> 철학체계로서 시대에 뒤떨어지긴 했지만, 유물론은 과학계와 실생활에서 여전히 생생하게 살아 있다. 그래서 나는 이 두 가지 측면에서 유물론에 접근했다. 최근에 나온 몇몇 유명한 책들이 관심

• 영국의 생리학자. 호흡생리학의 권위자일 뿐만 아니라 기계론적 생명관에 강력하게 반대하여 호흡조절의 연구에 근거를 둔 전체론적 생명관을 강조했다 — 옮긴이.

을 가진 주제는, 인위적이기는 해도 우리가 무기물의 세계로 인식하는 영역에서 전통적인 물리적 개념들이 궁극적으로 붕괴했다는 점이었다. 그 영역에서의 개념 붕괴는 이 책에서 직접 다루지 않는다. 이 책에서 다루는 내용은 생명과 의식적 행동이라는 현상을 물리적 개념의 관점에서 해석하는 것은 불가능하다는 점, 그리고 우리의 우주는 영적으로 해석해야 한다는 점이다.

유물론을 거쳐 신에게 나아가고 우주에 대한 영적 해석에 이르다니, 참으로 별난 여행경로 아닌가! 그렇지만 이것이 사실인 듯하다. 물론, 이것은 단순화한 그림이다. 계몽의 시대와 오늘날 절망의 시대 사이에는 많은 일이 있었다.

그런데 볼테르, 디드로, 달랑베르가 《백과전서》 편찬을 시작했을 때만 해도, 인간의 희망은 높았다. 낡은 '초자연적' 종교와는 이제 이별이라고 생각했다. 인간은 자신의 해방된 이성에 의지했다. 이성과 합리주의와 제정신의 참된 계몽의 새 시대, 암흑시대를 벗어난 새 시대를 바라보았다.

안 그럴 이유가 무엇이었겠는가? 중국의 인문주의는 거의 2천년 동안 굳건하게 이어졌고 유물론 철학에 굴복하지 않았다. 중국인 무신론자는 기원후 500년경의 범진范縝(450-515)•이 유일하다. 중국인들은 줄곧 철학적 관념론자로 머물렀고 물질적 이익보다 '미덕'에 더 큰 가치를 두었는데, 학자들 사이에서 적어도 이론적으로는 그랬다. 반면 일반 백성들은 삭막한 무신론적 유물론보다 우상숭배와 애니미즘을 더 좋아했다. 그들의 눈에는 무신론보다 건강하고 풍부한 이교적 애니미즘이 더 타당해 보였기 때문이다. 유럽 정신사의 경로를 바꿔놓은 것은 자연과학이 제공한 유물론적 시각이었다. 눈부신 진보를 이룩한 자연과학이 여러 인문학과 인생관 일반을 야금야금 먹어 들어갔다. 그 결과, 19세기로 넘어가면서 인문주의가 제대로 발전하지 못하고 유물론의 약진에 밀려 흐름이 끊어지고 말았다.

19세기를 덮친 유물론의 가장 기이한 꽃은 물론 카를 마르크스였다. 그러나 19세기 중반 카를 마르크스와 프리드리히 엥겔스의 지적 배경을 잊어서는 안 된다. 당시에는 모두가 여전히 희망에 부풀어 있었고, 유물론적이고 자연주의적인 관점이 꾸준히 힘을 얻고 있었다. 인문학자들은 자연과학자들을 흉내 내어 인문학에다 자연주의적이고 유물론적인 시각을 도입하려고 했다. 예를 들면, 역사는 인류가 감자 공급을 확대하는 방향으로 나아간 결과라는 식의 경제적 역사해석이 그렇다. 로마 제국은 도덕성의 붕괴가 아니라 쥐 때문에 무너졌다, 나폴레옹의 패배는 웰링턴 장군의 용맹과 전략 때문이 아니라 프랑스의 사탕무 공급이 부족해서였다 등등. 이런 경향은 패링턴(1871-1929, 미국의 문화평론가, 역사가)에게 곧장 이어졌는데, 그는 그나마 글을 잘 쓰

•날 때부터 귀신을 믿지 않았고, 항상 부처가 없다고 말하며 인과因果를 불신했다 한다. 저서로는《신멸론神滅論》— 옮긴이.

는 사람이었다.

1850년 무렵 유물론적 방법의 명성은 학술적 유행으로 자리잡아 승승장구하며 도덕과학과 인문학을 침범하고 있었음을 기억하자. 학자들은 모두 인간사에서도 '유기체' '성장'의 '근본 법칙'을 찾고 싶어 했다. 실증주의자였던 오귀스트 콩트(1798-1857, 실증주의 사회학의 시조)는 형이상학과 계시종교를 거부함으로써 인문주의를 인류교人類教, religion of humanity•로 만들고자 했다. 콩트는 사회를 '유기체'라고 불렀다. 몸젠(1817-1903, 독일의 역사가)은 1850년대에 《로마사》를 집필했다. 텐(1828-1893, 프랑스의 비평가, 철학자)은 1856년에 내놓은 《영문학사》 서문에서 "악덕과 미덕은 황산이나 설탕 같은 생산물이다"라고 적었다. 얼마나 매력적인가! 그래서 도덕은 물리학이 되고, 인간사회나 개별 인간의 영혼은 자라고 병들고 썩는 식물과 다를 바 없는 것이 된다. 텐은 문학적 재능이 있었을 뿐 아니라 종족race, 환경milieu, 시대moment, 장인의 재능faculté maîtresse으로 이루어진 지적 구조물을 쌓아올리려는 원대한 비전을 품었다. 그는 모든 문학가를 종족, 환경, 시대, 개인적 재능이라는 물적 공식으로 설명할 수 있다고 보았다. 텐은 자연과학자의 방법을 모방하고 싶은 마음을 누구보다 분명하게 드러냈다. "자연과학자들은 …을

•애정을 근본적 요의로 삼고 인류를 사회적 실재의 최고 표현으로 여겨 숭배의 대상으로 삼았다－옮긴이.

관찰한다. 마찬가지로, 역사가들은 …을 수립할 수 있다. 자연과학자들은 …을 보여준다. 같은 방법으로 역사가들은 …을 보여줄 수 있다."

다윈의 《종의 기원》이 출간된 1859년은 결정적으로 중요한 해였다. 마르크스가 쓴 《자본론》 제1권이 출간된 1867년은 모든 것을 기계적인 과학법칙으로 설명하려는 유물론적 사고방식의 흐름이 절정에 이른 시점이었다. 재능 있는 문필가였던 텐과 르낭 모두 자신을 과학자로 여겼다. 다윈은 《종의 기원》을 썼고, 텐은 현대 프랑스를 '의사처럼' 해부한 《현대 프랑스의 기원》을 썼으며, 르낭(1823-1892, 프랑스의 언어학자, 종교사가)은 1863년에 출간된 《예수전》을 시작으로 〔모두 7권의〕 《기독교 기원사》를 썼다. 르낭은 신학의 거미줄을 짜내는 신학자가 아니었다. 그는 동양학자이자 고고학자였고, 그의 예수 전기는 페니키아와 예루살렘 현장에서 진행된 조사 내용을 구체화한 것이었다. 1860년대에는 획기적인 발견들이 이루어졌다. 파스퇴르(1822-1895, 프랑스의 화학자, 세균학자), 피르호(1821-1902. 독일의 병리학자), 분젠(1811-1899, 독일의 화학자)이 스펙트럼 분석과 박테리아 세계라는 미개척 분야를 열어젖혔다. 마르크스가 《자본론》 첫 권을 출간한 1867년은 졸라(1840-1902)가 해부하듯 인간을 자연주의적으로 그려가는 흐름•을 시작한 해이기도 하다. 마르크스는 당대의 시대정신이 낳은 사생아로서 글을 썼다. 그는 '과학적 유토피아'를 처음으로 발견했다고 주장했는데, 데카르트와 헤겔의 논리가 자연주의적 과학의 허울과 결합해 인간 발전의 '불가피한' 유물론적 법칙을 도출해낸 것이다. '유물론적 변증법'이라는 표현은 정말 거창했다. 그러나 마르크스는 거창한 유사類似과학적 사회과학을 가리키는 말로 이 표현을 고안했다. 이렇게 해서 편협한 분파적 학파가 낳은 이 사생아의 '무오류성無誤謬性'이 생겨났다. 여기에는 다윈의 겸손이나 조심성도, 텐이나 르낭의 예술적 재능이나 이해력도 없다. 마르크스주의 유물론은 오스트리아 외제니 황후(1837-1898, 오스트리아·헝가리 제국의 황제 프란츠 요제프 1세의 황후)의 패션 못지않게 절대 무오無誤했다. 물론 당시에 유제니 황후의 가녀린 허리••가 여성미의 영원하고 오류 없는 지침임을 부정하기란 불가능했을 것이다. 마르크스는 이와 똑같은 방식으로 '오류가 없는' 존재가 되었다. 다윈은 조심성 덕분에 사실 관계에서 많은 모순을 피할 수 있었지만, 마르크스는 그렇지 않았기에(그것이 그의 유사과학적 자세였다) 그의 주장 하나하나가 그와 모순되는 수많은 사실들과 맞닥뜨려야 했다. 찰스 다윈은 자연과학 분야에 엄격하게 머물렀지만, 마르크스는 인간의 행동과 '사회과학' 영역을 다루면서도 사회발전을 지배하는 엄격한 경제법칙이 자연과학의 '불가피성'과 '객관성'을 보

• 결정론의 관점에서 인간을 생리적 유기체로 보고 과학적이고 실험적인 방법으로 그려내는 문학상의 수법을 졸라이즘이라 한다 — 옮긴이.

•• 그녀의 허리는 19-20인치였다고 한다 — 옮긴이.

유한다고 주장했기 때문이다. 스탈린이야말로 역사는 환경이 전부이고 인간은 아무것도 아니라는 마르크스의 주장을 무색하게 만드는 가장 확실한 반증이 될 것이다. 적어도 텐은 프랑스 정신의 넉넉한 통찰력을 갖추었고 환경뿐 아니라 개인이 들어갈 자리를 마련했다. 그러나 독일 쾰른에서 급진적 이론가로 활동했던 마르크스는 그렇지 않았다. 그는 당대의 유행에 따라 위의 주장을 내세웠던 것이다. 계급투쟁은 불가피해야 했다. 그렇지 않으면 그 과학적 특성, 즉 기계적인 특성을 잃게 되기 때문이다.

막다른 골목

원자와 아원자 입자에 관한 현대의 여러 발견은 어떤 식으로든 사람의 종교나 인생관에 영향을 줄 수밖에 없다. 이것은 너무나 당황스러운 일이다. 위에서 말한 것처럼 최근의 과학적 발견의 결과로 영혼과 물질이 가까워졌고 이것은 "영혼이 물질에 밀려서가 아니라 물질이 영혼에 밀려나서" 이루어진 일이라는 말만 들으면 이 현상이 종교를 지지하는 사례처럼 보인다. 하지만 반드시 그렇지만은 않다. 우리는 무의식적으로 영혼과 에너지를 동일시해왔기 때문에, 물질이 사라지고 에너지가 되는 것을 보면서 그것이 영혼을 지지하는 사례라고 피상적으로 생각한다. 하지만 실제로는 물질 개념이 달라진 것뿐이다. 무한소의 아원자 입자들을 움직이는 수백만 볼트의 에너지, 그 설명할 수 없는 힘이 '물질'로 나타났다가 사라진다니 물질에 대한 생각이 바뀔 수밖에 없지만, 에너지로만 이루어진 우주도 엄격히 말하면 기계론적 우주, 즉 유물론적 우주이다. 그러므로 나는 영혼이 더 분명해진 것이 아니라 물질이 모호해진 것뿐이라고, 다시 말해 덜 견고해졌다고 말하고 싶다. 물질에 대해 이런 사실이 드러났다고 해서 반드시 '유물론'이 무너지는 것은 아니다.

하지만 더 큰 의미에서 보면 물질과 영혼은 더 가까워졌다. 영혼에 대해 새로운 내용이 발견된 바는 없지만, 전통적인 물질관은 더 이상 유지될 수 없다. 물질은 꽉 차 있지 않고 비어 있으며 늘 눈에 보이는 것도 아니다. 빛깔과 양상을 바꾼 것이다. 그럼 영혼에는 어떤 일이 벌어질까? 영혼의 '초자연성'이 줄어들면서 물질의 구조 속으로 들어간다. 보이는 것과 보이지 않는 것이 하나로 융합할 것 같은 기세라고도 말할 수 있다. 이런 의미에서 볼 때, 적어도 세계와 인생과 그 의미에 대해 보다 학식 있는 견해를 갖기가 더 쉬워졌다고 할 수 있다. '초자연적'이 된 것은 영혼이 아니라 물질 그 자체이다. 한 잔의 물 속에 뉴욕에서 워싱턴까지 기차를 몰기에 충분한 정도의 핵에너지가 담겨 있다면, 자연적인 것이 기적적인 것이 되고, 기적적인 것은 자연적인 것이 된다. 이제 우리는 무엇이든 받아들일 준비가 되었다. 새로운 경이감이 있다. 나는 히로시마에서 원자폭탄이 터지기 몇 년 전, 〈애틀랜틱 먼슬리〉지에서 원자에 대한 스티븐 리콕(1869-1944,

캐나다의 유머작가, 경제학자)의 기사를 읽고 아래의 시를 썼다.

이제 들을 수 있는 과학의 동화는
믿음이 자연 속에 옛 요정과 도깨비를 들여보내고
진리를 찾아 창의적으로 생각하던 시절의
용감한 꿈을 뛰어넘는 것.
가족애가 우주를 움직이고
반짝이는 별들이 하늘에서 속삭이고
딱정벌레의 등이 황금보다 아름다웠던
유년의 대담한 공상을 뛰어넘는 것.
사춘기가 차가운 회색의 기운을 드리우면서
눈먼 이성이 마법의 매력을 끌어내리고
만물은 가망 없이 죽어버린 물질이 되었지.
모든 신비는 사라지고, 놀랍고 이상한 것은 더 이상 없었지.
그러나 대지는 살아 있다! 다시 한 번 우리는
고대인의 기쁨과 경이를 되찾을 수 있다.

아, 기괴한 자연이여, 육신을 입은 마법이여!
원자는 동화 같은 이온들의 감옥.
과학은 원자의 실체 없는 구조를 가지고
우주적인 천상의 그물을 짜낸다.
과학은 암호 해독의 열쇠를 만들어

백만 볼트의 에너지로 유령 같은 요새의 문을 열고
무한소의 빗장을 열어젖힌다.
이온들이 풀려나 인류를 새롭게 섬기게 해준다.
이것은 성현들이 보았던 환상처럼
물질이 영적인 빛깔을 입은 모습.
이제 다소 원숙해진 우리는 먼지 조각 하나 앞에
새로이 서서 경외감에 몸을 떤다.
이것은 새로운 신앙. 하늘의 별들이 지푸라기 같은
금빛 액체를 쏟아붓는다.

나는 전보다 개선되고 더 낫고 더 분명하고 또렷하고 어쩌면 실재와 더 가까워진 이 우주관이 맘에 든다. 대찬성이다. 나는 물질을 부정하지 않을 것이며, 물질이 힘이나 에너지가 된다면, 힘과 에너지도 좋아할 것이다. 간단히 말해, 나는 우리가 사는 우주를 이해하는 것이 좋다. 가능하기만 하다면 우주에 대한 적절한 기계론적 설명도 마다할 생각이 없다. 확장된 우주관은 우주를 더 신비롭게 보게 해준다. 다원주의는 창조의 신비를 강조할 따름이다. 사방에서 쏟아지는 우주선線에서 출발해 끝내 인간 의식으로 발전하는 우주에 대한 기계적 설명도 우주의 신비를 강조한다.

하지만 유물론에는 대단히 까다롭고 해결될 기미가 보이지 않는 딜레마가 있다. 내 생전에 이 딜레마를 해결하는 데 도움을 줄 과학자가 나타난다면 정말 고맙겠다. 나는 이치에 맞는 주장을 좋아한다. 과학자는 아니지만 나는 여느 교육받은 현대인 못지않게 무엇인가를 알게 되고 그로 인해 만족감을 느끼고 싶다. 기껏 어떤 주장을 따라갔는데 '닫힌 문' 앞에 서고 싶은 마음은 없다. 나는 우주를 이해하고, 우주가 어떻게 작동하고 생명이 어떻게 생겨나게 되었는지 알고 싶다.

'유물론자의' 딜레마는 풀리지 않는 골칫덩이가 아닌가 싶다. 나는 위에서 가상으로 제시한 하나님과의 대화에서 모든 물리화학적 설명이 '어떻게'는 보여주지만 '왜'는 보여주지 못함을 지적했다. 모든 과학이 그렇다. 예를 들어, 풀잎의 신비를 생각해 보자. 우리는 풀잎이 엽록소를 사용해 햇빛을 흡수하고 양분을 합성하는 화학적 특성을 갖고 있다는 사실을 이미 알고 있다. 그 화학반응을 정확하게 이해하지 못한다 해도, 화학반응이 일어난다는 사실은 안다. 그것은 식물의 생명에 대한 지식에 보탬이 된다. 하지만 풀잎이 그런 화학반응을 일으키는 '초자연적' 능력을 가져야 하는 '이유'에 대해서라면, 아는 바가 없고 앞으로도 결코 알아낼 수 없을 것이다. 우리가 엽록소를 발견하기는 했지만, 식물은 햇빛이 있어야 자랄 수 있다는 것을 알고 있는 아프리카 야만인보다 과연 더 많이 안다고 할 수 있을까? 이 딜레마는 계속해서 우리를 괴롭힐 것이다.

다윈주의는 이런 딜레마를 더욱 분명히 드러낸다. 나는 여느 현대인처럼 다윈과 다윈주의에 대찬성이다. 내 생각에는 교황도 진화를 믿을 것 같다. 끊임없는 창조의 과정이, 물론 비유적인 표현이겠지만 이레 동안의 세계창조보다 훨씬 영감을 준다. 대체로, 적자생존 개념은 부인할 수 없다. 그러나 '종'(고정된 형태)의 기원은 다소 신앙의 문제, 직관적 추측의 문제이고 의심의 여지가 있으며 옳을 수도 있고 옳지 않을 수도 있다. 나는 모르겠다. 어느 과학자도 확실히 알 수는 없다. 그런 '신앙'에는 많은 개념적 어려움이 있다. 물론 그 신앙이 헤켈(1834-1919, 독일의 생물학자, 철학자)의 손에 넘어가자 아름답고 거의 시적인 구조물, 레벤스분더Lebenswunder (생명의 신비)가 되었다. 그래도 하나의 이론으로서의 진화론, 즉 '운명의 수레바퀴가 딱 맞는 번호를 가리킬 수 있게 무한한 시간을 부여받은 맹목적인 우연의 작품'이 진화라는 이론은 온통 구멍투성이다.

나는 이치에 맞는 이론을 보고 싶다. 나는 몬테카를로의 도박장과 오랫동안 인연을 맺어온 사람에게서 0번이 다섯 번 연속해서 나오는 것을 직접 본 적이 있다는 말을 들었다. 나는 0번이 세 번 연속해서 나오는 광경을 본 적이 있다. 룰렛에서 1, 2, 3, 4, 5, 6, 7, 8, 9가 연달아 차례대로 나오는 것을 본 사람은 아무도 없다. 백만 년에 한 번 그런 일이 일어날 거라고 생각해 볼 수는 있다. 하지만 그런 맹목적인 우연에 근거해 과학적인 생명이론을 세운다는 것은 너무 불안하다. 맹목적 우연은 '행운'을 뜻하는데, 우주의 수많은 생명체들이 행운에 의해 만들어졌다는 이론은 객관적인 과학이라기보다는 믿기 어려운 소리처럼 들린다. 숫자 1, 2, 3, 4, 5, 6, 7, 8, 9가 정말 순서대로 나왔다면, 딜러의 고의적인 조작이 있었다고 보는 것이 자연스러운 반응이다.

진화론의 기본 개념은 설득력이 있지만, 진화 과정과 그것이 이루어진 방식에 대한 설명은 결함이 많은 것 같다. 진화론은 너무 많은 것을 가정하고 전제한다. 1부터 9까지 연속해서 죽 나오는 일은 상당히 단순하며 우연히 벌어질 수 있는 일이라는 식이다. 그러나 기린 목의 진화에는 이보다 훨씬 복잡한 과정들이 개입한다. 자연의 변화를 설명하려는 진화론의 모든 시도에는 언제나 맹목적 우연까지는 아니어도 형이상학이 끼어든다. 진화가 왜 일어났는지 묻는 순간, 그것은 엄격한 '물리학'의 영역을 넘어선 것이다. '맹목적 우연'의 이론에는 참으로 많은 모순이 있다. 첫째, 진화론은 유기체가 어떤 목적에 '가장 적합'할 때 생존하는데, 아무 목적 없이 그 목적에 적합하게 되었다고 가정한다. 목적의 존재니 부재니 하는 말은 순전한 형이상학이다. 이렇게 진술된 진화는 어떤 목적을 위해 목적 없이 이루어진 변화가 된다. 물론 말도 안 되는 소리다. 둘째, 고정된 형태들(종種)의 기원이 그 중간을 잇는 형태들로 뒷받침되지 않고 있고, 수백만 년에 걸쳐 있는 온갖 화석에서도 중간 형태들은 나타나지 않았다. 이론적으로 나는 온갖 생물종이 진화했다는 과감한 제안이 맘에 든다. 하지만 증거가 없다. 이것은 발 디딜 가로대들이 없는 사다리, 또는 가로대들을 연결해줄 세로 기둥이 없는 사다리를 딛고 '내려오는' 일과 같다. 셋째, 쇼펜하우어는《자연에서의 의지에 관하여》에서 생존에 유용한 형태로의 진화와 생활조건에 적응한 형태의 진화는 **적응의 의지**를 전제한다는 가정을 내놓았다. 나는 여기에 동의한다. 다시 말해(이것도 형이상학적인데), 적응성은 적응의 의지를 전제한다는 것이다. 그렇지 않으면 적응성은 500조각의 직소퍼즐이 들어 있는 쟁반을 수도 없이 많이, 가령 만 번 정도 흔들면서 퍼즐이 딱 맞춰지기를 바라는 것과 같은 것이다. 그렇게 해서 퍼즐이 맞춰진다면 기적일 것이고, 과학은 기적을 좋아하지 않는다. 나는 처음에 딱 들어맞는 두 조각이 만나 '적응성'을 보여줄 거라고 이론상으론 충분히 믿을 수 있다. 그 두 조각이 딱 붙어 있다는 가정하에, 작은 조각들이 합쳐지면서 덩치는 커지고 개수는 줄어들어 마침내 몇 개 안 되는 큰 조각들도 '적응'을 할 것이다. 자본가들이 사라지는 과정을 설명하는 카를 마르크스의 이론도 이와 같다. 아름다운 이론이기는 한데, 나는 몰라도 다른 사람들을 설득할 수는 없을 것 같다. 넷째, 진화론이 말하는 무한한 변이는 지독히 목적론적이다. 볼테르는 '목적론'을 패러디하여 신은 코와 안경, 다리와 스타킹이 서로 얼마나 잘 맞을지 아시고, 안경을 쓰라고 코를 만드시고, 스타킹을 신으라고 다리를 만드셨다고 말했다. 그러나 사람의 코가 아래로 났다는 사실에 '생존' 가치까지는 아니라도 편리함이 있는 것은 사실이다. 진화론의 정통 견해는 무한한 우연에 의해 콧구멍이 각각 상하좌우로 난 코가 모두 존재했는데 구멍이 아래에

난 코가 생활환경에 잘 '적응하여' 결국 살아남았다, 이 정도가 될 것이다. 물론 위쪽으로 구멍이 난 코의 경우 비가 올 때 대단히 불편했을 것이다. 그러나 진화론이 말하는 이런저런 변이는 터무니없이 목적론적이다. 아래로 뚫린 코 같은 적응은 몸에서 일어난 사소한 한 가지 변화이지만, 인체는 이 외에도 수많은 물리화학적 변화가 이루어져야만 제대로 기능할 수 있다.

'**적자**適者 **도래**의 어마어마한 어려움'과 '적자 생존 이후 적자 특성 유전의 어마어마한 어려움'이라는 말로 이것을 요약할 수 있을 것 같다. 나는 방울뱀 독의 화학구성은 모른다. 모르긴 해도 화학자는 그 독의 합성이 대단히 복잡한 과정이라고 말할 것 같다. 나는 뱀이 그렇게 독하지 않으면 좋겠다 싶지만, 독이 뱀의 생존에 도움이 된 것은 분명하다. 맹목적 우연에 의한 변이 이론에 따르면, 그 독은 뱀이 아무 목적 없이 1천만분의 1의 가능성에 의해 우연히 만들어낸 것이다. 그 독을 효과적으로 실패 없이 주입하기 위해 필요한 재빠른 혀와 독낭(독주머니)도 다시 한 번 1천만 분의 1의 우연에 의해 운 좋게 **도래**한 것이다. 그러나 동일한 화합물을 정확하게 만들어내는 능력이 다음 세대에 그저 운 좋게 우연히 유전될 가능성은 10억분의 1 정도일 것이다. 그러므로 하늘의 모든 성인과 천사들이 다 돕는다 해도 이 간단한 일이 벌어질 가능성은 1 다음에 0이 23번 붙은 횟수 중에서 한 번, 즉 100000000000000000000000분의 1밖에 안 된다. 수학적으로 별로 가능성이 없는 일이다. 하지만 지금 독 방울뱀이 존재하므로 그런 우연을 인정해야만 한다. 생존은 쉽지만 그에 필요한 특성의 도래는 어마어마하게 어렵다. 이것은 스컹크의 방귀나 갑오징어의 먹물을 비롯해 모든 생물의 핵심적인 자연적 특성에 그대로 적용된다. 그렇다면 쇼펜하우어의 다음 말도 옳다고 인정해야 한다. "황소는 뿔이 있어서 들이받는 것이 아니라 들이받고 싶은 마음 때문에 뿔이 있는 것이다." 대단한 과학 아닌가! 이것은 전부 형이상학이다. 진화론은 이치에 맞고 어쩌면 명백한 사실인지도 모르지만, 흔히 생각하는 것처럼 그리 간단하지는 않다. 많은 이들이 '적자의 도래'를 설명하기 위해 모종의 '생기론生氣論, vitalism'•을 기정사실로 상정할 수밖에 없었다. 예를 들면 화학자 뒤마(1800-1884, 프랑스의 화학자)의 '초기계론적 힘', 많은 이들(버나드 쇼를 포함한)이 내세운 '생명력', 헤켈의 결정체에 있는 '영혼'•• 등이다.

'생기론'은 내 질문에 답을 제시하지 않는다. 우리는 상황을 지나치게 단순화시켜놓은 뒤 해답이랍시고 단어를 하나 만들어 내지만, 그것이 정말 만족스러운 답인지 확인하기 위해 모든 경우를 상정하고 검증해보지는 않는다. 쇠솔새라는 새가 있는데,

•생명 현상은 무생물계의 현상과는 근본적으로 다른 원리의 지배를 받고, 그 원리는 물리·화학적인 힘과 관계없는 독특한 생명력 또는 활력으로 만들어진다는 주장—옮긴이.

••헤켈은 모든 것에는 형상이나 정신을 부여하는 '실체'(신神에 해당)의 영기spirit가 스며 있다고 보았다. 무기물의 '결정체 영혼crystal soul'부터 시작해 가장 단순한 단세포 생물의 '세포 영혼cell soul'(최고 단계 포유류의 의식)이 다 여기에 해당한다—옮긴이.

한자로는 '화미畵眉'라고 한다. 이 새는 검은색과 흰색으로 이루어진 나무발바리 북미 변종처럼 눈 위에 하얀 줄이 있는데, 녀석의 한자 이름은 여기에서 나온 것이다. 철학자라면 색칠한 것 같은 그 눈썹을 보고 멈춰서 생각을 해봐야 마땅할 것이다. 그 눈썹의 진화가 어떻게 이루어졌는지는 **화학적으로도 기계적으로도 설명하기가 극도로 어려운** 일이기 때문이다. 꽃의 아름다움은 대칭성으로 설명이 가능하지만 이것은 그렇지 않다. 눈썹 위 흰 줄은 한 번에 죽 그린 것처럼 보이지만, 실제로는 특정 지점에 특정한 길이만큼 개별적으로 물든 깃털이 많이 모여서 곧은 흰 줄을 만드는 것이다. 별개의 깃털 또는 털 하나하나를 떼어놓고 보면 검은 바탕 중간에 일정한 길이의 흰색 부위가 있는데, 그 위치는 깃털마다 다르다. 그런데 화미의 깃털이 자랄 때 처음에는 전부 검은색이었다가 도중에 끝부분이 흰색으로 바뀌고, 눈썹 위에 해당하는 가상의 경계를 벗어나게 되면 깃과 깃가지가 다시 전부 검은색으로 바뀐다. 깃털은 아래와 같은 모양으로 보일 것이다.

이것은 화학적인 문제가 아니다. 동일한 양분을 공급받는 깃털이 검었다가 희어졌다가 다시 검어지는 현상이다. 하나의 깃털에서 희어지는 지점이 정확히 정해진다는 것 역시 기계적으로나 다른 어떤 방식으로도 설명하기가 매우 어렵다. 효소의 존재를 거론하는 사람이 있는데 설령 그런 효소들이 존재한다 해도 논점을 회피하는 일에 불과하다. 게다가 이것은 줄이나 원 모양의 무늬(줄무늬 농어, 공작의 금빛 고리형 무늬 등등)를 가진 모든 새와 물고기와 동물에게서 상당히 흔한 현상이다.

여기서 나는 막다른 골목에 이르렀다. 나는 답을 모르겠다. 그저 딜레마만 제시할 따름이다. 생각도 멈추었다. 나는 이 문제를 가지고 신비주의로 뛰어들 생각은 없다. 내가 하고 싶은 말은 그저, 진화의 법칙에 개입하는 여러 과정(만만찮은 학자가 제시했고 다들 진지하게 받아들인)은 결국 언제나 형이상학으로 이어진다는 것, 즉 물리법칙을 넘어서는 여러 가정을 전제하게 된다는 것이다.

공백

휴머니즘이 제대로 발전하고, 유물론 철학의 망령이 나타나지 않았다면 좋았을 것이다. 반대로, 모든 자연현상을 기계적으로 합당하게 설명하는 지점에 곧장 도착해서 우리의 위치를 파악할 수 있었다면 좋았을 것이다. 그러나 우리는 이도 저도 아니고 여전히 무지한 상태에 놓여 있다. 보통 사람들은 인류가 물리적 우주에 대해 많이 안다고 생각한다. 반면 과학자들은 인류가 아는 것은 알아야 할 내용의 십분의 일도 안 되고, 아직 알려지지 않은 내용의 백분의 일도 안 된다고 생각한다.

나는 오늘날 도덕적 확신이 사라진 원인이 자연과학이 진보해서가 아니라 사회과학이 자연과학의 방법론을, 무엇보다 그 시각을 흉내 낸 데 있다고 생각한다. 과학자라면 누구든 과학의 관심사가 선악이나 옳고 그름이 아니라 참과 거짓이라고 말할 것이다. 과학의 방법은 선악의 구분을 넘어선, **도덕과 무관한** 방법이어야 하고, 사실에만 관심을 가져야지 상업적이든 도덕적이든 가치에 관심을 가져서는 안 된다. 과학자의 관심사는 다이아몬드의 상업적 가치가 아니라 그 무게, 경도, 빛을 흡수 반사하는 정도이다. 그런데 콩트가 사회학적 윤리의 수립을 선언했을 때만 해도 가치를 파괴하는 유행을 선도할 거라는 의미는 아니었다. 오히려 정반대였다. 그러나 그는 앞서 사회가 '유기체'라고 말했는데, 아마도 식물이나 동물을 염두에 둔 표현일 것이다. 일단 그런 입장을 취하자 역사, 사회학, 심리학 등의 인문학이 '객관적'이고 '도덕과 무관'하게 되려는 성향을 보이게 되었고 그것은 불가피한 현상이었다. 길게 볼 때, 그런 성향은 결국 도덕적·종교적 확신의 실종으로 이어진다. 암석을 연구할 때는 도덕이랄 게 없지만, 인간을 연구할 때는 도덕이 개입할 수밖에 없고 그래야 마땅하다. 과학자가 암석을 연구할 때는 객관성의 요새 뒤로 숨을 수 있고, 그렇게 해도 세상에 아무런 해를 끼치지 않는다. 그러나 인간 사회와 인간 심리를 연구하는 학자가 사회의 어떤 모습과 심리 상태를 칭찬하거나 규탄하지 않고 객관성의 요새 뒤로 숨으면, 그는 본인이 원하든 원하지 않든 가치의 공백 상태로 가는 길을 선도하게 된다. 그리고 그런 사고방식이 일반화되거나 심지어 유행하게 되면 사회는 점차 모든 확신을 잃어버리게 된다.

그런데 심리학자들과 사회학자들이 구사하는 온갖 학술용어를 들여다보면 과학적으로 보이고 싶은 마음과 연구 대상을 이해하고 싶은 마음이 드러난다. 연구 대상의 도덕적 의미를 평가하려는 의도는 찾아볼 수 없다. 내가 구식이라 하는 말이겠지만, 교육심리학자가 아이의 행동에 대해 '옳다' '그르다', '이기적이다' '이기적이지 않다'고 평가하는 말을 들으려면 오랜 시간을 기다려야 할 것이다. 어떤 행동 유형이 옳거나 그르다고 말하는 것은 객관성이 결여된 자세, 비난하거나 칭찬하는 성향을 암시하는데, 과학은 이런 문제에 관여하지 않는다. '이기적인 사람'이라는 구절은 비난을 담고 있지만, '부적응자'라는 표현은 그렇지 않다. 그래서 이기적으로 구는 사람을 표현할 때는 그저 '부적응자'라고 한다. 이런 식으로 '행동패턴', '오이디푸스 콤플렉스', '정서불안', '아동기 억제', '격세유전'이라는 표현이 나왔고 이 흐름은 '기억상실', '다중인격', '일시적 정신이상'까지 이어졌다. 일시적 정신이상 상태에서 저지른 살인은 정상참작이 될 수 있고 실제로도 정상참작이 된다. 개인의 의지와 책임을 강조하지 않고 유전과 환경을 탓하는 쪽으로 늘 무게를 둔다. 신문들이 '청소년 비행'이라는 말의 사용을 중지하고 '어린 범법자'나 '어린 범죄자'라고 쓰기로 합의한다면, 아마 청소년 범죄가 절반으로 줄어들 것이다. 십 대 소년들은 라틴어에서 유래한 특색 없고 막연한 'juvenile delinquent(비행 청소년)'이라는 명칭에는 크게 개의치 않겠지만, '젊은 범죄자'로 낙인찍히는 것은 모두(나는 맨해튼 거리에서 키가 180센티미터가 훌쩍 넘는 그런 '청소년'들을 보았다)가 싫어할 것이다. 심리학자의 의도는 그런 청소년이 불행한 환경의 희생자이고, 일시적인 비행을 저질렀으나 아직 어리고, 옳고 그름을 분간하지 못한다고 말하려는 것이다. 그러나 나는 키가 180센티미터가 넘는 이 친구들이 무엇이 옳고 그른지 잘 알고 있고, 살인이나 강도를 저지를 때 자신이 무슨 짓을 하고 있는지 정확히 알고 있다고 생각한다. 아시아계 소년은 열두 살만 되면 무엇이 옳고 그른지 구분한다. 그런데 열여섯이나 열일곱 살의 미국 소년이 옳고 그름을 모른다(그러므로 자신의 행동에 대한 도덕적 책임이 없다)고 말하는 것은 미국인들을 우습게 만드는 일이다. 이것은 오히려 사춘기 '사회과학자'들이 미성숙한 존재임을 말해준다. 사회부적응자는 단순히 사회에 적응하지 못한 개인이 아니라 쉽게 말하면 막된놈이다. 그런데 인간이라는 존재가 묘하게 생겨먹어서 막된놈을 막된놈이라 부르면 막된놈이

사라지지만, 못된 일을 저지르고 책임을 회피하거나 의무를 기피하는 막된놈을 그저 '정서적 균형을 잃은 사람'이라고 부르면 그는 그 명칭을 맘에 들어 하고 자랑스럽게 여기고 거기에 걸맞게 머리를 기르고 옷을 입는다.

나는 구식이라 예술적 절망이나 도덕적 냉소에 담긴 미적 매력을 느끼지 못한다. 나는 학교에서 약간의 체벌을 허용하는 것도 찬성하는데, 그 정도로는 학생의 몸에 해를 주지는 못하는 반면 잘못했다는 생각과 수치심은 아이의 머릿속에 분명하게 각인될 것이기 때문이다. 공정하게 말하자면, 영국이야말로 보이지 않는 기준들이 여전히 든든히 버티고 선 사회인 것 같다. 영국에서는 어떤 일이 '제대로 되지 않았다'는 이유로, '정정당당하지 않다'는 이유로 그것을 잘못이라고 말한다. 내가 볼 때 영국 사회에서는 서류상이 아니라 사람들의 실제 행동 가운데 특정한 이상理想과 가치가 여전히 존재한다. 물론 완전한 사회는 없지만, 영국에서만큼 '신사'라는 단어가 실질적이고 살아 있는 이상을 구현하는 곳이 있는가? 우리는 사람들에게 무엇을 더 기대한단 말인가? 이 세상 어딘가에, 어쩌면 영국에 인간 문화가 참된 문명의 단계, 명확한 이상을 가진 단계에 이른 곳이 있지 않을까? 이상이 여전히 힘이 있고 명백한 곳, 자라나는 젊은이들이 목표로 삼을 만한 가시적인 이상이 있는 곳이 있지 않을까? 그것이 참된 문화의 본질이 아닐까? 문화의 본질은 예절바른 행동을 아름답게 보는 것 아닐까? 그런 이상이 존재하지 않는 곳이라면 사회 전체가 어려움을 겪지 않는가?

우아함과 지성에 대한 세련된 우려에서 출발해 도덕적 열정이 점차 사라진 것은 양차대전 탓일 수도 있고 아닐 수도 있다. 아마 관련이 있을 것이다. 그래서 베르사유 조약• 이후 절망이 유행했고, 포츠담 선언•• 이후 '비트 세대Beat generation'•••는 자신들을 '비트'라 부름으로써 그들이 발견한 것이 도덕적 공허요, 삶의 목적으로 삼고 지킬 만한 믿음직하고 선하고 새로운 것의 부재였다는 사실을 밝혔다. 미국 자유주의의 비극은 싸워서 지킬 만한 값진 것이 남아 있지 않다는 점인데, 30-40년 전의 자유주의도 그와 같았다. 자유주의는 아이와 같아서 갖고 놀 거리가 있어야 말썽을 부리지 않는다. 싸워서 지킬 만한 대상은 없고 시간은 남아 돌다보니, 자유주의는 (심지어 교회의 자유주의조차) 외국의 경찰국가이자 독재국가, 즉 공산 중국에 대한 공감과 승인과 인정을 확보하기 위해 싸우고 있다. 도덕적 가치는 어디 있는가? 선량한 기독교인이 수많은 자유인들이 전체주의의 노예가

• 제1차 세계대전 후 전쟁에 승리한 연합국과 패전국 독일의 강화조약 – 옮긴이.

•• 제2차 세계대전 종전을 얼마 앞둔 1945년 7월 26일 독일의 포츠담에서 열린 미국, 영국, 중국 3개국 수뇌회담의 결과로 발표된 공동선언. 일본에 항복을 권고하고 제2차 세계대전 후의 대일처리방침을 표명했다 – 옮긴이.

••• 1920년대 대공황이 있었던 '상실의 시대Lost Era'에 태어나 제2차 세계대전을 직접 체험한 세대로서, 전후 1950-60년대에 삶에 안주하지 못하고 사회로부터 '매정한 대접beating'을 받았던, 특히 동시대의 사회와 문화 구조에 저항한 문학가 및 예술가 그룹을 지칭 – 옮긴이.

되는 상황을 대수롭지 않게 여기다니. 여기에 무슨 도덕적 원칙이 있는가? 설령 그들에게 어떤 도덕적 원칙이 있다 해도, '객관적으로' 생각하도록 배운 탓에 그것을 인식하지 못하고 있다. 하지만 이상할 것은 없다. 제2차 세계대전을 치르는 동안 도덕적 원칙들은 다 사라졌다. 그 어떤 지도자도 우리가 민주주의를 위해, 세상을 안전한 곳으로 만들기 위해 싸운다고 말하지 않았다. 우리의 싸움은 오로지 처절한 생존을 위한 것, 무조건적 항복을 얻어내기 위한 것이었지 자결自決의 원리를 지키기 위해서가 아니었다. 제1차 세계대전 때와 제2차 세계대전 중 정치지도자들이 발표한 공식 선언문을 비교해보면 도덕적 원칙들이 흐려지고 도덕적 냉소주의가 늘어나고 있음을 알 수 있다.

그런데 내가 볼 때 도덕적 혼란은 인간 본성에 위배된다. 사람들은 수긍할 수 있는 삶의 이상을 갖고 싶어 한다. 명확한 이상을 갖춘 사회가 그렇지 못한 사회보다 살기가 더 쉽다. 신경쇠약 환자도, 욕구불만도, 정신질환도 더 적다. 나는 모든 사람에게 뭔가를 섬기려는 본능이 있으며 뭔가를 섬기지 않는 사회는 존재하지 않는다고 믿는다. 무신론 사회라고 해도 다르지 않다. 신 없는 사회에 대한 소련의 실험은 같은 유형의 대규모 실험으로 유일했는데, 결국 행복한 결과를 내지 못했다. 모스크바나 베이징 곳곳에서 볼 수 있는 지도자들의 초상화는 '신 없는' 사회에서도 이런저런 다른 신을 숭배하는 일이 불가피한 일임을 분명히 보여준다. 차이가 있다면 새로운 신, 새로운 교리, 새로운 이

단, 새로운 기도문이 옛것을 대체했다는 것뿐이다. 가두행진이나 열병식 때 등장하는 어마어마한 개수의 초상화, 우상들과 새로운 신들에게 바치는 의무 경례, 그들을 기리는 찬미가, 개인이 스스로 생각할 권리를 폐지한 현 상황을 놓고 볼 때, 공산주의 국가들이야말로 현대 세계에서 가장 비참하게 우상숭배가 진행되는 곳이 아닌가 싶다. 흐루시초프(1894-1971)•에 따르면, 그들이 삼십 년 동안 숭배했던 신••이 살인자에다 날조극의 대가, 깡패였다는데, 2억 명의 인민들은 삼십 년 동안이나 그를 숭배하면서도 그에 대한 진실을 알아낼 수 없었다. 이것은 그냥 역사의 우연이라손 치더라도, 무신론 사회의 유신론은 영원히 계속되어야 할 종교다. 그들의 교주는 오류 없는 카를 마르크스이며 계시를 전하는 예언자는 레닌이다. 이 계시종교를 엄격하게 떠받들고 신성한 것으로 숭배하지 않으면, 무신론 교회 전체가 산산조각 날 것이다.

우리는 바로 이런 공백에 도달했다. 현대의 자유주의는 이 공백상태에 매력을 느끼는 듯하다. 자유주의는 스스로가 불편한 것이다. 그리고 우리가 아는 대로 자연은 공백을 싫어한다. 공백은 세상에서 가장 위험한 것이기 때문이다. 이 무시무시한 어둠

• 스탈린 사망 후 권력 투쟁을 통해 1958년 수상에 취임. 스탈린의 개인숭배 사상을 혹독하게 비판했다 – 옮긴이.

•• 스탈린을 말한다 – 옮긴이.

에서 인류를 구해줄 빛이 어딘가 있지 않을까? 공자는 이렇게 말한다. "'어떻게 할까?' 스스로에게 이렇게 묻지 않는 사람이 있다. 어떻게 할까? 그런 사람을 어떻게 해야 하는지, 나는 정말 모르겠다."

8

From Pagan to Christian

장엄한 빛

From Pagan
to
Christian

"촛불을 꺼라! 해가 떴다." 요 임금이 왕위에 올랐을 때, 한 위대한 은둔 철학자가 말했다. 이것이 인류가 비할 바 없는 빛을 볼 때 자연스럽게 떠올리는 이미지다. 모든 나라의 모든 현인과 철학자와 학자들의 세계가 촛불이라면 예수의 세계는 햇빛이다. 눈으로 덮인 세계의 빙하 위로 하늘에 닿을 듯 우뚝 솟아오른 융프라우•처럼, 직접적이고 명료하고 단순한 예수의 가르침은 하나님을 알고 하나님을 추구하려는 인간의 다른 모든 수고를 부끄럽게 만든다.

•표고 4,166미터인 스위스 알프스의 고봉. 유럽의 지붕이라 불린다 — 옮긴이.

예수를 다른 모든 인간 스승 가운데 홀로 특별한 분이 되게 하는 이 눈부신 빛은 어디에서 나온 것일까? 에머슨의 표현대로 "사람의 마음을 사로잡는" 예수의 힘은 어디에서 나온 것일까?

예수의 가르침의 내용을 제외하고 말하자면, 예수의 빛과 능력(눈부신 빛에는 언제나 힘이 있다)의 원천은 그분이 가르친 방식과 목소리, 그리고 친히 보여주신 모범이다. 예수처럼 말했던 인간 스승은 일찍이 없었다. 예수께서는 그분의 신앙을 장황하게 설명하지 않았고 논리적으로 제시하지 않았다. 그분의 말씀에는 확실한 지식에서 볼 수 있는 단순함과 확신이 있었다. 그분은 그저 이렇게 말씀하실 뿐이었다. "어찌하여 깨닫지 못하느냐?" 그분의 가르침에는 가설과 논증이 없었다. 그분은 더없이 자연스럽고 온유하게 "나를 본 자는 아버지를 보았다"(요한복음 14:8)고 말씀하셨다. 더없이 단순하게 "내 계명은 … 너희도 서로 사랑하라 하는 이것이니라"(요한복음 15:12)고 하셨다. "나의 계명을 지키는 자라야 나를 사랑하는 자니 나를 사랑하는 자는 내 아버지께 사랑을 받을 것이요 나도 그를 사랑하여 그에게 나를 나타내리라"(요한복음 14:21). 이것은 이전에는 한 번도 들어본 적 없는, 전혀 새로운 목소리다. "작은 자들아, 내가 아직 잠시 너희와 함께 있겠노라. 너희가 나를 찾을 것이나 일찍이 내가 유대인들에게 '너희는 내가 가는 곳에 올 수 없다'고 말한 것과 같이 지금 너희에게도 이르노라. 새 계명을 너희에게 주노니 서로 사랑하라. 내가 너희를 사랑한 것같이 너희도 서로 사랑하라"(요한복음

13:33-34). 같은 음성을 나중에 이 말씀에서도 들을 수 있다. "아버지, 저들을 사하여주옵소서. 자기들이 하는 것을 알지 못함이니이다"(누가복음 23:34). 단순한 말이지만 여기에 힘이 있다. 다음의 말도 그렇다. "평안을 너희에게 끼치노니 곧 나의 평안을 너희에게 주노라. 내가 너희에게 주는 것은 세상이 주는 것과 같지 아니하니라. 너희는 마음에 근심하지도 말고 두려워하지도 말라"(요한복음 14:27). 여기에 담긴 순전한 고결함을 다음 말씀에서도 볼 수 있다. "수고하고 무거운 짐 진 자들아, 다 내게로 오라. 내가 너희를 쉬게 하리라"(마태복음 11:28). 이것이 예수의 온유한 음성이며 지난 2천 년 동안 사람들의 마음을 사로잡았던 강력한 음성, 위엄 있는 음성이다.

사도 요한이 자기가 지어낸 말에 이런 정서를 불어넣었을 거라는 주장은 아무런 실체가 없다. 요한복음의 저자가 기록한 이 말이 예수의 말씀을 글자 그대로 전달한 것은 아닐 것이다. 하지만 이것은 그가 들었던 내용이며 여러 해가 지난 후 그가 기억해낸 내용이다. 그렇게 말한다면 소크라테스의 대화로 전해지는 것도 소크라테스의 말을 그대로 옮긴 것은 아니다. 나는 플라톤의 《파이돈》과 요한복음 13-18장이 죽음을 앞둔 두 위대한 사상가가 남긴 가르침을 가장 감동적으로 기록하고 있다고 생각한다. 사도 요한은 플라톤 같은 문필가는 아니다. 그런데 그가 쓴 이 너덧 장章은 문학사상 비할 바가 없는 가장 감동적인 글이다. 요한복음의 이 대목이 《파이돈》과 다른 점은, 예수의 죽음 이후

세상이 다시는 들을 수 없게 된 너무나 월등하게 아름다운 음성이 그 안에 담겨 있다는 것이다. 사도 요한이 요한복음을 쓸 당시 그리스의 로고스 철학을 알았다고 치자. "내가 곧 길이요 진리요 생명이니"(요한복음 14:6) 같은 구절은 그리스 철학이 반영된 표현일 수도 있다. (마태복음에서 마태가 같은 메시지를 전할 때는 그런 표현이 안 나온다.) 그러나 요한복음에는 놀라운 특징이 있다. 예수께서 제자들의 발을 씻기실 때나, 용어가 갑자기 바뀌면서 예수께서 제자들을 '친구'라고 부르시는 대목에서 그 특징이 드러난다. "너희는 내가 명하는 대로 행하면 곧 나의 친구라. 이제부터는 너희를 종이라 하지 아니하리니 종은 주인이 하는 것을 알지 못함이라. 너희를 친구라 하였노니 내가 내 아버지께 들은 것을 다 너희에게 알게 하였음이라"(요한복음 15:14-15). 이런 말들을 요한이 지어냈을 리가 없다. 어떤 소설들에는 진본의 특징이 담겨 있는데, 요한복음에도 진본의 특징이 있다.

이와 같이 예수의 세계에는 힘뿐 아니라 그 외의 다른 것도 있다. 공자의 자기제한, 붓다의 지적 분석, 장자의 신비주의와는 다른, 절대적으로 밝은 빛이다. 다른 이들이 추론한 부분에서 예수는 가르쳤고, 다른 이들이 가르친 부분에서 예수는 명령했다. 그의 말은 하나님에 대한 온전한 지식과 사랑에서 나온 것이었다. 그분의 가르침에는 하나님에 대한 직접적인 지식과 사랑이 전해졌다. 더 나아가 그분은 하나님을 사랑하는 것이 그분의 계명을 지키는 일이라고, 그분의 계명은 서로 사랑하는 것이라고,

어떤 단서도 달지 않고 직접적으로 말했다. 위대한 진리가 무릇 단순한 것이라면, 여기서 우리는 모든 인간 발전 원리의 싹이며 그것만으로 충분한 단순한 진리 앞에 서 있음을 깨닫게 된다.

예수의 가르침은 이전 철학자들의 가르침과는 차원이 달랐다. 공자의 실증주의와 상식도, 인간관계에 한정된 고루한 관심도, 점차적인 자기수양을 말하는 조언도 없다. 유有가 무無로 돌아가는 도교의 영원한 변화가 그려내는 어지러운 광경도 없다. 붓다처럼 무한한 곳과 조건에 매이지 않는 곳으로 벗어나기를 바라며 내세운 강력한 지성주의나 지각하는 마음을 정복하기 위해 펼친 영웅적인 노력도 없다. 유교와 도교와 불교, 이 모두가 신적 진리라는 고차원 세계로 들어가기 위한 인간 정신의 비행이자 생사의 본질을 설명하기 위한 값진 시도였다. 유교는 더없이 실용적이고 구체적이라서 따라가기 쉽고 이해하기도 쉽지만, 삶과 우주의 참된 본질을 가까이서 살펴보는 일은 주저한다. 유교는 명예와 책임감과 최선의 모습을 끊임없이 추구하라고 가르친다. 반면, 도교와 불교는 정신의 자유를 궁극적인 목표로 가르친다. 불교의 방법은 선불교를 제외하면 신비주의적이라기보다는 지적인 것에 가깝다. 장자의 도교는 정신의 해방에 가장 직접적으로 기여하는데, 중량감이 덜한 이성의 철학자들에게서는 보기 드문 넓은 안목을 보여준다. 앞에서 봤다시피, 장자의 관점은 파스칼처럼 실제로는 종교적인 것이었다. 노자는 사랑과 겸손의 힘을 믿고 정부, 형벌, 전쟁처럼 인간에게 평화를 가져다줄 모든 인간적 척도를 경멸하는데 그 정도가 어마어마한 경지까지 솟아 오른다. 노자와 예수는 정신적인 형제이다. 예수는 "나는 마음이 온유하고 겸손lowly하니"(마태복음 11:29)라고 말했고, 노자는 "온유함을 붙들고 낮은 자리lowly position에 처하라"고 했다. 둘 다 마음이 가난한 사람들의 나라를 세웠는데, 니체는 그 표현에 격분했지만 예수는 제자들의 발을 씻김으로 그 말씀의 본을 보여주었다. 노자 역시 능히 그랬을 법하지만 그랬다는 기록은 남아 있지 않다.

우리는 믿음이 없는 세상, 도덕적 냉소가 가득한 세상, 사람이 추구할 만한 정당한 이상이 무너져내린 세상에서 살아간다. 우리 모두 그렇게 이상이 무너진 대가를 치르고 있다. 우리가 흔히 받아들이는 더 나은 세상의 개념이 '생활수준의 향상'을 뜻하는 한, 현대의 사상가들이 사회적 병폐를 경제적 조치로 해결하기로 하는 한, 우리가 '물질만능주의' 시대를 살아간다는 말이 대체로 맞을 것이다. 물론 서양세계는 민주주의와 자유라는 두 가지 영적 가치를 믿기도 하지만, 둘 다 한계가 정해져 있다. 백인은 자유를 원하지만 황인은 쌀을 원한다는 말이 있는데, 이 말은 자유가 앵글로색슨족만의 영적 열망이 아니라 모든 사람 안에 내재하는 본능이라는 점을 백인들이 이해하지 못하고 있음을 보여줄 따름이다. 아시아인들은 쌀에만 눈독을 들일 뿐 자유가 무엇인지 모르고 관심도 없으며, 백인은 독재를 혐오하지만 황인은 독재를 참는다는 주장을 전문가라는 작자들이 거듭해서 내놓는다. 이것은 서양의 관찰자들이 얼마나 물질만능주의적이고 피상적인지, 아시아의 정신을 그들이 얼마나 오해하고 있는지 입증해준다. 이런 면에서 볼 때 서구의 사고방식은 공자보다 더 물질만능주의적이다. 공자는 이렇게 말했다. "불가피한 상황이 닥치면 한 나라가 군대 없이도 버틸 수 있고 심지어 먹을 것 없이도 버틸 수 있지만, 믿음 없이는 어떤 나라도 존재할 수 없다."

이런 물질만능주의로는 안 된다. 이런 사고방식을 바꿀 수 있는 것은 예수의 기본적인 가르침밖에 없다. 소련 안팎에서 일어나는 모든 사회주의적 개혁은 물질만능주의적·경제적 접근법을 강화시킬 뿐이고, 장자의 표현을 빌리자면 "더 큰 혼란만 가져올 따름"이다. 공자는 "인류 갱생의 수단 중에서 요란하게 시선을 끄는 것들이 가장 덜 중요하다"고 말했다. 앞에서 지적한 바와 같이, 공자는 예수처럼 나름의 방식으로 소리 없는 혁명, 인간의 내면에서부터 일어나는 혁명을 믿었다. 위대한 기독교인 알베르트 슈바이처(1875-1965)는 1932년 프랑크푸르트에서 열린 괴테 서거 100주년 기념 행사장에서 연설을 하며 이런 말을 했다.

> 인류는 수없이 다양한 방식으로 실재와의 자연적인 관계에서 떠났고, 모종의 **경제적이고 사회적인 마법**이 담긴 비법에서 행복을 찾아야 한다고 확신하게 되었습니다. 하지만 그런 비법에 의지하면 경제적·사회적 고통에서 벗어날 가능성이 더 희박해집니다!
>
> 어떤 종류의 경제적·사회적 마법이든 상관없이, 그 안에 담겨

> 있는 비극적 의미는 모두 동일합니다. 개인의 고유한 물적·정신적 개성을 포기한 채 정신적으로 불안하고 물질만능주의에 사로잡힌 군중의 일부로 휩쓸려 살아야 한다는 것이지요.

또 다른 예수의 위대한 제자 르낭은 이렇게 말했다.

> 인류의 모든 사회혁명은 이것('하나님나라')에 접붙는 것일 테다. 그러나 우리 시대의 '사회주의' 시도들은 천박한 물질만능주의로 더럽혀진 데다가 불가능한 것, 즉 **정치적·경제적 조치 위에 보편적인 행복을 세우고자** 하는 것이기에 결국 결실을 맺지 못할 것이다. 사회주의 혁명이 결실을 맺으려면 예수의 참된 정신을 규칙으로 받아들여야 한다. 그것은 절대적인 이상주의, 즉 세상을 소유하려면 먼저 버려야 한다는 원리다.

이러한 깊이가 우리에게 필요한데, 우리에겐 바로 이것이 없다.

서양인들이 자유와 민주주의를 믿는다면, 예수 가르침의 핵심을 그대로 따르고 있는 셈이다. 하지만 그들이 예수의 가르침을 온전히 믿고 있는 것 같지는 않다. 알래스카의 '자유'가 위협받을 때 미국은 그것을 위해 싸우겠지만, 헝가리인이나 중국인이나 러시아인의 자유가 위태로울 때도 관심을 가질 만큼 자유를 전심으로 믿지는 않는다. 그러므로 자유는 아직 보편성을 확보하지 못했다고 할 수 있다. 지금을 기준으로 앞뒤로 오 년 정도

놓고 보자면 열렬한 믿음의 대상은 아니다. 자유와 민주주의에 대한 보편적 믿음의 뿌리는 예수의 말씀에 있는데, 언젠가는 사람들이 그 말씀의 영향력을 실감하게 될 것이다. 이 두 가지가 어떻게 연관되어 있는지 밝혀보겠다.

기독교는 보통 사람을 대변한다. 우리는 기독교가 과거 서양 세계에서 발휘한 기독교의 능력에 익숙하다. 그러나 더 중요한 것은, 그 능력이 소리 없는 혁명을 일으키고 인류의 진보에 기여할 생명력으로 오늘날 바로 여기에도 존재한다는 사실이다. 특히, 예수의 가르침은 사상의 유행이나 경제적·물리적 개념의 변화에 영향을 받지 않는 독보적인 원리이다. 예수에게는 교리도, 신경信經도, 전례典禮도, 의식儀式도 없다. 예수는 하나의 원리, 또는 하나로 포괄할 수 있는 두 원리를 가르쳤다. 하나님나라가 너희 안에 있다(누가복음 17:21)는 원리와 온유한 자들과 겸손한 자들이 땅을 차지한다(마태복음 5:5)는 원리다. 첫째 원리는 인간 정신의 내적 자유를 가르친다. 둘째는 '이 형제들 중 가장 작은 자'의 가치다. 다시 말해, 미천한 사람의 정신이 자유롭고, 미천한 사람이 승리한다는 의미다. 이것은 모든 자유와 모든 민주주의의 배후에 놓인 영적 원리다.

유물론자는 정반대로 믿는다. 그는 미천한 사람에게 쌀만 주면 모든 것이 순탄하리라 믿는다. 진정한 유물론자는 선택을 내려야 할 때에 개인의 자유보다는 부의 평등한 분배를 지지할 것이다. 인간은 쌀만 있으면 어떻게든 행복할 거라 믿기 때문이다.

예수의 가르침을 살펴본 사람이라면, 인간 스승으로만 놓고 보더라도 이제껏 그분처럼 가르친 사람이 아무도 없다는 이례성에 깊은 감명을 받을 것이다. 객관성의 화신이라 할 만한 르낭을 보자. 예수의 생애와 가르침을 연구한 이 프랑스 학자는 "예수는 여전히 인류의 도덕적 갱생을 이끌 무궁무진한 원리로 남아 있다"고 고백할 **수밖에 없었다**. 그는 엄격한 의미에서 볼 때 그리스도의 신성을 부인했지만, 《예수전》 끝부분에서 그분의 생애를 요약하며 사실상의 찬사를 보냈다.

> 매일매일 세상의 운명을 주재하는 이 고귀한 사람을 신적 존재라 부를 수 있을 것이다. 예수가 모든 신적인 것을 다 흡수했다거나 신성에 걸맞은 존재(학자들의 표현을 빌리자면)였다는 뜻이 아니라, 동료 인간들이 **신적인 존재로 나아가는 가장 큰 발걸음을 내딛게** 만들었다는 뜻에서 그렇다. 인류 전체를 놓고 보면 이기적이고 저속한 존재들의 집합이요, 동물보다 나은 점이라고 해봐야 이기성이 더 두드러진다는 점뿐이다. 이런 한결같고 그저 그런 존재들 사이에서 하늘로 솟아올라 더 고귀한 운명이 있음을 증언하는 몇몇 기둥이 있다. 예수는 인간이 어디서 왔고 어디로 향해야 하는지 보여주는 기둥 중의 기둥이었다. 예수 안에는 인간의 본성 가운데 선하고 고귀한 모든 것이 응집되어 있다. …
>
> 우리는 무력하고 수고해도 거두지 못하고 자신이 뿌린 씨의 열매를 결코 보지 못할 영원한 아이와도 같다. 그러니 이 반신半神들

앞에 고개를 숙이자. 그들은 우리가 할 수 없는 일을 해냈다. 창조하고 단언하고 행동했다. 위대한 독창성이 다시 태어날 것인가, 아니면 앞으로 세상은 고대의 담대한 창조자들이 열어놓은 길을 따라가는 데 만족할 것인가? 우리는 모른다. 예측할 수 없는 미래가 앞으로 어떻게 펼쳐질지 모르지만, 누구도 예수를 능가하는 일은 없을 것이다. 그를 흠모하는 젊은 세대가 계속 새롭게 나타날 것이고, 그가 살아간 이야기는 끊임없이 눈물을 자아낼 것이고, 그의 고난은 모든 이의 마음을 감동시킬 것이다. 사람의 후손 중에 예수보다 큰 자는 없다고 모든 세대가 선포할 것이다.

르낭은 예수의 죽음에 대해 이렇게 적었다.

고귀한 창시자여, 이제 당신의 영광 가운데 편히 쉬소서. 당신의 일은 완성되었습니다. 당신의 신성은 확립되었습니다. 당신의 온갖 수고로 쌓아올린 구조물이 흠이 있어 허물어질까 더 이상 우려하지 마십시오. 이후로 인간의 나약함이 도저히 이를 수 없는 지고의 신적 평안을 누리며, 당신은 당신 행위의 무한한 결과 가운데 거할 것입니다. 당신의 위대한 영혼은 털끝만큼도 건드리지 못한 몇 시간의 고난을 값으로 치르고, 당신은 가장 완전한 불멸을 얻었습니다. 수천 년 동안 세상은 당신을 드높일 것입니다. 모순적인 인간 존재의 깃발이여, 앞으로 당신을 중심에 놓고 더없이 맹렬한 전투가 벌어질 것입니다. 당신은 이곳에서 보낸 순례의 세월보다 죽음 이후에 천배나 더 살고 천배나 더 사랑받아 인류의 초석이 될 것이니, 세상에서 당신의 이름을 떼어낸다면 세상의 근본까지 뒤흔드는 일이 될 것입니다.

프랑스 특유의 섬세함과 깊이를 갖춘 이 프랑스인 외에 여기 담긴 내용을 이토록 절묘하고 유려한 문장으로 표현해낼 이가 있을까?

신학은 종류를 막론하고 예수의 가르침에 담긴 힘과 단순함을 손상시킨다. 사도신경만 해도 그 내용을 이해하려면 많은 질문과 대답이 오가야 한다. 예수의 말씀 중에 교리문답으로 만들 만한 내용, 보통 사람이 혼자서 이해하지 못할 대목은 없다. 예수의 말씀에는 신비한 정의定義도 없고, 위험한 추론도 없고, 자기기만적인 변증법도, '5대 교리'도 없다. 예수의 말씀을 분석하면 망치게 되고, 그 내용을 보완하면 못쓰게 된다. 신학자들은 자기가 무슨 일을 하고 있는지 알아야 한다! 아무리 위대한 신학자라도 예수의 마음을 가질 수는 없기 때문이다. 그가 토론에 들어가면 어조와 목소리가 달라진다. 영혼의 일들을 물질적인 일들처럼 말하게 된다. 피할 수 없는 일이다.

학교에서 '셰익스피어를 억지로 배웠던' 사람들 중에는 셰익스피어라면 지긋지긋해서 남은 평생 그의 작품엔 손도 대지 않게 된 경우가 많다. 그런데 존 길구드(1904-2000, 영국의 배우이자 연출가. 셰익스피어극의 제1인자로《햄릿》과《로미오와 줄리엣》등에서 연출과 주인공을 겸하여 극찬을 받았다)나 로렌스 올리비에(1907-1989, 영국의 배우, 연출가, 프로듀서. 셰익스피어 해석의 대가)가 나타나 셰익스피어를 '가르치지' 않고 그의 대사로 연기하는 것을 보면서 우리 눈에서 비늘이 벗겨졌다. 우리는 그것이 셰익스피어라고 믿을 수 없었다. 아니, 셰익스피어가 아름답잖아! 우리는 왜 학교에서 셰익스피어를 감상하도록 배우지 못한 걸까? 학창시절에 셰익스피어를 무조건 무서워하게 되는 것처럼, 나는 예수의 가르침을 멀리해왔다. 신학 교리에 들어 있는 그리스도의 가르침은 내게 싸구려 액자 속 렘브란트 초상화와 비슷해 보였다. 싸구려 액자는 렘브란트 그림에 집중하지 못하게 만들고 그 가치를 가려버린다. 앞서 나는 예수의 말에는 배움이 짧은 사람이 혼자서 이해하지 못할 내용이 없다고 말했는데, 다소 불분명한 대목이 있어도 그 정도가 심각하진 않다. 흠정역에 가끔 모호한 부분이 있다 해도, 그것은 초상화의 빛과 그림자의 일부이다. 그렇다고 그림에 다시 손을 대야 할까? 나는 지금 있는 그대로가 맘에 든다.

나는 지금 기독교파 간의 교리적 차이를 말하는 것이 아니라, 교리적 차이에 대한 논의 자체가 **부질없다**고 말하는 것이다. 그런 논의는 너무나 친숙하고 오래된 것이지만, 무엇보다 부질없다. 그런 논의에 끼어들면 어쩔 수 없이 스콜라철학 수준으로 내려가 진리를 해치게 된다. 사람들이 예수를 알지 못하도록 막는 존재가 바로 이들 교리적인 호사가들이다. 신경과 교리에 대한 이들의 혼란 때문에 나는 30년 동안 기독교를 멀리했고, 그들의 싸구려 신학 때문에 예수를 보지 못했다. 나만 그런 것이 아니다. 인간사에서 그리스도의 영과 하나님을 인정하는 가장 효과적인 논증을 펼친 J. S. 홀데인은 같은 이유로 어떤 교파에도 들어갈 수 없었다. 1932년 5월, 트라팔가 광장의 세인트마틴 교회에서 열린 오찬강연에서 그는 이렇게 말했다. "여러분도 아시리라 생각합니다만, 저는 어떤 교파의 교인도 아닙니다. 기존 교파들의 신학에는 제가 받아들일 수 없는 부분이 너무 많기 때문입니다"(《유물론》, 220쪽). 알베르트 슈바이처도 이 사실을 잘 알았다. 슈바이처는 1934년 11월 21일과 28일자 〈크리스천 센추리 Christian Century〉지에 이렇게 적었다.

> 나는 우리 시대의 정신생활과 문명에서 종교가 차지하는 자리를 논하려 한다. 첫 번째로 물어야 할 질문은 이것이다. '종교는 우리 시대의 정신생활에 영향력을 발휘하고 있는가?' 나는 여러분의 이름과 내 이름을 걸고 '아니오!'라고 대답하겠다. … (하지만) 어떤 교파에도 속하지 않는 많은 이들 안에는 종교에 대한 갈망이 있다.

이제 개인적인 견해를 좀 밝혀도 될 것 같다. 사실, 중국의 기독교는 교리로 회심자를 얻지 않았다. 사람들이 그리스도의 가르침, 즉 "서로 사랑하라"는 몇 마디의 말씀에 순종하는 기독교인을 개인적으로 접촉하게 되면 회심자가 생기곤 했다. 내가 칭화 학교에서 기독교로부터 멀어지던 당시, 정통 유교 신봉자였던 동료가 기독교로 넘어가고 있었다. 어떻게? 교리문답을 통해서가 아니었다. 나는 그와 같은 학교를 다녔기 때문에 그를 잘 알았다. 그는 쑤저우 근방의 유서 깊은 유교 집안 출신으로 한문에 능했고 성이 맹씨라 "맹자의 후손"이라 불렸다. 그는 영어를 배우러 세인트존스 대학에 왔지만 그의 배경은 나와 정반대였다. 우리는 둘 다 칭화 학교에서 영어 교사로 일했고 같은 집에서 맞은편 방을 썼다. 나는 양복을 입었지만 그는 절대 양복을 입지 않았다. 나는 딱딱한 의자에 하루 종일 꼿꼿이 앉아 있는 그가 대단해 보였는데, 그런 모습은 그가 받은 엄격한 유교 교육의 산물이었다. 엄격하고 철저한 가정교육이 몸에 밴 그는 총명하고 대단히 고결한 성품의 소유자로서 모든 사람의 존경을 받았다. 세인트존스 대학에 다닐 때 우리는 교장 셔우드 에디의 부흥사 전략을 비웃었다. 그가 구사한 술수 중 하나는 주머니에서 중국 국기(당시엔 오색기였다)를 꺼내들고 중국을 사랑한다고 말하는 것이었다. 그의 설교가 끝나면 많은 학생들이 일어나 '예수를 믿기로 서약'했지만, 그런 과장된 행동은 우리에게 통하지 않았다. 맹군은 지성인이었기 때문이다. 그럼 맹군은 왜 기독교인이 되었던가? 나는 그 심리적 전후사정을 너무나 잘 안다. 그가 회심한 이유는 교수진 사이에 있던 한 미국인 부인 때문이었다. 그녀는 어조와 구사하는 말에서까지 기독교인다운 친절이 드러나는 성자 같은 인물이었다. '사랑'은 품위가 떨어져버린 말이다. 이 단어에는 어떤 낭만적인 요소도 없었다. 그 여인은 쉰 살 정도 되었는데, 훌륭한 기독교인이었고 칭화 학교 학생들을 깊이 아꼈다. 각 사람에 대한 그녀의 관심과 보살핌은 주목할 만했다. 그녀는 기독교의 미덕인 사랑을 갖고 있었다. 그녀는 맹군에게 성경을 가르쳤고 그는 거기에 설복되었다. 그것은 그가 경험해보지 못한 전혀 다른 세계였다. 맹군의 유교식 가정생활은 내가 아는 그 누구의 경우보다 엄격했다. 그것은 의무와 책임과 도덕적 규율의 세계였다. 그는 기독교의 법이 엄격한 유교의 생활방식을 대체할 때 따스한 신세계가 펼쳐지는 것을 느끼지 않을 수 없었다. 그가 받았던 느낌은 모세의 율법을 대체하는 그리스도의 새 법을 접한 초대 기독교인들의 심정과 같지 않았을까 싶다.

내 경우도 마찬가지다. 기독교에서 가르치는 다른 사람에 대한 친절과 관심을 실제로 실천하는 기독교인을 볼 때마다 나는 기독교회에 더 가까이 다가갔다. 이것은 어떤 교리보다 효과가 있다. 예외는 오히려 규칙을 입증해준다. 내 어린 시절, 중국인 회심자들에게 아무런 관심이 없고, 그들 한 사람 한 사람을 사랑하지도 않았던 선교사들이 있었다. 예수라면 당연히 그들을 사랑하셨을 테고, 선교사라면 마땅히 사랑해야 할 것 같은데 그들은 그렇게 하지 않았다. 그런데 중국인들은 대단히 실질적인 민족이다. 우리는 선교사들의 설교가 아니라 그들의 모습으로 그들을 평가하고 판단한 뒤 '좋은 사람'이나 '나쁜 사람' 중 하나로 분류한다. 누구도 이런 최종적인 단순함에서 벗어날 수 없다. 내 어린 시절, 두 선교사 자매가 있었다. 선교봉사가 하나님을 위한 고행의 일종이었는지, 두 자매는 중국인 소년소녀들을 위해 일하면서도 그들을 사랑하지 않았다. 그들은 우리에게 안 좋은 인상을 심어줬고, 우리 사내아이들은 그들에게 입에 담지 못할 별명을 붙여주었다. 그들은 바다와 아름다운 경치가 내다보이는 높은 저택에 살았고 중국인 가마꾼, 요리사, 가정부를 부렸다. 기독교 복음전도와 '백인의 특권'의 결합은 기괴했다. 그런데 누군가 동료를 향한 사랑이나 다른 이들에 대한 관심을 갖고 있으면 사람들은 그것을 금세 감지한다. 우리 사내아이들이 그 집에서 감지한 것은 중국 사람들에 대한 끊임없는 짜증이었다. 그 자매는 우리가 지은, 입에 담지 못할 별명에 딱 맞는 이들이었다. 그런데 내가 이교도였던 때에 만난 한 기독교인은 달랐다. 나는 그녀를 통해 다른 세계를 보았다. 대서양 횡단 여객선에서 그녀를 만났는데, 그녀는 나를 기독교로 회심시키고 싶어 했고 나는 그녀의 겸손과 온유함에 매료되어 그렇게 될 뻔했다. 여행 기간이 열흘만 더 길었다면 나는 그때 그 자리에서 기독교로 돌아왔을 것이다. 이와 관련해서 지금은 아흔넷의 나이로 뉴저지에 살고 있는 사랑스러운 여자분을 언급해야겠다. 그분은 20세기 초에 아모이에 선교사로 와서 당시 소년이던 나를 만났다. 그분은 다른 사람들을 향한 관심과 배려라는 기독교 정신으로 빛나던 사람이었다. 반세기 만에 다시 만났을 때, 놀랍게도 그분은 어릴 적 내 이름으로 나를 불러주었다. 내 이름을 기억하다니! 하나님과의 교제에 완전히 몰두해 있던 두 자매라면 지금 살아 있다 해도 내 이름을 기억하지 못할 것이 분명하다. '내 계명을 기억한다면 너희는 서로 사랑할 것이다.' 바로 이것이다. 나는 그 멋진 노부인께 가까이 갈 때마다 기독교 정신의 참된 화신 앞에 서는 것 같았다. 그 곁에 서면 늘 잃어버린 세계를 떠올리게 되었다. 다시 말해, 기독교인을 낳는 것은 기독교인이지 기독교신학이 아니다.

예수의 가르침의 핵심을 고수해야 할 필요성은 아무리 강조해도 지나치지 않다. 슈바이처가 아프리카의 밀림에서 일할 수밖에 없었던 것도 바로 이런 정신 때문이었다고 나는 확신한다. 슈바이처가 남긴 말을 존중하자. 그의 말은 대단히 중요하고 의미심장하다.

> 우리는 지금 어둠 속에서 방황하고 있다. 그러나 이것저것 생각해 보면 우리 모두 빛을 향해 전진하고 있다는 확신과, 종교와 윤리적 사고가 결합할 날이 다시 올 거라는 확신을 갖게 된다. 우리는 이것을 믿고 바라고 이것을 위해 일하면서, 우리가 윤리적 이상에 따라 살아가다 보면 언젠가 다른 이들도 같은 선택을 내리리라는 믿음을 굳게 붙든다. 그 빛을 내다보고 그러한 미래를 생각하며 위로를 삼자.

그의 자서전 《나의 생애와 사상》은 생각하는 사람이라면 모두 읽어야 할 책이다. 이 책의 더없이 중요한 맺음말에서 슈바이처는 위에서 말한 '생각'의 요점을 밝히면서, 생각을 부인하는 것이 아니라 언젠가 생명과 신과 우주와의 관계라는 주요 문제에 대한 생각에 다시 초점을 맞추게 해줄 '새로운 합리주의'의 필요성을 말한다. 그는 왜 현대인이 이런 유형의 생각을 할 능력을 잃었는지, 사변철학, 심리학, 사회학, 자연과학을 공부하면서 어떻게 자신이 "세상에 있고 그 안에서 살아가는 존재가 아니라 세상 근처에 머물면서 **바깥에서 그것을 생각하는** 사람처럼" 인생의 문제를 바라보게 되었는지를 보여준다. 그리고 위의 인용문에서 말한 '종교와 윤리적 사고'의 결합을 강조하면서 그런 결합이 실제로 어떻게 이루어지는지를 보여준다. 그리스도는 "열매를 맺고" 그분의 계명을 지킬 것을 강조하셨건만, 기독교 신학은 개인에게 어떤 도덕적 노력도 요구하지 않는다. 그러다 보니 더 구미에 맞는 간편하고 마법에 가까운 구원 공식이 그 자리를 대체하게 된 것 같다. 기독교회에서도 회개와 중생을 가르치긴 하지만, 대체로 강조점이 거꾸로 되어서 누군가가 당신을 위해 죽었으니, 그저 '믿기만' 하거나 "주여, 주여" 하고 그분의 이름을 부르기만 하면 구원이 보장된다고 말한다. '대속代贖 교리'의 작용은 자동적이고 극히 간단해 보인다. 그것은 제사장들이 신자들에게 가르친 바이기도 하다. 그러나 예수께서는 다르게 가르치셨다. 그분은 포도나무, 씨앗, 무화과나무, 달란트 등에 대한 십여 가지의 비유를 통해 “열매를 맺고” 그분의 계명을 지켜야만 구원이나 죄 용서를 받을 수 있다고 말씀하셨다. 죄 용서는 결코 자동적인 것도 확보된 것도 아니다. 예배보다 중요한 것이 섬김이다. “예물을 제단 앞에 두고 먼저 가서 형제와 화목하고”(마태복음 5:24). “너희가 사람의 과실을 용서하지 아니하면 너희 아버지께서도 너희 과실을 용서하지 아니하시리라”(마태복음 6:15). “정죄하지 말라. 그리하면 너희가 정죄를 받지 않을 것이요, 용서하라. 그리하면 너희가 용서를 받을 것이요”(누가복음 6:37). 예수께서는 윤리적 삶과 개인의 노력을 강조하셨다. 사람이 그분의 계명을 지켜 사랑하고 용서하지 않으면서 ‘회개’하고 ‘믿기만’ 해서는 하나님의 어린양의 모든 피를 다 갖다부어도 사람의 죄를 씻을 수 없다. 구원은 자동적인 것도 아니고 보장된 것도 아니다. 이 원래의 강조점이 회복되고 기독교인들이 삶에서 ‘열매를 맺기’ 시작하면, 그 어떤 것도 기독교의 힘을 당해내지 못할 것이다.

✣✣✣

이 책은 이교 신앙에서 기독교로 돌아온 내 개인적인 여정을 다룬 것이니만큼, 이 변화에 대해 한마디 더 해야 할 것 같다. 독자도 느꼈겠지만, 나는 하나님을 믿지 않은 적이 없고, 끊임없이 만족스러운 예배 형태를 추구해왔다. 하지만 교회의 신학이 나를 가로막았다. 싸늘하게 지적이고, 거만하게 연역적이고, 심지어 하나님에 대한 사랑도 없는 모습이 내게 거부감을 주었다. 나는 기독교 가정에서 태어났지만 본능적으로 교회를 멀리하게 만드는 무엇인가를 교회에서 느끼는 많은 이들의 처지와 같았다. 솔직히 말해 나와 같은 사람이 수백만 명도 더 될 것이다. 나는 끔찍한 액자 때문에 렘브란트 그림에 전혀 눈길을 주지 않게 되었다. 격변의 '회심'도, 신비주의적 환상도, 누군가 내 머리에 숯불을 올려놓는 느낌도 없었다. 내 아버지의 교회로 돌아가는 일은 내게 맞는 교회, 교조주의로 나를 몰아내지 않는 교회를 찾는 과정이었다. 그런 교회를 찾게 되자 돌아가는 일은 자연스러웠다.

이교도 시절, 나는 여러 차례 부담없이 교회 예배에 참석해봤는데 그때마다 실망만 하고 돌아섰다. 슬픈 일이지만 그리스도의 교회에는 달콤한 합리성이 없는 경우가 너무나 많았다. 아내는 침대에서 늘 성경을 읽었고 가능한 한 예배에 빠지지 않았다. 나는 아내의 진정 경건한 자세가 감탄스러웠고 은근히 부러웠는데, 그 정수가 겸손이라고 믿는다. 나는 가끔 아내를 따라 교회에 나갔고 보통은 실망한 채로 돌아왔다. 아무리 좋은 의도로 받아들이려 해도, 2류 설교는 참을 수가 없었다. 교회에서 몸을 뒤트는 내 모습을 본 아내는 차라리 혼자 오는 것이 낫겠다고 생각하게 되었다. 가끔 라디오 채널을 돌리다 설교라도 듣게 되면, 옛날 마을 장터에서 관청의 포고문을 알리던 사람 같은 목소리의 설교자가 큰소리로 죄와 영원한 형벌에 대해 말하면서 하나님께 나아오라고 촉구했다. 내가 상황을 부당하게 그리고 있는 것 같지는 않다. 오늘날 미국의 많은 종교를 움직이는 동인은 여전히 영벌永罰에 대한 두려움이지 싶다. 많은 미국인들이 그것을 받아들이지만, 그렇지 못한 사람들도 많다. 예수의 말씀에는 그리스도와의 참된 교제와 하나님의 사랑이 하늘에서 내리는 부드러운 이슬처럼 풍성하건만, 설교에서는 그것이 너무나 보기 드물다. 모든 인간에게 있는 신성은 거의 언급되지 않고 영벌은 너무나 자주 강조되니, 참으로 불행한 일이다. 그러나 이것이 현실인 듯하다. 교회 예배는 여전히 대부분 성난 목사가 성난 말로 성난 하나님이 내리는 영벌을 설교하는 내용으로 채워져 있다. 의사에게 질병과 죽음이 꼭 필요한 것처럼 목사들에게는 죄가 꼭 필요한 듯하다. 예수는 죄를 결코 언급하지 않았고 용서할 따름이었다. 내 기억에 따르면, 예수는 가룟 유다조차도 저주하지 않았다. 유다는 십자가에서 말 그대로 용서받았다.

그런데 어느 날, 나는 자리에서 몸을 비틀지 않고 처음부터 끝까지 넋을 놓고 집중해서 설교를 들을 수 있는 교회를 찾았다. 데이비드 리드 박사의 설교를 처음 들은 후, 나는 일요일마다 계속 그의 교회에 나갔다. 그리고 매번 풍부한 보상을 받았다. 내가 늘 원했던 대로 하나님께 가까이 나아가 예배할 기회가 허락되니, 얼마나 큰 안도감이 들던지! 그 모든 과정이 자연스럽게 이루어져, 교인으로 등록하는 문제가 공식적으로 거론되었을 때는 그 문제로 가족과 논의할 필요도 없었다. 우리는 반년 동안 매디슨애버뉴 장로교회에 다니다가 즐거운 마음으로 교인 등록을 마쳤다. 리드 박사는 설교 시간에 늘 그리스도인의 삶의 문제를 다루었고, 여러 해 전에 내가 하버드 대학에 있을 때 경험했던 그곳 메모리얼 교회의 목사처럼 가끔 설교 주제로 조지 엘리엇•을 등장시키거나 하지 않았다. 그리스도인의 삶에는 이야기할 문제가 너무 많기 때문에 옆길로 샐 겨를이 없었다. 그래서 나는 교회 가는 일이 즐거웠다. 교회에 있으면 예수 그리스도의 참된 정신에 가까이 있을 수 있기 때문이었다. 뉴욕이나 다른 곳에 있는 교회 중에도 교육받은 현대인이 가서 예배하고 신선한 가르침을 접하고 활력을 얻을 수 있는 곳, 교회에서 나올 때 다른 누군가의 수고로 영벌을 면하는 저주받은 죄인이라는 느낌이 아니라 더 나은 사람이라는 느낌을 받을 수 있는 곳이 있을 것이다. 그런 가능성을 부인하는 것은 그리스도인의 생명과 그리스도의 세계의 부요함을 부인하는 일이 될 것이다. 그리스도 앞에 있을 때 사람들은 자신이 죄인이라고 느끼기보다 더 나은 사람, 더 가치 있는 사람이라 느끼게 된다. 이것이 그리스도의 특별한 점이 아닌가?

교리적 차이에 대해서라면, 나는 기꺼이 그리스도를 택하고

• 영국의 여성 작가. 본명은 메리 앤 에반스Mary Ann Evans—옮긴이.

모든 죄인들은 칼뱅에게 맡기련다. 내가 알기로 칼뱅주의의 지적 구조는 꾸준히 약화되었고 현대의 장로교회는 세르베투스(스페인 의사, 자유사상가. 스페인 이름은 미겔 세르베토. 삼위일체론을 부정한 죄로 화형에 처해졌다—옮긴이)를 화형에 처한 오만한 칼뱅이 발명해낸 '전적 부패'에 대한 믿음과 '자유의지'의 부정을 더 이상 고집하지 않는다. 결정론과 자유의지가 공존할 수 있다는 말로 칼뱅주의를 옹호하는 것은 말장난에 불과하다. 나는 마르크스 이전, 유물론적 변증법 비슷한 방식으로 '전적' 어쩌고저쩌고, '무조건적' 어쩌고저쩌고, '불가항력적' 어쩌고저쩌고를 주장하는 사람을 본능적으로 불신한다.• 사전결정론적 구토제의 쓴맛이라니! 당신과 내 안에 있는 하늘나라를 부인하다니! 붓다는 제자들에게 이렇게 말했다. "불친절한 가르침은 결코 붓다의 참된 가르침일 수 없다." 칼뱅주의는 하나님과 사람에게 끔찍하게 불친절했다. 칼뱅의 신은 칼뱅의 허락을 받고 세르베투스처럼 정직하고 고집 센 사람들을 몇 사람 더, 더 크고 튼튼한 화형대에 매달고 싶어 할 것이다!

반면, 그리스도의 비길 바 없는 가르침, 인간이 이제껏 들은 것 중 가장 영광스러운 가르침 속에는 설득력 있는 삶의 이상이 담겨 있다. 우리는 하나님에 대한 예수의 계시를 과거에 속한 일

• 칼뱅주의 5대 교리인 '전적 타락', '무조건적 선택', '제한 속죄', '불가항력적 은혜', '성도의 견인堅忍'을 염두에 두고 하는 말이다—옮긴이.

로만 생각하는 경향이 있다. 그러나 오늘날 사복음서를 읽는 사람은 누구라도 하나님이 자신을 사랑으로 드러내시는 현재의 계시를 분명하게, 틀림없이 느낄 것이다. 예수의 생애 전체가 '계시'라는 것, 즉 하나님의 영이 우리가 볼 수 있도록 가시적이고 구체적으로 드러난 계시라는 것을 느낄 수밖에 없을 것이다. "너희가 여기 내 형제 중에 지극히 작은 자 하나에게 한 것이 곧 내게 한 것이니라"(마태복음 25:40)는 예수의 가르침을 들었을 때, 나는 이분이 유일한 참 스승이심을 실감했고, 그분의 말씀이 들리는 곳마다 왜 모든 이에게 존경과 예배의 대상이 되는지 이해했다. 하나님의 진리의 빛은 눈부시게 순수한 영의 빛이었고 다른 어떤 인간의 가르침도 그에 비길 수 없었다. 그리고 그분이 더 나아가 죄 용서를 가르치고 자신의 삶으로 용서의 본을 보이셨을 때, 나는 그분을 인류의 참된 주님이자 구세주로 받아들였다. 오직 예수만이 하나님에 대한 직접적인 지식을 우리에게 전해줄 수 있었다. 그것은 도덕적으로 윤리적으로 비할 바 없이 아름다운 세계이다. 바로 여기에 인간을 이끌 완벽한 이상이 있다. 세상이 여전히 이상을 원한다면 말이다.

그 가르침은 충분하다. 그것은 적절하다. 거기에는 장엄한 빛이 있다. 하지만 그것은 인간이 소화하고 깨닫고 실천할 수 있는 것보다 더 크기도 하다. 목표는 장래의 인간 정신이 언제나 좇아갈 북극성(지침)이 될 만큼 충분히 높게 세워졌다. 다메섹(다마스쿠스)으로 가던 길에서 사도 바울을 눈부시게 했던 빛은 흐려지지 않고 흐려질 수도 없다. 그 빛은 오고 오는 세대 위에 계속 비칠 것이다. 인간의 영은 그리스도를 통해 높이 들려 하나님의 영과 이어졌다. 인간의 본질적 가치가 정당한 것으로 밝혀졌다. 그렇기 때문에 인류는 언제나 그리스도를 흠모할 것이다. 그리고 인간이 아무리 하찮은 존재라 해도 인간의 본질적 가치라는 그 소박한 교리가 역사상 가장 위대한 해방의 힘으로 드러날 것이다.

이제 한마디만 더 하면 끝난다. 모든 종교에는 형식과 내용이 있고, 종교는 언제나 형식을 통해 내용을 표현한다. 기독교의 경우, 예수께서는 너무나 풍부한 내용을 제공하셨지만 인간이 거기에 형식을 더했다. 예수께서는 교리 없이, 제자들 안에 그가 창조해내신 장엄한 사랑의 힘으로 교회를 세우셨다. 스승을 향한 제자들의 그 강력한 사랑의 힘이 기독교회의 시작이었다. 예배의 형식으로 말하자면 인간은 "이 산에서도 말고 예루살렘에서도 말고" 영과 진리로 자유롭게 예배할 수 있었다(요한복음 4:21). 그런데 전통과 역사적 발전에 근거해 형식이 정해졌다. 이 문제에서 심한 편견이 많았고, 가톨릭교회와 개신교회, 그리고 개신교 분파들 사이에 분열이 일어났다. 내가 믿기로는 오늘날 어떤 지적인 감리교 신자도 장로교도나 성공회 신자나 가톨릭 신자를 나쁘게 생각하지 않는다. 과연 형식이 그렇게 중요할까? 하나님을 영과 진리로 예배하면 되는 것 아닌가? 하나님을 예배할 때 프랑스어, 독일어, 영어, 라틴어 등 어떤 언어를 사용해도 되는 것처럼 형식은 사소한 문제가 아닐까? 각 사람은 자신에게 잘 맞는 형식을 찾아야 하는데, 내가 말하는 잘 맞는 형식이란 자신의 예배와 믿음의 습관들을 가능한 한 간섭하지 않는 형식이다. 외적으로 같은 형식을 따르는 경우에도, 각 사람은 하나님을 나름의 방식으로 믿고 과거의 경험에 따라 각기 강조하는 부분이 다를 것이다. 그래야 마땅하다. 인간이 영과 진리로 하나님을 예배하는 한, 형식은 동일한 목적에 도달하기 위해 개인마다 달리 선택하는 수단일 뿐이다. 형식은 그리스도와의 교제라는 목표로 우리를 이끌어줄 때에만 그 가치를 발휘한다. 그렇지 못할 경우 아무 쓸데가 없다.

I

척 봐도 짐작할 수 있겠지만 이 책은 내용이 방대하고 풍부하다. 동서양을 가로지르며 한 시대를 풍미한 사상가이자 문필가인 린위탕이 자신의 사상적·종교적 편력을 그려내다 보니, 온갖 다양한 문헌이 인용되고 소개된다. 동서양 사상을 저자가 개괄적으로 해설하는 데 그치지 않고 각 종교의 주요 경전들을 상당 분량 그대로 소개하고 있다는 점은 이 책의 큰 특징이자 장점이다.

모든 면에서 틀린 종교가 어디 있겠는가. 한 시대와 지역을 풍미한 종교라고 한다면 더더욱 그 안에 결코 무시할 수 없는 깨달음과 통찰이 들어 있음이 분명하다. 그것을 무시하거나 놓치는 것은 큰 손실이 아닐 수 없다. 어떤 부분에서 가치가 있고 진리를 포착했는지, 어떤 부분에서 부족하고 어긋난 부분이 있는지 분별하는 것은 자신의 믿음에서 균형을 잃었던 부분을 돌아보게 해주고 제대로 된 신앙이라면 오히려 그 신앙에 더욱 확신을 갖게 해줄 것이다.

나는 불교 계통의 중학교를 나왔다. 하지만 매주 불교 수업시간에 《마하반야바라밀다심경》을 같이 읽고 이런저런 이야기를 소개받았을 뿐, 정작 불교의 본질이 무엇인지 배우지는 못했다. 내가 귀를 닫고 있었는지도 모를 일이다. 하여간 이번에 책을 번역하는 과정에서 책의 내용에 만족하지 못하고 불교가 말하고 싶어 하는 핵심이 무엇인지 좀 더 알아보려고 불교서적 몇 권을 읽어보았다.

모든 것은 인연(원인과 조건)의 산물이다. '모든 것'이라는 말에는 선뜻 동의하기 어렵지만, '거의 모든' 것이 인연의 산물이라는 거, 누가 부인할 수 있겠는가? 그렇다면 내가 하는 모든 말과 행동, 선택도 또 다른 인연으로 작용할 것이고, 결과를 낳을 것이다. 그냥 사라져버리는 것은 없으니 말이다. 업이 쌓이는 것이다. 윤회의 고리가 돌아갈 재료와 에너지가 여기 있다. 이런 세팅 안에 변하지 않는 '나'라고 하는 자아가 존재하지 않는다는 통찰이 더해진다. 이건 철학적 분석을 해보면 고개가 끄덕여진다. 너무나 분명해 보이면서도 따져보면 도통 손에 잡히지 않는 것이 자아의 특징이 아니던가. 나고 늙고 죽고, 만나기 싫은 사람과 만나고, 사랑하는 사람과 헤어지고 등등 사는 것이 고통이라는 거, 직관적·경험적으로 공감할 수 있다. 이후에 따라오는 무無, 공空 사상도 불교에서 그것을 말하는 취지와 개념설정을 듣고 보니 대체로 공감이 갔다. 물론 이해하지 못한 부분, 미심쩍은 부분이 없지는 않지만 어떤 주장이나 해결해야 할 난점이 있는 법이고, 인생의 원리와 근본을 말하는 종교에서 이해가 안 되지만 받아들여야 하는 '신비'로운 부분이 있으리라 짐작할 수 있다.

무엇보다 이번에 나는 불교의 지향점을 확실히 알게 되었다. 이런 고통이 가득한 윤회의 세계에서 벗어나는 것, 적멸寂滅이라는 것, 즉 찬란하게 사라져버리는 것(애니메이션 〈쿵푸 팬더〉의 우그웨이 대사부가 떠나가는 장면을 떠올려보라!)이 불교의 지향점이었다. 해탈이라고 하면 모호하고 감이 안 왔는데, 그렇게 설명을 듣고 보니 실감이 났다. 세부적인 내용은 잘 모른다고 쳐도, 지향점을 놓고 보니 불교와 내가 믿는 기독교가 얼마나 다른 것인지 명확하게 알 수 있었다. 그리고 이런 근본적인 차이점을 외면하고 펼쳐지는 종교다원주의라는 주장이, 실은 개개의 종교에 대해 대단히 폭력적이고 공허한 주장이라는 느낌을 받게 되었다. 불교의 윤회사상, 불교가 지향하는 최종목적이 무엇인지 알게 되자 내가 믿는 기독교의 가르침, 무엇보다 예수 그리스도라는 구원자의 필요성과 그의 은혜에 힘입어 살아가는 믿음의 의의가 새삼 실감나게 다가왔다.

여기서 저자가 자세히 풀어놓은 유교, 도교, 불교, 유물론(진화론)에 대한 해설을 다시 정리할 필요는 없을 것이다. 편안한 마음으로, 정직한 마음으로 즐기시라.

II

린위탕의 이 책을 보고 어떤 이들은 그의 신앙고백 내용이 문제가 많다고 그를 '기독교인'으로 인정하지 않을지도 모르겠다. 그런 분들은 '왜 이런 책을 번역했느냐?'며 따지고 나오실 텐데, 나는 그 질문에 대답할 필요를 느낀다. 린위탕이 말하는 '믿을 만한' 기독교는 내가 아는 '정통' 기독교와 강조점뿐 아니라 내용도 다른 부분이 있기 때문이다.

하지만 어차피 어떤 주제이든 내 생각과 모든 부분에서 정확히 똑같이 말하는 사람은 없다. 만약 정말 똑같은 얘기를 하는 사람이 있다면, 내가 굳이 그 사람의 글을 따로 읽을 필요는 없을 것이다.

뒤집어서 물어보자. 과연 정통 교리를 제시하는 책만 읽어야 하는가? 분명히 그런 책들을 읽어야 한다. 혹시 위조지폐 구별법, 들어보셨는지? 어디에 어떤 기호가 있고 어디에서 빛이 나고, 그런 거 말고 위폐를 딱 쥐면 알 수 있는 구별법 말이다.

간단하다. 진짜 돈을 자꾸 만져보면 된다. 그러면 감이 생긴다고 한다. 그러다 가짜 돈이 잡히면 '어, 이상한데?' 한다는 것이다. 그런 감이 생기는 것, 중요하리라. 표준적인 신앙의 기본을 다져주는 책. 좋다. 그런 책으로, 그런 가르침으로 깊이를 다져야 할 것이다. 기초를 단단하게 해야 할 것이다. 그래야 흔들리지 않을 수 있을 것이다. 이런 차원에서 《이교도에서 기독교인으로》 같은 책을 읽어서는 안 될 조건을 정리해볼 수 있겠다.

만약 종교와 사상에 대한 책을 한 권밖에 안 볼 거라면 이 책을 읽어서는 안 될 것이다.

이 책에 나오는 이야기를 달리 접할, 들을 기회가 전혀 없을 거라면 이 책을 안 읽어도 될 것이다.

올바른 신학을 믿는 그리스도인들이 올바른 삶의 모습으로 그 신학의 정당성과 가치를 자연스럽게 드러낸다면 이런 책 군이 번역할 필요가 없을 것이다. 하긴, 그랬다면 애초에 이런 책이 나올 일도 없었을 것이다. 정답을 제시하는 것으로 충분할 것이다.

그런데 우리는 책 한 권 읽고 말 것이 아니지 않은가(아니라고? 그럼 성경을 보셔야지). 역사상 가장 많은 정보가 범람하는 시대에 살면서 이 소리 저 소리에 노출되어 살아가는 것이 우리의 현실이다. 게다가 올바른 신학을 믿는다는 그리스도인들이 맺는 열매가 심히 의심스러운 것이 사실이다. 이렇게 되면 근본적인 반성을 해보지 않을 수 없다. 뭔가 문제가 있는 것은 아닐까, 혹시 길을 잘못 든 것은 아닐까, 어딘가에서 우리가 진리를 왜곡해서 이해하고 있는 것은 아닐까, 하다못해 강조점에 어떤 문제가 있는 것은 아닐까?

배우 안내상은 중학교 1학년부터 목사가 되는 것이 꿈이었다고 한다. 그런데 정작 신학대에 가서는 주체할 수 없는 갈등과 흔들림에 시달려야 했다. 성경만 봤기에(설마!) 다른 이야기들이 들려오자 어쩔 줄 몰라 했고, 결국 그 갈등을 이기지 못하고 신앙의 세계를 버렸다. 부모가 기독교만 가르치고 다른 것에 귀를 막게 했기에 린위탕은 오히려 다른 것에 뭔가가 있는 줄 알고 유교, 도교, 불교, 합리주의, 유물론을 다 다녀봤고, 그런 기나긴 우회로를 거쳐 기독교로 돌아왔다. 그제야 기독교의 진가를 알 수 있었다.

린위탕이 책의 뒷부분에서 밝히고 있지만, 그는 진작부터 기독교로 돌아오고 싶었다. 그런 마음이 간절했다. 그런데 받아들일 수 있는 기독교가 없다는 것이 문제였다. 그는 어느 책의 제목처럼 '믿을 가치가 있는 버전의 기독교a Christianity worth belieing'를 찾았던 것이다. 그의 설명에 따르면 그가 원하고 찾았던 기독교는 '인간의 가치를 높여주는 기독교+도덕적인 표준과 사표를 제시하는 기독교'였다.

린위탕도 그렇지만 지식인들 중에서 기독교로 회심한 이들이 쓴 글에서 종종 정통 기독교와 다른 주장들을 접할 수 있었다. 그래서 처음에는, '배운 사람들은 자신의 지식체계가 딱 잡혀 있고 사상의 틀이 굳어 있어서 교회의 가르침을 그냥 받지 못하는구나' 생각했었다. 그러나 다시 생각해보니, 그렇게 간단한 문제가 아니었다. 그들은 먹물이라 자기 생각을 책으로 썼기에 생각의 실상이 드러난 것일 뿐, 덜 배운 사람들도 똑같이 자기 생각을 꼭 품고 시치미를 떼고 있을 것이다. 그러니 임종을 앞두고 구원의 문제를 확인해보면 전혀 엉뚱한 소리들이 터져 나오는 것 아니겠는가.

린위탕은 자신의 격에 맞는 기독교를 원했던 것 같다. 이것을 교만의 징후로 읽을 수도 있을 것이다. 그러나 그것을 그가 수십 년 경험하고 지켜본 기독교의 문제점을 피하고 싶은 실존적인 몸부림으로 볼 수도 있지 않을까.

구원자로서, 하나님의 아들로서 예수 그리스도를 믿는다고 말하지만, 정작 인생의 주인이자 따라가야 할 삶의 모범과 스승으로는 삼지 않는 모습. 믿음으로 구원을 받는다는 이신칭의以信稱義를 말하지만 그 믿음의 내용은 문제 삼지 않는 얄팍한 수준의 정통 기독교의 모습을 어떻게든 넘어서고 싶었던 것이 아닐까. 예수님을 구세주로만 모시고 스승으로는, 주님으로는 모시지 않는, 그분의 길을 따라가지는 않는 것을 믿음이라 할 수 있는가. 그것이 구원파와 무엇이 다르겠는가.

린위탕이 성경을 활용하는 방식은 편파적이다. 성경을 좀 아는 분이라면 그의 주장을 반박할 성경 구절들과 논리들이 막 머릿속을 스치고 지나갈 것이다. 하지만 나는 린위탕이 말하는 내용을 일단 한번 들여다보기로 했다. 그 대목들은 성경에 분명히 나와 있는 말씀이건만 내가 가볍게 지나쳐온 부분인 것도 사실이었다. 린위탕이 지적하는 문제, 그가 문제 삼는 기독교의 현실에 공감할 수 있었다.

그러면서 동시에, 그가 말한 해결책이 진정한 해결책이 될 수 없고, 다시 '정통 신앙'으로 돌아갈 수밖에 없겠다는 확신이 들었다. 이 책을 번역하고 그의 주장을 따라가보니 기독교 정통 신앙에 대한 확신이 더욱 깊어진 것이다. 어떤 대안들이 있는지, 그것들이 왜 대안이 될 수 없는지 알게 되었기 때문이다. 이 책을 접하지 못했다면 누리지 못했을 경험이다.

그리고 설령 (내가 믿는 대로) 내 신학과 신앙이 참으로 올바른 기독교 신학이자 신앙이라 해도, 내가 그것을 믿는 이유는 남들보다 똑똑해서나 의로워서가 아니다. 그것이 믿어지기 때문이다. 말하자면 은혜를 받은 것이다. 그럼 은혜를 받지 못한 이들에 대해 가져야 할 자세는 무엇일까? 분노일까? 아닐 것이다. 긍휼히 여기는 마음일 것이다. 그리고 그들이 하는 고민의 내용이 무엇인지 귀 기울여 듣는 열린 마음일 것이다. 그다음에, 바른 신학과 신앙에 근거해 그들이 생각하는 문제점 중에서 오해를 해소시키고, 정말 심각한 문제가 있다면 바로잡기 위한 진지한 노력이 있어야 할 것이다. 열매를 보아 그 나무를 안다. 예수님은 분명히 그렇게 말씀하셨기 때문이다.

ㄱ

ㄴ

ㄷ

ㄹ

ㅈ

ㅊ